Finding Lord's Mind in the Words

말씀 속에서
주님마음 찾기

| 이장환 지음 |

쿰란출판사

서문

"하나님이여 사슴이 시냇물을 찾기에 갈급함같이 내 영혼이 주를 찾기에 갈급하니이다"(시 42:1).
"자랑하는 자는 이것으로 자랑할지니 곧 명철하여 나를 아는 것과 나 여호와는 사랑과 정의와 공의를 땅에 행하는 자인 줄 깨닫는 것이라 나는 이 일을 기뻐하노라 여호와의 말씀이니라"(렘 9:24).

주님~
하고 부르면 나도 모르게 마음이 울컥하면서 두 눈에서는 눈물이 흘러내리고 나와 세상을 잊어버릴 만큼 주님과 친밀함을 가졌던 시절이 있었다. 그때는 아무것도 가진 것이 없고 내일을 장담하지 못하는 보잘것없는 한 청년이었을 때다. 그러나 그 시간들은 지금까지 살아온 나의 인생을 통틀어 주님 앞에서 나의 존재가 가장 빛나는 순간이었고, 가장 많이 주님을 세밀하게 발견하고, 가장 많이 주님을 소유한 때였다. 그리고 가장 행복했고 주님으로 인하여 부요했던 때다.

지금은 그때보다 많은 시간이 흐르고 주님이 많은 것을 주셨지만 그때만큼 주님에 대하여, 나에 대하여 더 나아진 것 같지 않아 너무나 안타깝다. 그래서 무엇이 나를 이렇게 만들었을까를 진지하게 생각하게 되었다. 목회 사역와 부흥 사역으로는 모든 것이 어설펐던 청년 때에 비하면 수준이 높아졌지만 주님 앞에서 나의 존재 가치와 주님과의 소통과 공감능력은 지나온 많은 세월이 있음에도 불구하고 더 나아지지 않은 것 같아 고민이 되었다. 그런 고민 중에 성령께서 한 가지 분명하게 깨닫게 하신 것이 있었는데, 신앙의 기본이 되는 하나님의 말씀을 보는 나의 태도가 잘못되었음을 알게 하셨다.

그것은 현재 함께하시는 주님을 깊이 세밀하게 알려면 과거의 주님을 깊이 알아야 하는데, 이는 하나님 말씀을 통하여 아는 것이다. 그러기 위해서는 목사인 내가 하나님 말씀 속에 흐르는 하나님의 마음을 발견하고 하나님의 마음에 감격하여 하나님의 마음을 내 마음에 이식하여 하나님과 친밀한 교통을 이루어야 한다는 것이다. 그리하여 하나님의 마음으로 나의 모든 것이 지배받아 나를 향하신 하나님의 뜻을 이루어 드리는 삶을 살아야 한다는 것이다. 목사로서 주님이 맡겨 주신 영혼들에게 하나님의 마음이 흘러가는 통로가 되어야 함을 깨닫게 된 것이다.

그런데 나는 말씀 속에서 하나님의 마음을 알기보다는 주변의 사건과 상황이나 사람들에게서 은혜를 받으려 하고, 말씀 속에서 발견된 하나님의 마음을 설교를 통해 전달하려고 하는 것이 아니라 말씀 속에 주인공이 되시는 주님보다는 조연되는 상황, 사건, 사람을 통해 교훈적인 설교를 하는 내 자신을 발견하게 된 것이다.

하나님의 말씀을 통해 과거의 하나님의 마음을 발견하지 못한 자가 어떻게 현재 같이 계시는 하나님의 마음을 발견하여 주님과 친밀한 교통과 교제를 나눌 수 있단 말인가! 어떻게 주님의 마음을 흘러가게 하는 자가 될 수 있단 말인가!

하나님 말씀 속에서 하나님의 마음을 발견하고 그 하나님의 마음이 내 마음과 부딪칠 때 나의 마음은 산산이 부서지고, 하나님의 마음이 내 안에서 승리하실 때 비로소 나는 새롭게 내 영에서부터 거듭하는 변화를 경험하는 것이다. 나의 변화는 성령께서 하나님의 마음을 많이 조명하여 주시고 나의 마음을 부수고 하나님의 마음을 채워주실 때 변화는 계속될 것이고, 시간이 갈수록 더 강력하게 내 안에서 역사하실 것이다. 성령께서 도우시지 않는다면 하나님의 말씀도 하나의 지식이 되어 버리고 영적 교만을 가져다줄 수 있다. 그렇기에 겸손하게 말씀 속에서 더 강렬하게 단어와 단어 사이에서도 하나님 마음을 발견하고 느끼고 내 마음에 채워주시기를 간절히 기도하는 것이다.

하나님의 마음을 채울 때마다 내 영혼이 만족하고 행복해지는 것을 경험한다. 하나님의 말씀 속에 있는 하나님의 마음은 추상적이거나 너무 영적이라 느낄 수 없는 막연한 것이 아니라, 성령의 도우심으로 그것은 마치 지금 바다에서 바로 잡아 올린 물고기와 같이 싱싱하게 경험될 수 있음을 확신한다. 과거에 계셨던 하나님, 그분의 마음이 오늘 성경을 통하여 성령의 도우심으로 생생하게 경험될 때 나의 존재는 변화가 오고, 그 변화를 가지고 현재 지금 나와 함께하신 어제나 오늘이나 동일하신 하나님을 또다시 경험하는 것이다. 그분의 존재만이 아니라 그분의 마음을 좁고 초라한 나의 마음에 부어주심으로 날마다 그분과 함께 동행함을 실감나게 경험하며 즐겁게 살아가는 것이다. 말씀을 통하여 주님의 마음을 찾고 주님을 대변하기 위해 나름 애썼던 나의 작은 수고에 주님이 기뻐하셨으면 좋겠다.

"주님 나와 동행을 하면서 나를 친구 삼으셨네 우리 서로 받은 그 기쁨은 알 사람이 없도다"(새찬송가 442장 후렴).

이 책은 서울 주오심교회 청년들과 성도들의 적극적인 참여와 마음과 삶을 진솔하게 나눈 끝에 만들어진 책이다. 주오심교회 성도들과 청년들에게 감사한 마음을 전하고 싶다. 그리고 축복한다.

늘 나에게 즐거운 책임감을 갖게 하며 주님에게 집중할 수 있도록 곁에서 도와주는 든든한 동역자인 아내와 아들에게 고마움을 전한다.

2016년 7월
주님의 마음이 커지기를 원하는
이장환 목사

차례

- 2 ■ 서문
- 10 ■ 이 책의 특징과 사용법
- 12 ■ 소그룹에서 활용하기 원한다면

구약

쪽	제목	본문
18	천지창조	창 1:1~5, 26~31
27	아담과 하와	창 2:1~25
34	죄의 시작	창 3:1~24
45	가인과 아벨	창 4:1~15
52	노아와 홍수	창 6:5~7:5
61	노아와 하나님의 언약	창 9:1~17
66	바벨탑	창 11:1~9
71	아브라함의 신앙	창 12:1~20
81	아브라함과 롯	창 13:1~18
87	아브라함과 소돔, 고모라	창 18:1~33
95	롯의 구원	창 19:12~29
101	아브라함과 아비멜렉	창 20:1~18
106	이삭을 낳은 사라	창 21:1~34

창세기에 나타난 인물과 사건을 통해

112	아브라함의 시험	창 22:1~19
121	이삭의 아내 리브가의 만남	창 24:1~27
126	야곱과 에서	창 25:19~34
132	이삭의 축복	창 26:1~22
140	야곱의 속임수	창 27:1~45
147	야곱의 수고와 축복	창 31:38~42
151	야곱과 얍복 강	창 32:24~32
157	야곱과 에서의 만남	창 33:1~17
161	요셉의 불행	창 37:1~36
168	요셉의 형통	창 39:1~23
173	요셉과 꿈 풀이	창 40:1~23
179	요셉과 바로	창 41:1~16, 37~45
184	요셉과 형들의 만남	창 45:1~15

신약

190	예수님과 가나안 여자	마 15:21~28
196	포도원 품꾼 비유	마 20:1~16
201	달란트 받은 종 비유	마 25:14~30
209	예수님과 옥합을 깬 여자	마 26:6~13
212	예수님의 겟세마네 기도	마 26:36~46
219	예수님과 중풍병자	막 2:1~12
224	예수님과 믿음 없는 제자들	막 4:35~41
229	예수님과 달리다굼	막 5:21~24, 35~43
234	예수님도 어쩔 수 없는 것	막 6:1~6
239	예수님과 귀신 들린 아이의 아버지	막 9:14~29
245	헌금을 보시는 예수님	막 12:41~44
248	예수님의 세 가지 시험	눅 4:1~13
255	예수님과 베드로의 배	눅 5:1~11
260	예수님과 마리아, 마르다	눅 10:38~42

사복음서 속의 예수님의 말씀과 사건을 통해

265	어리석은 부자 비유	눅 12:13~21
271	포도원의 무화과나무 비유	눅 13:1~9
276	예수님과 열 명의 나병환자	눅 17:11~19
281	낙심하지 않는 과부 비유	눅 18:1~8
286	예수님과 가롯 유다	눅 22:47~53
292	예수님과 부인하는 베드로	눅 22:54~62
295	예수님과 가나 혼인잔치	요 2:1~11
300	예수님과 왕의 신하	요 4:46~54
304	예수님과 38년 된 병자	요 5:1~14
311	예수님과 오병이어	요 6:5~13
316	예수님과 소경	요 9:1~7
320	예수님과 포도나무	요 15:1~8

327 ■ 이장환 목사 사역 안내

이 책의 특징과 사용법

이 책을 만들게 된 목적은 단 한 가지로 분명하다.
그것은 하나님 말씀 속에 흐르고 있는 하나님의 마음을 다양한 각도로 알기 위함이고, 발견된 하나님 마음을 깊이 소유하여 지금 함께하시는 하나님을 더욱 알아가고 친밀한 교통을 가지는 것이다. 52가지의 주제와 본문으로 구성된 이 책은 성경주석처럼 세밀하게 해석하거나 하나의 답만을 가지고 설명한 것이 아니다. 다만 하나님의 마음을 알 수 있는 부분만 집중적으로 들여다보기를 힘쓴 것이다.

이 책은 하나님 마음을 알기 위한 목적으로 만들어졌기 때문에 모든 것을 알고 싶어 하는 영적 만족을 다 채워주시는 못할 것이다. 다만 말씀 속에서 분명하게 계시된 하나님의 마음을 알기 원한다면 조금이나마 도움이 될 것이라고 확신한다. 누구도 이 책의 내용에 대하여 논쟁거리로 삼는 것을 금하고 싶다. 왜냐하면 이 책은 단지 하나님을 더욱 사랑하고 말씀 속에 흐르는 하나님의 마음을 간절히 알기 위해 고민한 저자의 흔적이라 할 수 있기 때문이다. 바라기는 이 책을 읽는 독자들과 말씀 속에 흐르는 하나님의 마음에 대하여 같이 소통되고 공유하는 즐거움을 갖기를 원한다.

이 책은 결코 성경지식을 더 갖는 것이 아니라 성령의 조명으로 말씀 속에서 주님의 마음을 발견하여, 현재 자신의 마음과 삶에 살아 역사하시는 주님을 세밀하게 발견하여 주님과 함께 살게 함을 목적으로 하여 만들어진 것이다.

이 책은 한 주에 하나의 주제로 1년 52주 동안 사용할 수 있도록 구약의 창세기와 신약의 사복음서에서 각각 26개의 본문을 만들었다. 이 책은 개인적으로도 활용할 수 있지만 소그룹에서도 활용할 수 있다. 이 책은 결코 편안하게 읽혀지는 책이 아니다. 독자 스스로 본문 내용에서 질문하는 것을 자신에게만 조명하여 주시는 것을 발견하여 자신의 답을 찾는, 하나님 마음을 알기 위한 훈련용 교재다.

분명한 것은 저자가 본문에서 발견한 주님의 마음은 아직 발견하지 못한 수많은 것 중에 하나라는 것이다. 그러므로 이제 신앙생활을 시작한 성도나 중학교 1학년 학생에게서도 성령께서 조명시켜 주실 때 더 훌륭한 정답이 나올 수 있다.

소그룹에서 활용하기 원한다면

#1. 먼저 소그룹의 모임 이름을 정하는 것이 좋겠다. 왜냐하면 분명한 소속감을 주기 위함이다. 보통 '성경공부 모임'이라고 말하게 되면 성경 지식 쌓기로 인식되고, '공부'라는 개념으로 시작하면 이 모임의 목적과 다르게 모임원들의 마음의 방향이 잘못 설정될 가능성이 있다. 말씀 속에서 주님의 마음을 알고, 현재 함께하시는 주님을 경험하자는 모임이므로 거기에 맞는 모임 이름이 되었으면 한다. 참고로 저자는 '주님 찾기 모임'이라는 이름으로 모여서 나눔을 가지고 있다.

#2. 모임이 주중 일정한 시간에 시작된다면, 미리 본문을 알려 주고 본문을 소리 내어 여러 차례 읽고 본문에서 하나님의 마음을 발견하여 자신에게 왜 그 마음이 발견되었는지, 자신의 마음과 삶에서 그 이유를 발견해야 한다고 알려 주는 것이다. 성경 본문을 몇 번 소리 내어 읽게 하는 것이 눈으로 말씀을 보는 것보다 훨씬 더 깊은 성령의 조명하심을 경험하게 될 것이다.

#3. 만약 모임원들의 영적 수준이 부족할 때는, 이 책에서 한 주제의 본문이 끝나는 뒷부분에 '나눔 질문'을 미리 나눠주어 자신의 마음과 삶을 연결하여 나름대로 성령이 조명하신 답을 적어 와서 나누는 것이 좋다.

#4. 본격적으로 모임을 시작할 때는, 먼저 지난 주간에 주님과 함께 살았던 증거나 마음과 일상의 삶에서 주님이 어떻게 역사하시고 깨닫는 마음을 주셨는지를 간단하게 서로 돌아가면서 간증하게 한다. 여기서 모임원들에게 원칙을 미리 알려야 하는데, 첫 번째는 솔직하고 진실하게 할 것, 두 번째는 서로 나눌 때 판단하지 말 것, 세 번째는 서로에게서 발견되는 주님의 마음을 배울 것을 확실하게 알려준다. 그리고 다른 사람들이 말할 때 존중하는 의미에서 진지한 자세로 긍정적으로 들어주는 태도가 중요하다. 서로에게 은혜가 되었을 때는 격려 차원에서 박수를 쳐 주는 것도 하나의 좋은 방법이다. 리더가 영적인 분별력이 있다면 사람들이 나누는 간증 끝에 짧게 덧붙여 부연설명을 해주는 것이 어느 경우에는 좋다. 리더는 모임 전체의 영적 흐름이 잘 흘러가도록 해야 하고, 리더가 주도하여 흐름을 깨서는 안 된다. 리더가 쓸데없이 부연설명이 많거나 다른 사람이 느낄 정도로 분위기를 주도하고 있다면 멈춰야 한다. 중요한 것은 모인 사람들이 자연스럽게 자신의 마음과 삶과 신앙을 솔직하고도 진실하게 말하게 하는 것이다. 이 흐름을 리더가 만들고 흘러가도록 하게만 하면 된다. 리더가 모인 사람들을 가르치려고 하거나 말을 많이 하면 모임의 영적 흐름이 깨진다.

#5. 본문을 나눌 때 미리 알려 주어야 할 것은, 누구도 더 높은 차원의 정답이 없고 누구 한 사람만이 답을 가지고 있는 것이 아니라는 것이다. 본문에서 많이 벗어나는 것이 아니면 각자 성령께서 조명해 주

신 것이 정답이라는 것을 알려 주어야 한다. 그래서 서로간의 보이지 않는 영적 경쟁이나 우월감 내지는 열등감을 갖지 않도록 리더의 역할이 중요하다. 결코 자신이 경험한 것을 나눌 때 자랑하기 위해 말하는 것이 아니라 자신을 드러내는 신앙고백이라는 것을 강조해야 한다.

#6. 본문을 돌아가면서 나눌 때, 단지 머리로 알게 된 것을 말하는 것이 아니라 성령께서 자신에게만 비춰주신 주님의 마음을 말하며 왜 그것을 성령께서 비춰주셨는지 자신의 마음과 삶을 통하여 말하는 것이다. 만약 자신의 마음과 삶, 신앙을 가지고 말하지 않고 단지 말씀 속에서 하나님의 마음만을 말한다면, 리더가 왜 그 말씀 속에 하나님 마음이 발견되었는지를 말하게 해야 한다. 그렇지 않으면 사람들이 자신의 새로운 성경지식이나 새롭게 발견한 것을 자랑하려는 마음을 가지거나 지식의 만족만을 위한 것이 되기 때문이다.

#7. 본문을 나눌 때 주어진 본문 전체를 말하게 하는 것이 아니라, 자신에게 가장 분명하게 감동이 오거나 깨달은 것을 자신의 마음과 삶과 신앙을 연결하여 말하게 하는 것이다.

#8. 본문을 나누었다면, 리더가 본문을 가지고 하나님 마음을 세밀하게 알 수 있는 질문을 해야 한다. 그래서 다른 사람들이 자신에게 발견된 하나님의 마음을 막힘없이 나눌 때, 그 가운데 성령께서 역사하시는 것을 발견하게 된다. 그렇게 할 때 하나님의 마음을 새롭게 알게 되고 은혜를 받게 된다. 리더는 모임 중 누군가가 본문에서 많이 벗어난 것을 이야기한다고 해서 그 사람에게 부끄럼을 주거나 틀렸다고 냉정하게 말하거나 가르치려고 하지 말고 간단하게 바른 방향을 제시만 하여 준다. 본문에서 많이 벗어난 내용이 아니면 칭찬과 격려를 해주어야 한

다. 모든 사람이 동참하여 말하게 하고 서로 나누는 모습이 있어야 한다. 리더는 방향제시와 맥을 잡아주고, 모임원들이 서로 나누고, 서로 많은 답을 찾아내게 하고, 서로 은혜를 받게 하면 된다.

#9. 나눔이 중요한 것은, 잘못하면 다른 사람과 나눔 없이 자신이 발견한 것만이 최고라고 여기는 자만심이 생길 수 있고, 자신이 틀렸음에도 무엇이 틀렸는지를 알 수 없고 편협한 성경지식으로 하나님을 오해할 수 있다. 하나님 마음을 아는 것이 제한적일 수밖에 없다. 그러나 다른 사람들과 함께 자신의 마음과 삶과 신앙을 가지고 나누면 자신의 모든 것을 드러내야 하고 속일 수 없다. 그렇게 꾸밈없이 나누다 보면 자신으로부터 자유로워지며, 다른 사람들에게 발견된 주님을 듣게 됨으로 자신의 마음과 삶과 신앙을 수정할 수 있다. 또 솔직하게 나누는 다른 사람들을 존중할 수 있고, 서로에게 의도되지 않은 은혜를 끼치게 되며, 서로에게 다양한 주님을 만나게 하여 주님을 더욱 많이 알게 한다.

#10. 리더는 서로 나누어진 고백에 대한 긍정적 결과를 그다음 주에 서로 나누게 해야 한다. 이 모임의 초점은 말이 아니라 말씀 속에서 들려주시는 하나님의 마음을 통하여 마음과 삶의 진정한 '변화'에 있기 때문이다.

#11. 모임 진행 시간의 배분은 중요하다. 어느 정도 시간을 가지고 모임을 가질 것인가를 알고 거기에 맞게 서로의 지난 시간에 대한 간증 시간과, 본문에서 하나님 마음을 발견한 것을 서로 나누는 시간과, 리더가 본문을 가지고 하나님 마음을 알기 위한 질문 시간, 이 세 가지 파트의 시간을 잘 조율해야 한다. 어느 한쪽으로 치우치면 안 된다. 이 세 가지 파트의 시간이 잘 조율될 때 모임의 축복을 더하기 때문이다.

이 책의 내용은 주오심교회 청년과 성도들이 "주님 찾기 모임"이라는 이름으로 주일에 모여 은혜스럽게 나눈 신앙의 고백들이 담겨져 있다. 초보 신앙을 가진 청년과 성도들, 그리고 오랫동안 신앙생활을 한 청년과 성도들이 서로 어울려 말씀 속에 발견된 주님의 마음과 각자의 삶에서 발견된 주님을 나눔으로, 마음과 삶에 신앙의 성장이 검증된 내용들이다. 부디 이 책을 성령의 인도하심으로 붙잡은 분들이 말씀과 마음과 삶에서 주님을 세밀하게 찾고 발견하여, 지금 함께하여 주시는 주님과 늘 교통하고 연합되어 주님의 모습과 주님의 삶을 갖기를 기도한다.

구 약

천지창조
창 1:1~5, 26~31

"¹태초에 하나님이 천지를 창조하시니라 ²땅이 혼돈하고 공허하며 흑암이 깊음 위에 있고 하나님의 영은 수면 위에 운행하시니라 ³하나님이 이르시되 빛이 있으라 하시니 빛이 있었고 ⁴빛이 하나님이 보시기에 좋았더라 하나님이 빛과 어둠을 나누사 ⁵하나님이 빛을 낮이라 부르시고 어둠을 밤이라 부르시니라 저녁이 되고 아침이 되니 이는 첫째 날이니라……²⁶하나님이 이르시되 우리의 형상을 따라 우리의 모양대로 우리가 사람을 만들고 그들로 바다의 물고기와 하늘의 새와 가축과 온 땅과 땅에 기는 모든 것을 다스리게 하자 하시고 ²⁷하나님이 자기 형상 곧 하나님의 형상대로 사람을 창조하시되 남자와 여자를 창조하시고 ²⁸하나님이 그들에게 복을 주시며 하나님이 그들에게 이르시되 생육하고 번성하여 땅에 충만하라, 땅을 정복하라, 바다의 물고기와 하늘의 새와 땅에 움직이는 모든 생물을 다스리라 하시니라 ²⁹하나님이 이르시되 내가 온 지면의 씨 맺는 모든 채소와 씨 가진 열매 맺는 모든 나무를 너희에게 주노니 너희의 먹을거리가 되리라 ³⁰또 땅의 모든 짐승과 하늘의 모든 새와 생명이 있어 땅에 기는 모든 것에게는 내가 모든 푸른 풀을 먹을거리로 주노라 하시니 그대로 되니라 ³¹하나님이 지으신 그 모든 것을 보시니 보시기에 심히 좋았더라 저녁이 되고 아침이 되니 이는 여섯째 날이니라."

하나님은 왜 천지를 창조하셨는가?

분명한 것은 하나님 자신의 기쁨을 가지시기 위해 창조하셨다는 것이다.

"빛이 하나님이 보시기에 좋았더라"(4절).

그리고 당신이 창조하신 피조물을 통해 영광을 받으시기 위해 창조하신 것이다.

"내 이름으로 불려지는 모든 자 곧 내가 내 영광을 위하여 창조한 자를 오게 하라 그를 내가 지었고 그를 내가 만들었느니라"(사 43:7).

그리스도인은 예수님의 보혈로 구원받아 새롭게 창조된 존재들이다.

"그런즉 누구든지 그리스도 안에 있으면 새로운 피조물이라 이전 것은 지나갔으니 보라 새 것이 되었도다"(고후 5:17).

그렇다면 당연히 구원받은 그리스도인은 하나님이 창조하신 목적대로 모든 것이 그분의 기쁨이 되어야 하고 그분을 영화롭게 해야 한다. 그것이 그리스도인이 이 땅에서 숨 쉬고 사는 진정한 목적인 것이다.

"찬송하리로다 하나님 곧 우리 주 예수 그리스도의 아버지께서 그리스도 안에서 하늘에 속한 모든 신령한 복을 우리에게 주시되 곧 창세 전에 그리스도 안에서 우리를 택하사 우리로 사랑 안에서 그 앞에 거룩하고 흠이 없게 하시려고 그 기쁘신 뜻대로 우리를 예정하사 예수 그리스도로 말미암아 자기의 아들들이 되게 하셨으니 이는 그가 사랑하시는 자 안에

서 우리에게 거저 주시는 바 그의 은혜의 영광을 찬송하게 하려는 것이
라"(엡 1:3~6).

세상이 점점 자기중심의 삶으로 살아간다 해도 그리스도인은 세상 풍
조를 따라가지 않고 오직 자신을 사랑하시어 예수님을 보내주신 하나님
의 뜻대로 살아야 한다. 언제나 하나님이 기뻐하시는 것이 무엇인지를
알고 세월이 갈수록 더욱 그분을 알아 하나님을 더욱 기쁘게 해드리는
삶을 사는 것이 정상적인 그리스도인의 삶이다.

"주를 기쁘시게 할 것이 무엇인가 시험하여 보라"(엡 5:10).

그리고 언제 어디서나 하나님을 영화롭게 하는 자가 되는 것이 자신
을 구원하시어 새로운 피조물이 되게 하신 하나님의 손길에 감사하는
태도인 것이다.

"그런즉 너희가 먹든지 마시든지 무엇을 하든지 다 하나님의 영광을 위하
여 하라"(고전 10:31).

**하나님의 영은 왜 불완전한 혼돈, 공허, 흑암이 있는 3가지 모습을
가진 땅을 운행만 하시고 역사하지 않으시나?**
하나님의 영이신 성령님은 결코 혼자 독단적으로 역사하시는 것이 아
니라 하나님 말씀이 선포되실 때만 역사하신다. 선포하시는 하나님의
말씀은 믿음의 말씀이신 것이다. 믿음의 말씀이시기에 선포하시는 대로
성령께서는 역사하신다.

"그러면 무엇을 말하느냐 말씀이 네게 가까워 네 입에 있으며 네 마음에

있다 하였으니 곧 우리가 전파하는 믿음의 말씀이라"(롬 10:8).

믿음의 말씀이 선포될 때 성령께서는 그 말씀대로 역사하신다. 성령께서는 믿음에 반응하시고 역사하시는 것이다. 그러므로 그리스도인은 믿음의 말씀을 늘 마음에 담아 그 말씀이 필요할 때마다 선포되어지는 신앙의 삶을 살아야 한다.

"그러므로 믿음은 들음에서 나며 들음은 그리스도의 말씀으로 말미암았느니라"(롬 10:17).

하나님의 영이신 성령님이 혼돈과 공허와 흑암이 있는 현장에 두루 운행하신다는 것은 무엇을 의미하나?
성령님은 완벽한 곳에서만 역사하시는 것이 아니라 불완전한 곳에서도 충분히 역사할 준비가 되어 있음을 의미한다. 이것은 오늘날 그리스도인들이 자신의 마음이나 삶에 혼돈과 공허와 흑암 같은 것이 존재한다 할지라도 절망하지 않을 것은 그 가운데 역사하시려고 운행하시는 성령을 믿기 때문인 것이다.

왜 하나님은 빛부터 창조하셨는가?
혼돈과 공허보다 앞서는 것이기 때문이다. 이 말은, 빛은 모든 것의 근원이고 핵심이 되기 때문이다. 빛은 하나님의 모습이며, 말씀의 성질을 말씀하시고 있다.

"온갖 좋은 은사와 온전한 선물이 다 위로부터 빛들의 아버지께로부터 내려오나니"(약 1:17).
"주의 말씀은 내 발에 등이요 내 길에 빛이니이다"(시 119:105).

그 빛은 그리스도인의 진정한 모습을 나타낸다.

"너희는 세상의 빛이라"(마 5:14).
"너희가 전에는 어둠이더니 이제는 주 안에서 빛이라 빛의 자녀들처럼 행하라 빛의 열매는 모든 착함과 의로움과 진실함에 있느니라"(엡 5:8~9).

하나님은 왜 창조하신 것을 좋아하시는가?
하나님이 창조하신 것에 대해 이성적이라기보다는 감성적인 것을 나타내시고 있는 것이다. 그것은 하나님의 마음에 있던 것이 눈으로 아름답게 드러났기에 좋아하시는 것이다. 그리고 그분이 하신 것은 완벽하시기에 좋아하시는 것이다. 오늘날 구원받은 그리스도인들은 십자가의 예수님의 보혈로 완벽하게 새로운 피조물이 되어 하나님의 기쁨이 된다. 하나님은 그리스도인을 이성적으로 대하시기보다는 감성적으로 대하시며, 그리스도인과의 진정한 기쁨의 교통을 계속 가지기를 원하시는 것이다. 그리스도인이 처음 구원받았을 때보다도 점점 성령의 역사로 말미암아 아름다운 영혼과 삶을 살아갈 때 그리스도인을 향한 하나님의 기쁨은 더욱 커지는 것이다.

왜 하나님은 저녁이 되고 아침이 되는 것을 하루로 여기시는가?
오늘날 상식으로는 아침이 되고 저녁이 되어야 하루가 지났다고 하는데 하나님은 반대로 생각하신다. 이것은 하나님은 모든 것이 끝나고 쉬는 시간인 저녁과 아침 사이를 하루로 보신다는 것이다. 오늘날에는 일하는 시작인 아침과 저녁까지를 하루로 여기지만 하나님은 쉬는 시간을 하루로 보시는 것이다. 하나님은 진정한 쉼이 있는 것이 하루를 보내는 것임을 그리스도인에게 알려 주시는 것이다. 이것은 진정한 쉼이 시간의 흐름의 축복인 것을 알려 주시는 것이다.

하나님은 왜 사람을 마지막으로 창조하셨는가?

사람이 살 만한 환경을 만들어 주시기 위해 마지막에 만드셨다. 그만큼 사람을 존귀하게 여기신 것이다. 사람은 연약하여 충분한 환경이 아니면 살 수 없는 것을 아시기 때문이다. 하나님께서 그리스도인을 인도하실 때 그리스도인의 입장에서는 더디게 느껴질 때가 있다. 하지만 하나님은 결코 더디게 인도하시지 않는다. 하나님은 환경보다 그리스도인을 더 존귀하게 생각하시기에 온전한 환경을 준비하지 않으신 채 불안한 상태의 환경으로 이끄시지 않는다. 그리스도인의 연약함을 알고 계시기에 하나님은 감당치 못할 환경을 허락하지 않으심을 알 수 있다.

"사람이 감당할 시험밖에는 너희가 당한 것이 없나니 오직 하나님은 미쁘사 너희가 감당하지 못할 시험 당함을 허락하지 아니하시고 시험 당할 즈음에 또한 피할 길을 내사 너희로 능히 감당하게 하시느니라"(고전 10:13).

하나님은 사람을 어떻게 만드셨나? 왜 그렇게 만드셨나?

하나님은 사람을 하나님의 형상으로 만드셨다. 다른 피조물과는 다르게 만드신 것이다. 그것은 하나님의 것을 사람에게 넣어주셨다는 것이다. 이것은 하나님의 인자를 가지고 있는 특별한 존재라는 것이다. 또한 사람은 하나님의 성품으로 살 수 있는 존재라는 것이다. 사람은 하나님과 교통하며 하나님을 닮아갈 수 있는 존재임을 말해주고 있는 것이다.

하나님은 사람에게 무엇을 축복하셨나? 축복은 인간의 입장에서 무엇을 의미하는가?

하나님은 사람에게만 "하나님이 그들(짐승과 생물, 새)에게 복을 주시며 이르시되 생육하고 번성하여 여러 바닷물에 충만하라 새들도 땅에 번성하라 하시니라"(22절)고 하셨고, 다르게 28절에서는 사람에게 "땅을 정복하라, 바다의 물고기와 하늘의 새와 땅에 움직이는 모든 생물을 다스리라 하시니라"고 말씀하심으로 사람이 다른 어떤 피조물보다 권세가 있음을 말씀하신다. 하나님이 사람에게 모든 만물을 정복하고 다스리는 능력과 권세를 부여해 주셨음을 알 수 있다. 이를 통해 오늘날 그리스도인들이 하나님의 자녀 된 권세와 믿음의 능력을 통하여 자신에게 주어진 환경을 다스릴 수 있음을 계시하신다.

그리고 하나님이 인간에게 복 주실 때에 어떠한 장비나 물건을 주시고 정복하고 다스리게 하신 것이 아니다. 단지 다른 피조물과 다른 하나님이 주신 지혜와 약속의 말씀에 대한 믿음, 다스리고 정복하고 충만해지는 비전만으로 이루게 하셨다. 하나님의 축복은 외부의 좋은 환경과 사람의 도움으로 오는 것이 아니라, 하나님께서 주신 약속에 대한 자신의 믿음과 비전과 지혜를 통하여 온다는 것을 말씀하신 것이다. 그러므로 아무것도 가진 것이 없다고 실망하고 슬퍼할 것이 아니라, 축복이 확장되도록 약속하시고 도우시는 하나님을 신뢰하고 주신 비전을 가지고 나아가야 한다.

하나님께서 사람에게 주시는 양식은 무엇인가? 왜 고기를 먹으라는 말씀을 하지 않으셨나?

하나님은 인간이 타락하기 전에는 "씨 맺는 모든 채소와 씨 가진 열매 맺는 모든 나무"(29절)를 양식으로 삼게 하심으로 인간의 건강을 생각하셨다. 하나님은 고기를 먹지 않아도 건강을 지킬 수 있기에 말씀하신 것이다. 하나님은 인간이 타락하고 범죄하여 물로 심판받은 후에야 노아에게 고기를 먹을 것을 허락하신다.

"모든 산 동물은 너희의 먹을 것이 될지라"(창 9:3).

먹는 것은 그 사람의 성품과 관계되어 있기에 하나님은 육식을 통하여 오는 위험성을 막으신 것이다. 오늘날 그리스도인들이 올바른 먹거리로 마음과 육체를 잘 지키는 것도 하나님의 뜻을 이루는 길이 된다.

왜 하나님은 하루에 모든 것을 창조하시지 6일을 거쳐 창조하셨을까?

하나님이 하루에 다 하시기에 힘드셔서 그런 것은 아닐 것이다. 모든 것을 채우기 위해서는 시간이 필요함을 알려 주시는 것이다. 그리고 모든 것이 한꺼번에 되는 것이 최선이 아님을 알려 주시는 것이다. 이것은 특히 한국 성도가 좋아하는 한 번에 되는 것은 없다는 것이다. 모든 것은 순서가 있고 질서가 있다는 것을 알려 주시는 것이다.

하나님은 어떤 순서와 형태로 창조해 가시는가?

하나님은 땅의 혼돈과 공허와 흑암의 부정적 모습을 긍정적 모습으로 하나하나 바꾸어 가고 계신다. 빛 그리고 정리정돈과 채움으로 창조해 가고 계신다. 이것은 오늘날 하나님이 그리스도인의 마음과 삶에서도 동일하게 일하시는 모습이다. 그리스도인이 세상을 살아가면서 마음과 삶에 흑암과 혼돈과 공허가 들어와 있을 때, 하나님은 말씀과 은혜와 성령의 역사로 빛과 정리됨과 채움으로써 하나님이 보시기에 좋은 모습으로 바꾸시는 것을 멈추지 않으신다.

나눔 질문

1. 하나님은 왜 천지를 창조하셨는가?(1절)

2. 하나님의 영은 왜 불완전한 혼돈, 공허, 흑암이 있는 3가지 모습을 가진 땅을 운행만 하시고 역사하지 않으시나?(2절)

3. 하나님의 영이신 성령님이 혼돈과 공허와 흑암이 있는 현장에 두루 운행하신다는 것은 무엇을 의미하나?(2절)

4. 왜 하나님은 빛부터 창조하셨는가?(3절)

5. 왜 하나님은 창조하신 것을 좋아하셨는가?(4절)

6. 하나님은 왜 저녁이 되고 아침이 되는 것을 하루로 여기시는가?(5절)

7. 하나님은 왜 사람을 마지막으로 창조하셨는가?(26~28절)

8. 하나님은 사람을 어떻게 만드셨나? 왜 그렇게 만드셨나?(26~28절)

9. 하나님은 사람에게 무엇을 축복하셨나? 축복은 인간의 입장에서 무엇을 의미하는가?(28절)

10. 하나님께서 사람에게 주시는 양식은 무엇인가? 왜 고기를 먹으라는 말씀을 하지 않으셨나?(29절)

11. 왜 하나님은 하루에 모든 것을 창조하시지 6일을 거쳐 창조하셨을까?(31절)

12. 하나님은 어떤 순서와 형태로 창조해 가시는가?(1~31절)

아담과 하와
창 2:1~25

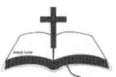

"¹천지와 만물이 다 이루어지니라 ²하나님이 그가 하시던 일을 일곱째 날에 마치시니 그가 하시던 모든 일을 그치고 일곱째 날에 안식하시니라 ³하나님이 그 일곱째 날을 복되게 하사 거룩하게 하셨으니 이는 하나님이 그 창조하시며 만드시던 모든 일을 마치시고 그날에 안식하셨음이니라 ⁴이것이 천지가 창조될 때에 하늘과 땅의 내력이니 여호와 하나님이 땅과 하늘을 만드시던 날에 ⁵여호와 하나님이 땅에 비를 내리지 아니하셨고 땅을 갈 사람도 없었으므로 들에는 초목이 아직 없었고 밭에는 채소가 나지 아니하였으며 ⁶안개만 땅에서 올라와 온 지면을 적셨더라 ⁷여호와 하나님이 땅의 흙으로 사람을 지으시고 생기를 그 코에 불어넣으시니 사람이 생령이 되니라 ⁸여호와 하나님이 동방의 에덴에 동산을 창설하시고 그 지으신 사람을 거기 두시니라 ⁹여호와 하나님이 그 땅에서 보기에 아름답고 먹기에 좋은 나무가 나게 하시니 동산 가운데에는 생명 나무와 선악을 알게 하는 나무도 있더라 ¹⁰강이 에덴에서 흘러 나와 동산을 적시고 거기서부터 갈라져 네 근원이 되었으니 ¹¹첫째의 이름은 비손이라 금이 있는 하윌라 온 땅을 둘렀으며 ¹²그 땅의 금은 순금이요 그곳에는 베델리엄과 호마노도 있으며 ¹³둘째 강의 이름은 기혼이라 구스 온 땅을 둘렀으며 ¹⁴셋째 강의 이름은 힛데겔이라 앗수르 동쪽으로 흘렀으며 넷째 강은 유브라데더라 ¹⁵여호와 하나님이 그 사람을 이끌어 에덴동산에 두어 그것을 경작하며 지키게 하시고 ¹⁶여호와 하나님이 그 사람에게 명하여

이르시되 동산 각종 나무의 열매는 네가 임의로 먹되 [17]선악을 알게 하는 나무의 열매는 먹지 말라 네가 먹는 날에는 반드시 죽으리라 하시니라 [18]여호와 하나님이 이르시되 사람이 혼자 사는 것이 좋지 아니하니 내가 그를 위하여 돕는 배필을 지으리라 하시니라 [19]여호와 하나님이 흙으로 각종 들짐승과 공중의 각종 새를 지으시고 아담이 무엇이라고 부르나 보시려고 그것들을 그에게로 이끌어 가시니 아담이 각 생물을 부르는 것이 곧 그 이름이 되었더라 [20]아담이 모든 가축과 공중의 새와 들의 모든 짐승에게 이름을 주니라 아담이 돕는 배필이 없으므로 [21]여호와 하나님이 아담을 깊이 잠들게 하시니 잠들매 그가 그 갈빗대 하나를 취하고 살로 대신 채우시고 [22]여호와 하나님이 아담에게서 취하신 그 갈빗대로 여자를 만드시고 그를 아담에게로 이끌어 오시니 [23]아담이 이르되 이는 내 뼈 중의 뼈요 살 중의 살이라 이것을 남자에게서 취하였은즉 여자라 부르리라 하니라 [24]이러므로 남자가 부모를 떠나 그의 아내와 합하여 둘이 한 몸을 이룰지로다 [25]아담과 그의 아내 두 사람이 벌거벗었으나 부끄러워하지 아니하니라."

하나님은 왜 제칠일에 안식하셨는가?

그것은 완벽하게 천지창조를 하셨기에 기쁜 쉼을 가지시기 위해 안식하신 것이다. 일과 쉼(6대 1의 비율)의 과학적 비율을 알려 주시기 위함이다. 이것이 인생이 살아가는 데 중요한 삶의 원리임을 알려 주시는 것이다. 오늘날 모든 사람들이 이 원리를 따라 살지 않기에 마음과 몸과 삶에 문제가 발생되는 것이다. 완벽하게 일하는 것과 완전한 쉼이 육대 일의 비율로 산다면 건강한 마음과 육체와 삶을 영위할 수 있는 것이다. 또한 영적인 의미에서 육 일은 수고하는 인생의 시간을 의미하고 제칠일은 인생 뒤에 오는 천국을 의미하고 영혼의 안식을 의미한다.

하나님은 왜 제칠일을 복되게 하시고 거룩하게 하셨는가?

하나님의 안식은 단순한 쉼이 아니라 또 다른 천지창조와 같은 복을 포함하고 거룩함을 가진 쉼인 것이다. 그러므로 쉼은 낭비가 아니라 복이며, 거룩함이 빠진 쉼은 진정한 쉼이 아님을 알려 주신다. 그러나 많은 그리스도인에게 주일이 복되지 못한 것은 진정한 쉼이 되지 못하기 때문이다. 그것은 그날을 복되게 하셨다는 하나님의 약속을 믿지 않고 거룩함을 지키지 못하기 때문이다. 자신을 위한 날로 주일을 지키는 것은 거룩함을 잃어버린 것이다. 하나님만을 위한 시간을 보낼 때 거룩함을 가지는 것이다.

하나님은 사람을 어떻게 만드셨나?

하나님은 사람을 땅의 흙으로 만드시고 그 코에 생기를 불어넣으셔서 영혼을 가진 자로 창조하셨다. 다른 피조물들과 다른 방법으로 창조하신 것이다. 죽지 않는 불멸의 영혼을 소유한 피조물로 만드신 것이다. 이는 흙으로 돌아갈 육체를 입고 있는 유한적 존재와 영혼을 소유한 영원한 존재로서의 성질을 동시에 가지게 되는 것이다. 사람은 영원히 존재하도록 존재된 것이지 유한적 존재로서 존재하는 것이 아니기에 영원히 존재하는 영혼을 위해 살도록 하나님께서 만드신 것이다. 그러나 인간은 교만하고 사탄이 속여서 유한한 육체를 가진 흙의 존재로 사는 것을 선택하여 영원의 삶을 고통으로 밀어넣는다. 심지어는 십자가의 은혜로 구원받은 그리스도인이 영원한 삶을 살기 위해 오늘을 살지 않는 어리석음을 가진다. 예수님은 영원한 삶을 위해 십자가에서 희생하신 것이다. 영원한 삶을 위한 삶이 되지 못한다면 구원을 헛되이 하는 것이다.

하나님은 에덴동산 가운데 생명나무와 선악과를 왜 놓으셨을까? 이것은 무엇을 의미하나?

하나님은 생명나무에 대해서는 특별한 말씀이 없으시고 선악과나무는 먹지 말라고, 먹는 날에는 죽는다고 말씀하신다. 좋은 것에 대해서는 문제가 없기에 굳이 말씀하실 것은 없지만 그렇지 않은 것은 미리 말씀하셔서 경계하게 하셨다. 먹는다는 것은 그 사람과 동화된다는 것을 의미한다. 그리스도인은 구원받아 새로운 영적 에덴에 사는 자가 되었다.

"그가 우리를 흑암의 권세에서 건져내사 그의 사랑의 아들의 나라로 옮기셨으니"(골 1:13).

그러나 많은 그리스도인은 생명나무와 선악과나무 사이에서 여전히 지금도 선택하고 결정하며 산다. 동산 중앙에 두 나무가 있다는 것은 영적 의미에서 그리스도의 심령과 삶 한가운데 생명나무와 같은 말씀과 주님이 계시고, 선악을 아는 나무와 같은 세상이 주는 지식과 지혜가 있는 것이다. 그것을 선택하는 것은 그 사람의 자유의지다. 그러나 선택의 결과는 본인이 만들 수는 없다. 선악과나무가 있어도 확률적으로 볼 때 그것을 먹을 수 있는 확률이 적어 보인다. 왜냐하면 하나님은 동산의 모든 열매를 먹을 수 있게 하셨기 때문이다. 그러기에 하나님의 명령은 지키기 어려운 것이 아니다. 그래서 하나님은 선악과나무를 동산 중앙에 있게 하신 것이다.

그리고 선악과나무 옆에 생명나무를 두게 하심으로 혹 선악과 열매를 먹고 싶을 때 바로 옆의 생명나무 열매를 먹음으로 선악과 열매를 먹지 않게 하시기 위한 하나님의 배려인 것이다. 오늘날 그리스도인들이 말씀대로 사는 것은 결코 어려운 일이 아니다. 생명나무 되시는 주님과 성령의 도우심으로 살 때 말씀대로 살기가 쉽고, 죄를 이기고 사는 것도 생명나무의 열매를 먹을 때 가능하다.

하나님은 왜 선악과나무의 열매를 먹으면 죽는다고 말씀하시는가?

먼저 하나님이 그렇게 정하셨기 때문이다. 그리고 선악과를 먹음으로 오는 악을 아는 지식과 지혜가 결국 악을 행하는 데까지 이르기에, 악을 행함으로 오는 죄는 결국 죽음을 가져오는 것이다.

"죄의 삯은 사망이요"(롬 6:23).

하나님은 왜 사람이 혼자 있는 것이 좋지 않다 하셨는가?

하나님은 동물과 생물을 창조하실 때 암수 짝으로 만드셔서 생육하고 번성하게 하셨다. 그런데 인간은 남자인 아담만을 창조하셔서 다른 피조물과 같이 생육하고 번성할 수 없기에 좋지 않다 하신 것이다.

왜 하나님은 아담에게 피조물을 이름 짓게 하셨는가? 무슨 의미가 있나?

그것은 하나님만이 하실 수 있는 일을 아담에게 넘겨주심으로 아담이 만물의 다스리는 자임을 알려 주시는 것이다. 아담에게 하나님이 가지신 지혜가 있음을 알려 주시는 것이다. 권세와 지혜는 예수님 안에 그리스도인이 가지고 있는 두 가지다.

"영접하는 자 곧 그 이름을 믿는 자들에게는 하나님의 자녀가 되는 권세를 주셨으니"(요 1:12).

"우리는 그리스도 안에서 그의 은혜의 풍성함을 따라 그의 피로 말미암아 속량 곧 죄 사함을 받았느니라 이는 그가 모든 지혜와 총명을 우리에게 넘치게 하사"(엡 1:7~8).

하나님은 어떻게 여자를 만드셨나?

하나님은 여자를 아담의 갈빗대 하나로 만드셨다. 갈빗대로 만드셨다는 것은 우선적으로 강하다는 것을 의미하고, 갈빗대는 중요한 장기를 보호하는 뼈이기에 남편의 연약함을 보호하는 역할을 의미한다. 그리고 갈빗대는 몸의 중간에 있기에 아내는 결코 낮은 자리에 있는 자가 아님을 의미한다. 돕는 배필은 결국 아담의 모자라고 없는 부분을 채워주어 남자를 온전케 하는 일을 하는 것이다.

1. 하나님은 왜 제칠일에 안식하셨나?(2절)

2. 하나님은 왜 제칠일을 복되게 하시고 거룩하게 하셨는가?(3절)

3. 하나님은 사람을 어떻게 만드셨나?(7절)

4. 하나님은 에덴동산 가운데 생명나무와 선악과를 왜 놓으셨을까? 무엇을 의미하나?(9절)

5. 하나님은 왜 선악과나무의 열매를 먹으면 죽는다고 말씀하시는가?(16~17절)

6. 하나님은 왜 사람이 혼자 있는 것이 좋지 않다 하셨는가?(18절)

7. 왜 하나님은 아담에게 피조물을 이름 짓게 하셨는가? 무슨 의미가 있나?(19절)

8. 하나님은 어떻게 여자를 만드셨나?(21~23절)

나·눔·질문

죄의 시작
창 3:1~24

¹그런데 뱀은 여호와 하나님이 지으신 들짐승 중에 가장 간교하니라 뱀이 여자에게 물어 이르되 하나님이 참으로 너희에게 동산 모든 나무의 열매를 먹지 말라 하시더냐 **²**여자가 뱀에게 말하되 동산 나무의 열매를 우리가 먹을 수 있으나 **³**동산 중앙에 있는 나무의 열매는 하나님의 말씀에 너희는 먹지도 말고 만지지도 말라 너희가 죽을까 하노라 하셨느니라 **⁴**뱀이 여자에게 이르되 너희가 결코 죽지 아니하리라 **⁵**너희가 그것을 먹는 날에는 너희 눈이 밝아져 하나님과 같이 되어 선악을 알 줄 하나님이 아심이니라 **⁶**여자가 그 나무를 본즉 먹음직도 하고 보암직도 하고 지혜롭게 할 만큼 탐스럽기도 한 나무인지라 여자가 그 열매를 따먹고 자기와 함께 있는 남편에게도 주매 그도 먹은지라 **⁷**이에 그들의 눈이 밝아져 자기들이 벗은 줄을 알고 무화과나무 잎을 엮어 치마로 삼았더라 **⁸**그들이 그날 바람이 불 때 동산에 거니시는 여호와 하나님의 소리를 듣고 아담과 그의 아내가 여호와 하나님의 낯을 피하여 동산 나무 사이에 숨은지라 **⁹**여호와 하나님이 아담을 부르시며 그에게 이르시되 네가 어디 있느냐 **¹⁰**이르되 내가 동산에서 하나님의 소리를 듣고 내가 벗었으므로 두려워하여 숨었나이다 **¹¹**이르시되 누가 너의 벗었음을 네게 알렸느냐 내가 네게 먹지 말라 명한 그 나무 열매를 네가 먹었느냐 **¹²**아담이 이르되 하나님이 주셔서 나와 함께 있게 하신 여자 그가 그 나무 열매를 내게 주므로 내가 먹었나이다 **¹³**여호와 하나님이 여자에게 이르시되 네가 어찌하여

이렇게 하였느냐 여자가 이르되 뱀이 나를 꾀므로 내가 먹었나이다 [14]여호와 하나님이 뱀에게 이르시되 네가 이렇게 하였으니 네가 모든 가축과 들의 모든 짐승보다 더욱 저주를 받아 배로 다니고 살아 있는 동안 흙을 먹을지니라 [15]내가 너로 여자와 원수가 되게 하고 네 후손도 여자의 후손과 원수가 되게 하리니 여자의 후손은 네 머리를 상하게 할 것이요 너는 그의 발꿈치를 상하게 할 것이니라 하시고 [16]또 여자에게 이르시되 내가 네게 임신하는 고통을 크게 더하리니 네가 수고하고 자식을 낳을 것이며 너는 남편을 원하고 남편은 너를 다스릴 것이니라 하시고 [17]아담에게 이르시되 네가 네 아내의 말을 듣고 내가 네게 먹지 말라 한 나무의 열매를 먹었은즉 땅은 너로 말미암아 저주를 받고 너는 네 평생에 수고하여야 그 소산을 먹으리라 [18]땅이 네게 가시덤불과 엉겅퀴를 낼 것이라 네가 먹을 것은 밭의 채소인즉 [19]네가 흙으로 돌아갈 때까지 얼굴에 땀을 흘려야 먹을 것을 먹으리니 네가 그것에서 취함을 입었음이라 너는 흙이니 흙으로 돌아갈 것이니라 하시니라 [20]아담이 그의 아내의 이름을 하와라 불렀으니 그는 모든 산 자의 어머니가 됨이더라 [21]여호와 하나님이 아담과 그의 아내를 위하여 가죽옷을 지어 입히시니라 [22]여호와 하나님이 이르시되 보라 이 사람이 선악을 아는 일에 우리 중 하나같이 되었으니 그가 그의 손을 들어 생명나무 열매도 따먹고 영생할까 하노라 하시고 [23]여호와 하나님이 에덴동산에서 그를 내보내어 그의 근원이 된 땅을 갈게 하시니라 [24]이같이 하나님이 그 사람을 쫓아내시고 에덴동산 동쪽에 그룹들과 두루 도는 불 칼을 두어 생명 나무의 길을 지키게 하시니라."

하나님은 왜 사탄이 에덴동산에 들어오는 것을 허락하셨는가?

이 땅은 천국이 아니기에 어디든 올 수 있었다. 선악과가 있게 하신 것을 보면 인간의 자유의지를 존중하신 것처럼 사탄이 다가오는 것도 허락하신 것이다. 자유의지는 하나님이 가지신 성품으로 인간에게 주신 것이다. 사탄의 유혹이 없었다면 하와가 선악과를 먹었을까? 하나님은 인간을 선하게 창조하셨기에 사탄의 유혹이 없었다면 선악과는 먹지 않았을 것이다. 그러나 사탄이 개입되면서 인간은 망하게 된 것이다.

하나님은 사탄을 어떤 존재로 나타내시는가?

사탄은 하나님 말씀을 듣고 있었고 알고 있었고 기억하고 있었다. 사탄은 하와보다 성경을 자세히 정확하게 알고 있었다. 그것을 부정적으로 표현할 줄도 아는 것이다. 하나님은 창세기 2장 16절에서 "**여호와 하나님이 그 사람에게 명하여 이르시되 동산 각종 나무의 열매는 네가 임의로 먹되**"라고 말씀하셨다. 그러나 사탄은 자신이 하와를 유혹하기 위해 다르게 표현한 것이다.

"뱀이 여자에게 물어 이르되 하나님이 참으로 너희에게 동산 모든 나무의 열매를 먹지 말라 하시더냐"(1절).

사탄은 하나님 말씀을 가지고 역사한다. 오늘날 이단들은 하나님의 말씀을 자기 식대로 해석하여 믿는 자를 유혹한다. 사탄은 예수님이 사십 일 금식한 후에 하나님의 말씀으로 유혹하였다. 그러나 예수님은 말씀을 가지고 사탄의 유혹을 물리치셨다. 오늘날 어설프게 하나님 말씀을 알고 신앙생활을 하다가, 하나님도 오해하고 사탄의 유혹에 쉽게 넘어가 하나님의 자녀의 모습을 버리고 사탄의 도구가 된 그리스도인들이 너무나 많다. 사탄은 하나님 말씀을 가벼이 여기는 자를 공격한다. 하와는 하나님 말씀을 정확하게 알지도 못하고 하나님 말씀에 대한 믿음도 약했던 것이 분명하다. 하와가 하나님 말씀에 익숙하고 정확히 알고 믿었다면 사탄의 잘못된 말씀 사용에 대해 단호히 물리쳤을 것이다.

하와는 왜 하나님 말씀을 무게감 있게 가지고 있지 못했을까? 그것은 하와가 직접 하나님으로부터 말씀을 들은 것이 아니라 아담으로부터 전달받았기 때문이다. 하와는 창세기 2장 16~17절 말씀을 직접 듣지 못했다. 아담이 듣고 전달한 것이다. 왜 하와는 아담을 통해 하나님 말씀을 듣게 되었을까? 그것은 아담이 먼저 하나님께 직접 말씀을 들었고 하와는 나중에 아담이 잠들어 있을 때 갈빗대로 만들어졌기 때문이다. 이것이 하와가 하나님의 말씀을 두려워하지 않는 이유다. 말씀을 정확하게 기억하지 못하는 이유가 여기 있다.

물론 아담이 하나님 말씀을 하와에게 무게감 있게 전달했는지, 정확하게 전달했는지는 알 수 없다. 만약 아담이 부실하게 전달했다면 아담의 책임이 더욱 클 것이다. 그리스도인이 하나님 말씀을 믿음으로 인하여 믿지 않는 자들에게 힘 있고 담대하게 전달하지 못하고 오히려 부끄러움과 사람을 두려워함으로 말씀을 전하여 상대방이 하나님 말씀을 거부하게 만든다면, 그것은 전하는 자의 잘못된 태도에 문제가 있는 것이다.

오늘날 설교를 들을 때도 단순히 사람인 목사가 전하는 걸로 듣는 사람과, 하나님이 나에게 말씀하시는 것으로 듣는 사람은 말씀이 와 닿는 강도와 순종이 다를 것이다. 그리스도인이 하나님 말씀을 가볍게 보거나 들을 때 그것은 유사시에 사탄의 유혹에 넘어갈 수 있는 여지가 있는 것이다. 그리고 하와에게 하나님 말씀이 희미했던 것은 시간이 지나면서 기억이 흐려지면서 사탄의 말에 유혹을 받게 된 것이다. 분명 2장 16~17절과 3장 1절 사이에는 어느 정도 시간이 흘렀다고 생각된다.

사탄은 강렬한 하나님의 말씀이 마음에 와 닿을 때 유혹하거나 공격하는 것이 아니라, 시간이 지나면서 말씀의 강도가 약해지고 희미해질 때 유혹하고 믿는 자를 공격한다. 사탄은 주로 홀로 있는 자를 유혹과 공격 대상으로 삼는다. 그래서 하와가 혼자 있을 때 그를 유혹했다. 동물의 세계에서 육식동물이 초식동물을 잡을 때도 무리에서 떨어져 나와 혼자 된 것을 마지막까지 추격하여 잡는다. 이처럼 오늘날 사탄은 무리에서 떨어져 혼자 신앙생활을 하는 성도를 찾는다. 교회 없이 신앙생활 하는 자, 교회 다녀도 교제 없이 혼자 신앙생활 하는 자, 믿는 자들에게서 영적 도움을 받지 않고 자신의 힘으로 신앙생활 하려는 자는 결국 사탄의 밥이 되기가 쉽다.

사탄이 자신의 모습을 드러내지 않고 뱀을 통해 나타내고 말하는 이유는 무엇일까? 사탄은 뱀을 앞세우듯 언제나 자신의 정체는 숨기고 대신 앞세우는 도구가 있다. 그리고 친숙한 도구로 하와를 유혹한다. 하와가 뱀이 말하는 것을 아무렇지 않게 생각하는 것을 보면 친숙한 것 같다. 낯설거나 두려워하지 않는다.

사탄은 오늘날에도 사람, 환경, 문화라는 것으로 자신을 숨기고 대신할 친숙한 도구를 가지고 우리를 멸망길로 이끈다. 사탄은 그리스도인이 위험한 것 가까이 있을 때 역사한다. 특히 눈에 보이는 곳에 있으면 사탄의 역사가 시작된다. 에덴동산의 크기가 크지 않았다 해도 중앙에 있는 선악과를 볼 수 있는 거리에 하와가 있었다는 것은 분명하다. 눈으로 볼 수 있는 거리에 있다는 것은 사탄의 유혹에 넘어갈 수 있었던 위치에 있었음을 말해준다. 즉 하와가 사탄의 유혹을 이길 수 없었던 것은 선악과가 눈에 보이는 곳에 있었기 때문이다. 그러므로 정결한 눈이 되어야 한다. 좋은 것만 보는 눈이 되어야 한다. 안 좋은 것을 보면 반드시 사탄의 역사가 일어난다.

> "눈은 몸의 등불이니 그러므로 네 눈이 성하면 온몸이 밝을 것이요 눈이 나쁘면 온몸이 어두울 것이니 그러므로 네게 있는 빛이 어두우면 그 어둠이 얼마나 더하겠느냐"(마 6:22~23).

그러므로 악은 멀리해야 한다. 악이 가까이 있으면 자연히 사탄의 유혹을 이길 수 없는 것이다.

"사람이 불을 품에 품고서야 어찌 그의 옷이 타지 아니하겠으며 사람이 숯불을 밟고서야 어찌 그의 발이 데지 아니하겠느냐"(잠 6:27~28).

그리고 사탄은 부정적인 것에 역사한다. 부정적으로 말을 한다. 부정적인 것(생각)은 일단 사탄의 역사라고 봐야 한다. 사탄은 같은 성질의 것을 사용한다. 하나님은 뱀이 가장 간교하다고 말씀하셨다. 이 간교함은 사탄의 속성인 것이다. 그러므로 오늘날에도 사탄은 자기와 같은 동질성을 가진 것으로 역사의 도구로 삼는다. 음란하고 더러운 문화, 거짓된 것, 죄 된 것을 동원하여 믿는 자를 유혹하고 넘어뜨린다.

분명 창세기 3장 1절을 보면 하와는 처음부터 선악과나무를 본 것이 아니다. 6절에서 비로소 그 나무를 본 것이다. 사탄은 1절에서 하와에게 잘못된 문제의식을 가지게 하고 있다. 오늘날에도 사탄은 생존의 문제, 먹는 문제로 위기감을 주어 하나님을 의심하고 불평하게 하고 떠나가게 한다. 사탄은 찾지도 않는데 먼저 찾아와서 잘못된 생각을 하게 하고, 잘못된 생각이 잘못된 행동을 하게 하고, 계속 잘못된 행동을 하도록 중독성을 갖게 한다.

하와는 처음에는 사탄을 찾지도 않았는데, 찾아와 유혹하고 결국 하와는 전에 없던 생각을 하게 된다. 그리고 스스로 사탄이 원하는 행동을 하게 되자 사탄은 더 이상 역사하지 않고 하와를 떠난다. 오늘날에도 사탄은 똑같이 믿는 자에게 역사한다. 찾지 않는데 찾아와서 유혹하여 전에 없었던 잘못된 생각을 하게 되고 그 생각을 따라 사탄이 원하는 행동을 하게 되면 사탄은 그 사람에게서 떠나는 것이다. 왜냐하면 그다음부터는 사탄의 유혹 없이도 스스로 사탄이 원하는 행동을 멈추지 않고 할 것이기 때문이다. 인간의 죄성에는 중독현상이 있음을 알고 있는 것이다. 사탄이 하와에게 뜬금없이 찾아와서 유혹하자 하와는 결국 사탄이 원하는 일을 적극적으로 행동하고 있다(6절). 오늘날에도 사탄은 가만히 있는 사람을 친근하게 찾아와서 유혹하고 나중에는 가만 놔두어도 스스로 찾아오게 하는 중독을 일으킨다. 사탄은 자신이 문제 해결자처럼 말하고 잘못된 소망, 잘못된 진리를 얘기한다.

"너희가 그것을 먹는 날에는 너희 눈이 밝아져 하나님과 같이 되어 선악을 알 줄 하나님이 아심이니라"(5절).

오늘날에도 사탄은 그리스도인에게 인생의 문제가 어떤 식으로든 해결될 것이라고 속이고 장래는 시간이 흐를수록 더 좋아질 것이라고 말한다. 사탄은 위험한 낙천주의 생각을 가지게 한다. 그래서 하나님을 간절히 찾지 않는 영적인 게으름에 빠지게 한다. 진정한 문제 해결과 축복은 하나님에게만 있음을 알아야 한다.

하나님은 언제 아담과 하와의 죄에 대하여 대응하시는가?

하나님은 아담과 하와가 범죄한 그날에 바로 아담을 찾으시는 것이다. 하나님은 오늘날 그리스도인이 죄를 지을 때 즉시 대응하신다. 그리스도인의 신앙의 양심과 하나님의 음성을 대신할 여러 채널을 통하여 즉각적으로 전달하신다. 만약 그런 증거들이 없다면 영적으로 무감각하거나 무관심하거나 의도적으로 모른 체하는 것이다. 그렇지 않으면 극단적으로 구원을 받지 않는 사람인지도 모른다.

하나님은 과연 아담과 하와의 변명을 인정하셨는가?

아담은 하와 때문에, 하와는 뱀 때문에 죄를 범했다고 변명했지만 하나님은 이것을 용납하지 않았다(12~14절). 하나님 말씀을 어긴 죄로 아담과 하와는 징계를 받는다. 이것은 핑계와 변명은 하나님께 안 통한다는 것을 의미한다. 어떤 외부적인 원인에 의해 범죄하였다 해도 죄를 범한 자는 당사자이기 때문이다. 오늘날에도 많은 그리스도인들이 하나님 말씀을 지키지 못한 것에 대해 여러 가지로 핑계와 변명을 하지만 하나님에게는 그 변명과 핑계가 아무 소용이 없다는 것을 모르고 있다. 그런 핑계와 변명이 결국 하나님의 축복을 받지 못하게 하고, 회개도 하지 않고 자신의 행동을 정당화하고 합리화하여 나중에는 양심의 화인 맞은 자처럼 되어 가는 것이다.

오히려 솔직하게 자신의 범죄를 인정하고 회개하여 다시는 그런 범죄에 빠지지 않도록 안전장치를 만들어 하나님의 보호하심을 구하는 것이 하나님의 은혜를 받는 비결이다. 여기서 하나님 말씀을 직접 들은 아담은 왜 불순종했는지를 알 필요가 있다. 그것은 아마도 시간이 흘러 하나님 말씀의 강도가 약해졌거나 하나님보다 하와라는 아내 된 자의 말을 더 신뢰했기 때문에 그랬을 것이다. 아담의 근본적인 문제는 반복적으로 하나님 말씀을 마음에 새기지 않아서 그렇다. 그래서 그리스도인들은 반복적으로 말씀을 들어야 한다.

"끝으로 나의 형제들아 주 안에서 기뻐하라 너희에게 같은 말을 쓰는 것이 내게는 수고로움이 없고 너희에게는 안전하니라"(빌 3:1).
"이 율법책을 네 입에서 떠나지 말게 하며"(수 1:8).

하나님이 아담과 하와가 범죄한 것을 아시고 다시금 그 죄를 물으시는 이유는 무엇인가?

아담과 하와의 범죄에 대해 어느 정도 인식하고 하나님 앞에 어떤 태도로 나오는지를 보기 위함이시다. 하나님은 성도의 기도를 아시면서도 기도하게 하신다. 그것은, 하나님은 기도 내용보다도 얼마나 믿음을 가지고 기도하는지를 보시기 위함과 같다. 그러나 아담과 하와는 하나님 앞에 실망스러운 태도를 보인다. 그런 태도는 더 이상 하나님 앞에서 긍휼의 기회를 가지지 못한다. 하나님은 긍휼과 은혜의 하나님이시다. 하나님의 긍휼과 은혜를 받기 위해서는 자신을 하나님 앞에 솔직하게 보여야 한다.

하나님은 그리스도인이 어떤 행동을 한 것보다 그 행동을 한 다음에 하나님 앞에 어떤 태도로 나오는지를 더 알고 싶어 하신다. 하나님 앞에서의 태도가 그 행동의 축복과 은혜의 결정적 역할을 하는 것이다. 하나님이 원하시는 태도를 보일 때 은혜와 축복이 온다.

하나님은 왜 아담과 하와가 범죄하였는데 땅이 저주를 받게 하셨는가? 그 의미는 무엇인가?

> "아담에게 이르시되 네가 네 아내의 말을 듣고 내가 네게 먹지 말라 한 나무의 열매를 먹었은즉 땅은 너로 말미암아 저주를 받고 너는 네 평생에 수고하여야 그 소산을 먹으리라"(17절).

그것은 먼저, 인간이 환경의 주인(주도권자)임을 증명하는 것이다. 좋은 주인에 따라 모든 것이 달라진다. 땅은 인간을 주인삼아 종 된 것이다. 그러기에 잘못된 주인에 의해 종인 땅도 같이 저주를 받은 것이다. 두 번째는 인간이 땅을 밟고 다니기에 저주받은 자가 접촉하는 땅도 다 같이 저주를 받게 된 것이다. 하나님은 땅이 저주받은 것은 인간의 존재가치에 문제가 생긴 것임을 말씀하신다. 이것은 존재의 가치가 땅과 공간의 가치를 결정하는 것을 의미한다. 그러므로 오늘날 그리스도인은 땅과 공간에 대해 원망하지 말고 내가 어떻게 했는지, 내 존재 가치가 어떠했는지를 알아야 한다.

하나님은 왜 아담과 하와를 에덴동산에서 내보내셨을까?

범죄하여 죽은 영혼, 죽을 육체를 가진 아담과 하와가 만약에 생명나무 열매를 먹게 되면 영원히 저주받은 존재가 될 수 있기에, 하나님은 그들을 사랑하셔서 에덴동산에서 내보내시게 된 것이다. 그리고 분명한 것은, 존재가치가 낮은 자는 축복된 땅과 공간을 가질 수 없음을 말씀해 주고 계신다. 결국 존재가치가 낮은 아담과 하와는 에덴동산에 있을 자격이 없어진 것이다.

오늘날 그리스도인이 하나님이 원하시는 존재로 성화되지 않고, 구원받았으나 점점 세상에 가깝고 죄를 지속적으로 범하고 회개할 줄도 모른다면, 그 존재가치가 낮아짐으로 결코 축복의 땅과 공간을 가지지 못하여 형통의 삶을 살지 못하고 또한 낮은 존재의 상황과 사람과 일들을 만나게 될 것이다. 그러므로 자신의 삶이 무엇인가 점점 나빠지고 있다면, 상황을 탓하지 말고 자신의 존재가 하나님 앞에서 과거에 비해 더 나아지고 있는지 더 나빠졌는지를 분별해 보아야 한다.

나눔 질문

1. 하나님은 왜 사탄이 에덴동산에 들어오는 것을 허락하셨는가?(1절)

2. 하나님은 사탄을 어떤 존재로 나타내시는가?(1~5절)

3. 하나님은 언제 아담과 하와의 죄에 대하여 대응하시는가?(8~9절)

4. 하나님은 과연 아담과 하와의 변명을 인정하셨는가?(11~13절)

5. 하나님은 아담과 하와가 범죄한 것을 아시고 다시금 그 죄를 물으시는 이유는 무엇인가?(11절)

6. 하나님은 왜 아담과 하와가 범죄하였는데 땅이 저주를 받게 하셨는가? 그 의미는 무엇인가?(17절)

7. 하나님은 왜 아담과 하와를 에덴동산에서 내보내셨을까?(22~24절)

가인과 아벨

창 4:1~15

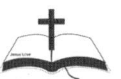

"¹아담이 그의 아내 하와와 동침하매 하와가 임신하여 가인을 낳고 이르되 내가 여호와로 말미암아 득남하였다 하니라 ²그가 또 가인의 아우 아벨을 낳았는데 아벨은 양 치는 자였고 가인은 농사하는 자였더라 ³세월이 지난 후에 가인은 땅의 소산으로 제물을 삼아 여호와께 드렸고 ⁴아벨은 자기도 양의 첫 새끼와 그 기름으로 드렸더니 여호와께서 아벨과 그의 제물은 받으셨으나 ⁵가인과 그의 제물은 받지 아니하신지라 가인이 몹시 분하여 안색이 변하니 ⁶여호와께서 가인에게 이르시되 네가 분하여 함은 어찌 됨이며 안색이 변함은 어찌 됨이냐 ⁷네가 선을 행하면 어찌 낯을 들지 못하겠느냐 선을 행하지 아니하면 죄가 문에 엎드려 있느니라 죄가 너를 원하나 너는 죄를 다스릴지니라 ⁸가인이 그의 아우 아벨에게 말하고 그들이 들에 있을 때에 가인이 그의 아우 아벨을 쳐죽이니라 ⁹여호와께서 가인에게 이르시되 네 아우 아벨이 어디 있느냐 그가 이르되 내가 알지 못하나이다 내가 내 아우를 지키는 자니이까 ¹⁰이르시되 네가 무엇을 하였느냐 네 아우의 핏소리가 땅에서부터 내게 호소하느니라 ¹¹땅이 그 입을 벌려 네 손에서부터 네 아우의 피를 받았은즉 네가 땅에서 저주를 받으리니 ¹²네가 밭을 갈아도 땅이 다시는 그 효력을 네게 주지 아니할 것이요 너는 땅에서 피하며 유리하는 자가 되리라 ¹³가인이 여호와께 아뢰되 내 죄벌이 지기가 너무 무거우니이다 ¹⁴주께서 오늘 이 지면에서 나를 쫓아내시온즉 내가 주의 낯을 뵈옵지 못하리니 내가 땅에서 피하며

유리하는 자가 될지라 무릇 나를 만나는 자마다 나를 죽이겠나이다 ¹⁵여호와께서 그에게 이르시되 그렇지 아니하다 가인을 죽이는 자는 벌을 칠 배나 받으리라 하시고 가인에게 표를 주사 그를 만나는 모든 사람에게서 죽임을 면하게 하시니라."

하나님은 하와가 가인을 어떻게 낳았다고 기록하시는가?

"아담이 그의 아내 하와와 동침하매 하와가 임신하여 가인을 낳고 이르되 내가 여호와로 말미암아 득남하였다 하니라"(1절).

이 고백은 하와가 생명은 하나님께로 오며 하나님의 도움으로 오는 것임을 고백하고 있는 것이다. 그리고 자녀를 갖는 것만으로도 하나님이 함께하신 것을 고백하고 있는 것이다.

"요한이 대답하여 이르되 만일 하늘에서 주신 바 아니면 사람이 아무것도 받을 수 없느니라"(요 3:27).

그리스도인들이 아무리 수고한다 할지라도 그 수고의 보상은 하나님의 주권인 것이다. 그러므로 자신의 수고를 크게 볼 것이 아니라 수고에 대한 보상을 해주시는 하나님을 더 크게 보고 감사해야 할 것이다. 이것이 하나님을 향한 믿음 있는 자의 진정한 모습이다.

하나님은 가인과 아벨의 제사를 어떻게 받으셨나?

4절의 **'받으셨다'**는 동사는 원어상으로 **'주의 깊게 바라보다'**라는 뜻이다. 이 말은 하나님이 제사 드리는 태도를 주의 깊게 보고 계신 것을 의미한다. 하나님은 인간이 드리는 제물보다도 제물을 드리는 사람의 태도를 더 주의 깊게 보시고 그것을 따라 판단하시는 것이다.

왜 하나님은 아벨의 제사만 받으시고 가인의 제사는 받지 않으셨나?
먼저, 하나님께 드린다는 의미에서는 동일하다. 그러나 드려지는 제물의 내용이 달랐다. 왜냐하면 가인은 땅의 소산으로 드리고 아벨은 양의 첫 새끼와 그 기름으로 드렸다. 여기서 아벨이 첫 새끼를 하나님께 드렸다는 것은 그가 하나님을 존귀하게 여겨 마음의 정성을 다해 드렸다는 것이다. 그리고 첫 새끼를 드렸다는 것은 가장 좋은 것을 드렸다는 것을 의미하기에, 이것이 가인이 있는 것 중에서 드린 것과는 확연한 차이가 있다.

오늘날에도 가인처럼 인색함과 형식에 매여 어쩔 수 없이 드리는 그리스도인이 있는가 하면, 아벨처럼 하나님을 존중하는 마음으로 정성을 다해 가장 좋은 것을 드리고 하나님께 먼저 드린 뒤에 자신의 것을 취하는 그리스도인이 있다. 같은 양의 예물을 하나님께 드리고도 받는 축복이 다른 이유가 여기에 있다.

두 번째는, 예물을 바치는 자의 존재 값의 문제 때문이다. 아벨과 그의 제물, 가인과 그의 제물, 즉 소유격으로 쓰지 않고 이름과 그의 제물을 이야기하는 것은, 제물보다 존재를 더 우선시하고 중요하게 여기시는 하나님의 마음이 나타난 것이다. 가인의 제물을 왜 받지 않으셨는지는 5~7절에서 그의 태도를 보아 알 수 있다. 많은 그리스도인들이 하나님께 드리는 예물에만 관심과 집중을 하여 드린 자의 마음의 태도를 중요하게 여기지 않는다. 그런데 하나님은 예물보다 예물 드리는 사람을 더 중요하게 여기고, 그 사람의 태도가 축복 여부를 결정짓는다는 사실이다.

저자는 성도들의 예물을 보거나 예물을 손으로 잡을 때 예물 드린 성도의 마음이 읽혀질 때가 있다. 어떤 예물은 감동이 오는가 하면 어떤 예물은 주인이 없는 예물 같은 것이 있다. 이런 예물을 드린 자는 복을 받지 못한다. 하나님은 역시 예물의 양보다 예물 드리는 성도의 마음을 먼저 보시고 더 중요하게 여기고 계심을 알 수 있다.

필자가 개척교회 초기에 피아노가 없었는데, 기도하던 중 오산에 사시는 어느 집사님이 이 이야기를 듣고 이사 가면서 집에 있는 두 대의 피아노 중 한 대를 교회에 드리겠다는 말씀을 그 집사님 교회를 섬기던 후배 전도사를 통해 전해왔다. 피아노를 가져올 작은 트럭과 도와줄 분에게 돈을 주고 이사하시는 집사님 집을 찾아갔는데, 정말 그 집사님 집에는 피아노가 두 대 있었다. 한 대는 최신식으로 깨끗한 것이고 한 대는 오래 되어서 피아노 회사도 알 수 없는 것이었다. 순간 낡은 피아노가 아니기를 내심 바랐지만 그 집사님은 낡은 피아노를 가져가라고 하기에 약간 실망했다. 그 집사님은 이사가면서 낡은 피아노를 가져가기는 짐이 되고 버리자니 조금은 아까워서 가난한 개척교회에 주기로 한 것이다. 그래도 어찌되었든 감사하다고 인사하고 그 낡은 피아노를 싣고 교회에 왔는데 문제가 생겼다. 당시 우리 교회는 작은 지하에 있었는데 낡은 피아노를 가지고 좁은 지하 통로까지는 힘들게 내려왔으나 지하 교회문으로 들어가지 못하고 결국 세 들어 살던 사택 처마 밑에 비닐로 덮어 놓아두었다. 그러다가 신학교 동기인 목사님이 선교원을 한다기에 드렸는데 거기서도 결국 얼마 못 가서 버렸다는 소식을 전해왔다.

이때 필자는 하나님이 기뻐하지 않는 예물은 이렇게 받지 않으신다는 것을 알게 되었다. 그 집사님은 가난한 개척교회 전도사에게 아쉬운 대로 낡은 피아노를 준 것이지만, 필자에게 개척교회를 맡겨주신 하나님은 그 낡은 피아노는 가인과 그의 제물 같아서 하나님이 기뻐하실 수 없고 거룩한 교회의 성물이 될 수 없었다는 것을 그 집사님은 몰랐을 것이다.

하나님은 왜 자신의 제물을 받지 않으심에 분노하고 얼굴색이 바뀌는 가인에게 질문하셨는가?

하나님은 우리의 말과 행위보다도 마음을 먼저 알고 계시고 판단하신다는 것이다. 또한 하나님은 가인에게 "왜 너의 제물을 안 받았는지 생각하지는 않느냐?"라고 질문하시고 가인이 평소 하나님을 두려워하지 않은 것을 드러내시는 것이다. 그런데 가인은 자신의 제물을 받지 않으셨다는 것에, 아벨과 차별을 받는 것에 분노하고 있는 것이다. 이것은 명백히 하나님을 무시하는 교만한 태도인 것이다. 그것은 가인이 아우를 죽이고 가인에게 하나님이 아벨이 어디 있느냐고 물으실 때 가인의 대답에서도 알 수 있다.

"내가 알지 못하나이다 내가 내 아우를 지키는 자니이까"(9절).

하나님은 왜 7절 말씀을 하셨을까? 무슨 뜻인가?
하나님께 제사를 드리는 것은 선한 일이나 가인이 하나님께 드린 제물은 스스로도 잘못된 태도로 드린 것임을 인정하고, 하나님께 대해 반감을 가지고 있는 것도 악한 것이며 아벨에 대한 질투도 잘못된 것임을 하나님이 지적하고 계신 것이다. 그리고 적극적으로 선을 행하지 않으면 자동적으로 죄가 자신을 덮친다는 것을 말씀하고 계신 것이다. 또 죄를 다스리라는 말씀은 죄의 세력이 강하기 때문에 죄에 지배당하지 않으려면 지배하라는 말씀인 것이다.

하나님께서 가인에게 말씀하신 죄는 과연 무엇을 말씀하시는 것일까?
마음속에 있는 분노, 하나님을 무시한 것, 아우를 시기하는 마음 등 마음에 일어나는 것을 죄라고 말씀하시는 것이다.

하나님은 가인이 살인을 행한 후 가인에게 물으셨다. 그 의미는 무엇인가?
하나님의 이 질문은 아담이 범죄한 후 어디 있느냐고 찾고 계신 것과 같은 맥락이다. 이것은 하나님이 우리가 범죄할 때 반드시 우리의 죄를 물으신다는 것이다. 또한 하나님은 가인에게 솔직하게 자신의 범죄를 고백하기를 바라고 질문하시는 것이다. 그러나 정직하게 고백하지 않으면 하나님은 그다음 질문을 하신다.

"네가 무엇을 하였느냐"(10절).

결국 하나님은 죄를 추적하시고 발견하시고 밝혀내시는 것이다. 하나님은 결코 믿는 자의 죄를 그대로 묵과하시지 않고 반드시 죄를 묻고 해결되기를 바라신다는 것이다.

하나님은 죽은 아벨을 어떻게 하셨는가?
하나님은 억울하게 죽은 아벨의 피의 소리를 들으시고 있었다.

"네 아우의 핏소리가 땅에서부터 내게 호소하느니라"(10절).

하나님은 그리스도인의 삶의 억울함과 고통을 그대로 지나치지 않으시고 알아주시고 해결하여 주시는 분이다.

아우를 죽인 가인에 대해서 하나님은 어떻게 하셨는가?
하나님은 아벨의 억울함을 들으시고 아우를 죽인 가인으로 하여금 죄의 대가를 치르게 하시는 공평하신 분임을 보여주고 계신다. 가인이 아우 아벨을 죽여서 땅에 억울한 피를 흘리게 했으니, 그가 밟는 땅이 저주를 받게 하시어 땅에서 소산물을 거두지 못하게 하시고 땅에 거주하지 못하고 떠돌아다니게 하신다.

하나님은 가인에게 어떤 은혜를 베푸시는가?
하나님은 범죄할지라도 은혜를 거두지 않으신다. 그것은 가인의 요청을 거절하지 않으시고 들어주셔서 죽지 않은 표를 주신 것이다. 하나님은 끝까지 죄인에게 은혜를 베푸사 좋으신 하나님을 알게 하신다.

1. 하나님은 하와가 가인을 어떻게 낳았다고 기록하시는가?(1절)

2. 하나님은 가인과 아벨의 제사를 어떻게 받으셨나?(4~5절)

3. 왜 하나님은 아벨의 제사만 받으시고 가인의 제사는 받지 않으셨나?(5절)

4. 하나님은 왜 자신의 제물을 받지 않으심에 분노하고 얼굴색이 바뀌는 가인에게 질문하셨는가?(5~6절)

5. 하나님은 왜 7절 말씀을 하셨을까? 무슨 뜻인가?(7절)

6. 하나님께서 가인에게 말씀하신 죄는 과연 무엇을 말씀하시는 것일까?(7절)

7. 하나님은 가인이 살인을 행한 후 가인에게 물으셨다. 그 의미는 무엇인가?(9절)

8. 하나님은 죽은 아벨을 어떻게 하셨는가?(10절)

9. 아우를 죽인 가인에 대해서 하나님은 어떻게 하셨는가?(11~12절)

10. 하나님은 가인에게 어떤 은혜를 베푸시는가?(15절)

노아와 홍수
창 6:5~7:5

⁵여호와께서 사람의 죄악이 세상에 가득함과 그의 마음으로 생각하는 모든 계획이 항상 악할 뿐임을 보시고 ⁶땅 위에 사람 지으셨음을 한탄하사 마음에 근심하시고 ⁷이르시되 내가 창조한 사람을 내가 지면에서 쓸어버리되 사람으로부터 가축과 기는 것과 공중의 새까지 그리하리니 이는 내가 그것들을 지었음을 한탄함이니라 하시니라 ⁸그러나 노아는 여호와께 은혜를 입었더라 ⁹이것이 노아의 족보니라 노아는 의인이요 당대에 완전한 자라 그는 하나님과 동행하였으며 ¹⁰세 아들을 낳았으니 셈과 함과 야벳이라 ¹¹그때에 온 땅이 하나님 앞에 부패하여 포악함이 땅에 가득한지라 ¹²하나님이 보신즉 땅이 부패하였으니 이는 땅에서 모든 혈육 있는 자의 행위가 부패함이었더라 ¹³하나님이 노아에게 이르시되 모든 혈육 있는 자의 포악함이 땅에 가득하므로 그 끝 날이 내 앞에 이르렀으니 내가 그들을 땅과 함께 멸하리라 ¹⁴너는 고페르 나무로 너를 위하여 방주를 만들되 그 안에 칸들을 막고 역청을 그 안팎에 칠하라 ¹⁵네가 만들 방주는 이러하니 그 길이는 삼백 규빗, 너비는 오십 규빗, 높이는 삼십 규빗이라 ¹⁶거기에 창을 내되 위에서부터 한 규빗에 내고 그 문은 옆으로 내고 상중하 삼층으로 할지니라 ¹⁷내가 홍수를 땅에 일으켜 무릇 생명의 기운이 있는 모든 육체를 천하에서 멸절하리니 땅에 있는 것들이 다 죽으리라 ¹⁸그러나 너와는 내가 내 언약을 세우리니 너는 네 아들들과 네 아내와 네 며느리들과 함께 그 방주로 들어가고 ¹⁹혈육 있는 모든 생물을 너

는 각기 암수 한 쌍씩 방주로 이끌어들여 너와 함께 생명을 보존하게 하되 [20]새가 그 종류대로, 가축이 그 종류대로, 땅에 기는 모든 것이 그 종류대로 각기 둘씩 네게로 나아오리니 그 생명을 보존하게 하라 [21]너는 먹을 모든 양식을 네게로 가져다가 저축하라 이것이 너와 그들의 먹을 것이 되리라 [22]노아가 그와 같이 하여 하나님이 자기에게 명하신 대로 다 준행하였더라…… [1]여호와께서 노아에게 이르시되 너와 네 온 집은 방주로 들어가라 이 세대에서 네가 내 앞에 의로움을 내가 보았음이니라 [2]너는 모든 정결한 짐승은 암수 일곱씩, 부정한 것은 암수 둘씩을 네게로 데려오며 [3]공중의 새도 암수 일곱씩을 데려와 그 씨를 온 지면에 유전하게 하라 [4]지금부터 칠 일이면 내가 사십 주야를 땅에 비를 내려 내가 지은 모든 생물을 지면에서 쓸어버리리라 [5]노아가 여호와께서 자기에게 명하신 대로 다 준행하였더라."

하나님이 노아를 선택하신 이유는 무엇일까?

노아는 그 당시 사람들과 비교해서 의인이고 완전한 자였으며, 유일하게 하나님과 동행하는 자였다. 하나님은 노아의 의로움을 보셨다고 말씀하시며(7:1) 노아의 의로움을 인정하셨다. 그러나 하나님의 입장에서 노아에게서 가장 귀하게 여기신 것은 하나님과 동행하였다는 것이다. 이 말은 하나님과 함께 모든 것을 나누고, 친밀한 교통을 이루고, 하나님의 뜻 앞에 순종하여 하나님과 같은 행동을 하였다는 것을 의미한다.

오늘날 교회 안에도 노아와 같이 도덕적 윤리적으로 완전해지려고 하는 그리스도인들을 보지만 하나님과 동행하는 그리스도인들은 드물다. 그리스도인들이 하나님 앞에서 존귀함을 받으려면, 세상 사람같이 살지 않는 도덕과 윤리적 차원에서 깨끗하게 사는 것만이 그리스도인다운 최선의 삶을 사는 것이 아니고, 교회 안에서 신앙생활을 열심히 하는 것이 최고의 삶이 아니라는 것이다. 늘 함께하시는 하나님과 일상의 삶에서 친밀한 교통과 삶을 나누고 하나님의 이끄심에 순종하며 사는 것이 최고, 최선의 삶인 것이다.

그럴 때 노아와 같이 하나님의 깊은 계시를 받고 생명을 보장받으며, 더 나아가서 마지막 때 하나님과 동행한 에녹과 같이 죽음을 경험하지 않고 공중에서 하나님을 만나는 영광을 얻게 되는 것이다.

"에녹이 하나님과 동행하더니 하나님이 그를 데려가시므로 세상에 있지 아니하였더라"(창 5:24).

8절을 통하여 하나님은 노아에게 무슨 은혜를 주셨는가?
그것은 방주를 지어 구원 받을 은혜를 말한다. 심판을 미리 피할 계시를 받고 살게 된 것을 말한다.

하나님은 왜 12절에서 사람이 부패했다고 하시지 않고 땅이 부패하였다고 말씀하신 것일까?
하나님은 땅에 붙어 사는 사람의 부패는 땅의 부패로 보시는 것이다. 사람의 행위의 부패가 땅의 부패를 가져왔다. 왜 그럴까? 사람이 땅을 밟고 행위로 죄를 범하기에 죄를 범한 사람이 관계된 땅이 더러워진 것이다. 아담이 하나님께 범죄함으로 땅이 저주를 받은 것과 같다.

"땅은 너로 말미암아 저주를 받고"(창 3:17).

이로 보아 죄악 된 한 사람과 관계된 모든 것이 함께 애매하게 대가를 치른다는 것을 알 수 있다. 그래서 그리스도인이 삶과 상황에 문제가 있다는 것은 혹 자신이 문제가 있는지를 살펴야 한다. 나 때문에 먼저 자신이 삶과 상황에 어려움을 겪고 관계된 사람과 현장과 일과 때가 징계를 받아 복되지 못한 것이다.

하나님의 심판은 언제 오는가?

하나님은 언제나 기다리시거나 참아주시는 것이 아니다. 모든 것의 끝이 있고 끝 날이 오면 심판하실 수밖에 없다. 그 끝 날이 하나님의 인내하심의 끝만을 얘기하는 것이 아니라 그 죄악 된 행위의 양을 포함한다. 그러므로 그리스도인이 범죄하여 회개치 않고 있으면 하나님이 길이 참으시다가 결국 죄악의 양이 차게 되고, 하나님의 인내하심의 끝이 징계인 것이다.

하나님은 왜 땅과 사람을 죽이시려는 것일까?

죄의 대가는 죽음이라는 공식을 에덴에서도 나타내주시고, 죄를 짓는 인간과 그 인간과 관계된 땅도 죽음이라는 것을 가져오는 것이다. 죽음만이 정결케 되는 것이요. 죄악의 끝을 낼 수 있기 때문이다.

하나님은 왜 노아에게 방주를 만들라고 하신 것일까?

하나님은 인류를 물로 심판하시기로 작정하셨기에 하나님 입장에서 노아가 죽지 않고 살게 하시려고 방주를 만들라고 하신 것이다. 그리고 하나님은 노아 입장에서 자신의 생명을 위하여 방주를 만들라고 하신 것이다. 그리스도인의 신앙생활은 결국 하나님을 위한다는 것보다 먼저 자신을 위하여 신앙생활 하고 교회를 다녀야 한다는 것이다.

역청을 안팎으로 바르라는 하나님의 말씀에서 어떤 하나님이심을 알 수 있나?

노아는 통나무를 엮어 배를 만들었을 것이다. 그러나 나무와 나무 사이를 물이 새지 않도록 막지 않으면 큰 배를 만들어도 아무 소용이 없는 것이다. 그래서 역청(일종의 타르)을 나무와 나무 사이에 발라서 물이 안으로 들어오지 못하도록 한 것이다. 하나님이 친히 이것을 말씀하심은 노아가 무지해서 역청이 아닌 다른 것으로 할 수 있기 때문이 아닐까 싶다.

이것으로 보아 하나님은 매우 세심하시고 작지만 중요한 것을 알려 주시는 하나님이심을 알 수 있다. 많은 그리스도인이 큰 것과 큰일에서만 하나님을 경험하려고 한다. 그러나 하나님은 그리스도인의 일상의 작은 일에도 함께하시고, 작지만 중요한 것들을 알려 주셔서 나중에 낭패를 당하지 않도록 하신다. 그리스도인이 세밀한 부분까지 만지시는 하나님의 손길을 발견할 때 더 하나님과 동행하는 모습이 될 것이다.

하나님은 노아 부부와 아들들과 며느리만 방주에 들어가라고 하셔서 방주 속에 들어갈 구원받을 자를 정하셨다. 하나님이 미리 예정하신 것일까?

정말 그들만 방주에 들어갔다(창 7:7). 그러면 나머지 사람들은 하나님이 의도적으로 버리셨다는 것일까?

아니다. 베드로후서 2장 5절을 보면 "옛 세상을 용서하지 아니하시고 오직 의를 전파하는 노아와 그 일곱 식구를 보존하시고 경건하지 아니한 자들의 세상에 홍수를 내리셨으며"라고 말씀하고 계신다. 이 말씀은 노아는 끊임없이 하나님의 심판과 의를 그 당시 사람들에게 전달하였고, 심판을 면하라고 외쳤을 것이다.

그러나 그들의 마음이 완악하여 결국 하나님의 심판을 믿지 않고 거부하여 스스로 구원의 길을 버린 것이다. 하나님은 그들을 아셨기에 하나님의 심판을 노아가 전했어도 거부하여 심판을 면할 수 없음을 아셔서 결국 구원받을 자는 노아의 식구밖에 없음을 미리 하신 것이다.

하나님은 방주를 만들어 홍수가 오기까지 구원의 문을 열고 기다리셨다. 그러나 그들 스스로가 거부하여 구원을 잃은 것이다.

오늘날에도 그리스도인들이 믿지 않는 자의 구원을 위해 전도를 통하여 구원받을 자가 있을 것이고 끝내 구원받지 못할 자가 있을 것이다.

하나님은 미리 구원받을 자, 구원받지 못할 자를 예정하신 것이 아니라 다만 예지하셨을 뿐이다. 노아는 열심히 의를 전파하였으나 가족 외에 누구도 구원받지 못했다. 이것은 오늘날 모든 그리스도인들은 언제 어디서나 복음을 전하여 구원받을 자를 구원해야 하고, 결국에 가서는 구원받지 못한다 해도 언제나 복음을 전해야 한다는 것을 말씀하고 계시는 것이다.

짐승의 암수가 홍수에서 구원받는 것을 통해 하나님은 무엇을 말씀하시는 것일까?

하나님은 사람만 귀하게 여기시는 것이 아니라 하나님이 창조하신 생명 있는 모든 피조물을 귀히 여기시는 것을 알 수 있다. 두 번째는 사람이 구원받지 못하면 짐승이라도 구원받게 하시는 것으로, 영적인 의미로서 약속된 사람이 구원받지 못하면 그렇지 못한 사람이 구원받는다는 것을 계시하는 것이다. 주님의 비유 속에서 마태복음 22장 1~14절에서 잔치를 베풀었는데 초청된 사람은 오지 않고 초청되지 않은 예상치 못한 부족함이 많은 사람이 혼인잔치에 초청받는 것과 같은 의미다.

하나님은 14절에서는 방주를 만들라고 하시고 21절에서는 먹을 양식을 저축하라고 하시는데, 이는 어떤 하나님을 나타내시는가?

하나님은 예비케 하시는 분임을 말씀하고 계신다. 그러므로 그리스도인이 하나님이 예비케 하시는 것을 알지 못하면 안 당해도 될 고난을 당하게 되는 것이다. 노아는 하나님이 말씀하신 대로 방주를 만들기 위해 다른 사람에게 이해받지 못하고 오해받고 비난과 조롱을 받으면서도 묵묵히 수고하고 애씀으로 결국 홍수로부터 구원의 선물을 받게 된다. 애굽에서 이스라엘 백성은 장자의 죽음을 피하기 위해 하나님의 말씀대로 어린 양을 미리 준비해서 어린 양의 피와 살로 장자의 죽음을 면하고 애굽에서 탈출하는 구원의 축복을 받게 된다. 이처럼 그리스도인의 오늘의 수고와 애씀은 장래에 만날 고난을 피하게 하시는 하나님의 이끄심이다. 그러므로 결코 남이 알아주지 않고 오해하고 비난한다 해도 낙심하지 말고 하나님이 이끄시는 대로 움직이면 나중에 하나님의 은혜로운 손길을 만나게 될 것이다.

7장 1절에서 하나님이 노아에게 "네가 내 앞에 의로움을 내가 보았음이니라"고 말씀하신 것으로 볼 때, 하나님은 그리스도인에게 어떤 신앙을 갖기를 원하시는가?

먼저 하나님 앞에서 산다는 신앙을 갖기를 원하신다. 두 번째는 하나님이 보고 계신다는 신앙을 갖기를 원하신다. 세 번째는 하나님이 인정하시는 의로움을 가지는 신앙을 갖기를 원하신다.

6장 22절과 7장 5절에서 하나님은 노아의 신앙을 통해 무엇을 말씀하고 싶은 것일까?

먼저, 하나님 앞에서 의인이요 완전한 자며 하나님과 동행하는 자는 핍박이 오고 조롱을 받아도 하나님 말씀대로 준행한다는 것이다.

두 번째는, 본문에서 '다'라는 단어가 중요하다. 하나님은 대충, 적당히 순종하는 것이 아니라 순도 100%의 순종을 바라신다. 하나님은 그리스도인들이 맡겨주신 일을 완벽하게 이루려는 자세를 갖기 원하신다는 것이다.

세 번째는, 상식적이지 못한 상황에서도 노아는 상황과 상관없이 말씀대로 살았다는 것이다. 그러므로 오늘날 그리스도인들도 세상 논리나 상식이나 상황과 상관없이 하나님이 말씀하신 대로 살려고 몸부림쳐야 한다.

네 번째로, 방주는 영적 의미에서 자신의 영혼을 의미한다. 그러므로 자신의 영혼을 위해 살아야 한다는 것을 말씀하신다.

다섯 번째로, 노아는 오랜 시간 동안 가족과 함께 누가 알아주지 않는 가운데 방주를 만들었다. 하나님이 원하시는 크기대로 만들기 위해 오랜 시간이 걸린 것이다. 오랜 시간 방주를 만들면서 얼마나 힘들고 외로

웠겠는가! 그러나 그 외로움을 이기고 결국 방주를 완성하여 생명의 구원을 얻게 된다. 이것처럼 말씀 따라 사는 삶을 세상 사람들이 이해해 주지 않고 오히려 비난하고 핍박하더라도, 힘들고 외로운 신앙의 길을 끝까지 완주하는 것이 하나님이 바라시는 모습임을 말씀하신다.

여섯 번째로, 노아는 오랜 시간 방주를 만들면서 중간에 하기 싫어서 잠시 그만두었다던가, 사람들의 오해와 비난에 실망하여 잠시 멈추었다던가 하는 일이 없이, 그저 하나님이 말씀하신 대로 방주가 완벽하게 만들어질 때까지 환경과 사람과 상관없이 쉼 없이 만들었다는 것이다. 노아와 같이 어떤 상황이나 어려움이 와도 하나님의 말씀대로, 자신에게 시키신 일을 성실하게 이루는 신앙을 가지라고 말씀하시는 것이다.

나눔 질문

1. 하나님이 노아를 선택하신 이유는 무엇일까?(9절)

2. 8절을 통하여 하나님은 노아에게 무슨 은혜를 주셨는가?

3. 하나님은 왜 12절에서 사람이 부패했다고 하시지 않고 땅이 부패하였다고 말씀하신 것일까?(12절)

4. 하나님의 심판은 언제 오는가?(13절)

5. 하나님은 왜 땅과 사람을 죽이시려는 것일까?(13절)

6. 하나님은 왜 노아에게 방주를 만들라고 하신 것일까?(14절)

7. 역청을 안팎으로 바르라는 하나님의 말씀에서 어떤 하나님이심을 알 수 있나?(14절)

8. 하나님은 노아 부부와 아들들과 며느리만 방주에 들어가라고 하심으로 방주 속에 들어갈 구원받을 자를 정하셨다. 하나님이 미리 예정하신 것일까?(18절)

9. 짐승의 암수가 홍수에서 구원받는 것을 통해 하나님은 무엇을 말씀하시는 것일까?(19절)

10. 하나님은 14절에서는 방주를 만들라고 말씀하시고, 21절에서는 먹을 양식을 저축하라고 하시는데, 이는 어떤 하나님을 나타내시는가?

11. 7장 1절에서 하나님이 노아에게 "네가 내 앞에 의로움을 내가 보았음이니라"고 말씀하신 것을 볼 때 하나님은 그리스도인에게 어떤 신앙을 갖기를 원하시는가?

12. 6장 22절과 7장 5절에서 하나님은 노아의 신앙을 통해 무엇을 말씀하고 싶은 것일까?

노아와 하나님의 언약
창 9:1~17

¹하나님이 노아와 그 아들들에게 복을 주시며 그들에게 이르시되 생육하고 번성하여 땅에 충만하라 ²땅의 모든 짐승과 공중의 모든 새와 땅에 기는 모든 것과 바다의 모든 물고기가 너희를 두려워하며 너희를 무서워하리니 이것들은 너희의 손에 붙였음이니라 ³모든 산 동물은 너희의 먹을 것이 될지라 채소같이 내가 이것을 다 너희에게 주노라 ⁴그러나 고기를 그 생명 되는 피째 먹지 말 것이니라 ⁵내가 반드시 너희의 피 곧 너희의 생명의 피를 찾으리니 짐승이면 그 짐승에게서, 사람이나 사람의 형제면 그에게서 그의 생명을 찾으리라 ⁶다른 사람의 피를 흘리면 그 사람의 피도 흘릴 것이니 이는 하나님이 자기 형상대로 사람을 지으셨음이니라 ⁷너희는 생육하고 번성하며 땅에 가득하여 그중에서 번성하라 하셨더라 ⁸하나님이 노아와 그와 함께한 아들들에게 말씀하여 이르시되 ⁹내가 내 언약을 너희와 너희 후손과 ¹⁰너희와 함께한 모든 생물 곧 너희와 함께한 새와 가축과 땅의 모든 생물에게 세우리니 방주에서 나온 모든 것 곧 땅의 모든 짐승에게니라 ¹¹내가 너희와 언약을 세우리니 다시는 모든 생물을 홍수로 멸하지 아니할 것이라 땅을 멸할 홍수가 다시 있지 아니하리라 ¹²하나님이 이르시되 내가 나와 너희와 및 너희와 함께하는 모든 생물 사이에 대대로 영원히 세우는 언약의 증거는 이것이니라 ¹³내가 내 무지개를 구름 속에 두었나니 이것이 나와 세상 사이의 언약의 증거니라 ¹⁴내가 구름으로 땅을 덮을 때에 무지개가 구름 속에 나타나면 ¹⁵내가 나

와 너희와 및 육체를 가진 모든 생물 사이의 내 언약을 기억하리니 다시는 물이 모든 육체를 멸하는 홍수가 되지 아니할지라 16무지개가 구름 사이에 있으리니 내가 보고 나 하나님과 모든 육체를 가진 땅의 모든 생물 사이의 영원한 언약을 기억하리라 17하나님이 노아에게 또 이르시되 내가 나와 땅에 있는 모든 생물 사이에 세운 언약의 증거가 이것이라 하셨더라."

하나님이 노아에게 주신 축복은 무엇인가?

새로운 인류가 된 노아와 아들들에게 아담에게 주신 축복을 다시 주고 계신다. 아담에게 주신 축복을 보면 "하나님이 그들에게 복을 주시며 하나님이 그들에게 이르시되 생육하고 번성하여 땅에 충만하라, 땅을 정복하라, 바다의 물고기와 하늘의 새와 땅에 움직이는 모든 생물을 다스리라 하시니라"(창 1:28) 하셨고, 노아에게 주신 축복을 보면 "하나님이 노아와 그 아들들에게 복을 주시며 그들에게 이르시되 생육하고 번성하여 땅에 충만하라 땅의 모든 짐승과 공중의 모든 새와 땅에 기는 모든 것과 바다의 모든 물고기가 너희를 두려워하며 너희를 무서워하리니 이것들은 너희의 손에 붙였음이니라"(1~2절)고 하셨다. 말씀의 뜻에 있어서는 같다. 하나님은 아담에게서 실패된 축복을 새로운 인류가 된 노아에게도 또다시 만물의 주인으로서 축복하시고 싶은 마음을 담고 계신 것이다. 이처럼 하나님은 수백 년이 지난 후에도 인간을 향한 축복의 마음이 변치 않으시고 간절하신 것을 알 수 있다.

하나님이 아담에게 축복하신 것과 노아에게 축복하신 것의 차이가 있다면 무엇인가?

아담에게는 먹을 양식을 주시며 "하나님이 이르시되 내가 온 지면의 씨 맺는 모든 채소와 씨 가진 열매 맺는 모든 나무를 너희에게 주노니 너희의 먹을거리가 되리라"(창 1:29)고 하셨는데, 노아에게는 "모든 산 동물은 너희의 먹을 것이 될지라 채소같이 내가 이것을 다 너희에게 주노라 그러나 고기를 그 생명 되는 피째 먹지 말 것이니라"(3~4절)고 말씀하심으로 먹을거리에 대한 축복의 차이를 두신다.

하나님이 홍수로 인류를 심판하시고 땅을 심판하였기에 환경 자체가 홍수 전과 다르게 상태가 나빠졌을 것이다. 그래서 인간의 몸이 씨 있는 채소와 열매로는 지탱하기 어려워 고기를 허락하신 것이다. 인간의 육체의 건강을 지켜주시기 위함이다. 그리고 하나님이 아담을 향한 약속 중 모든 짐승과 생물을 다스리라고 하신 말씀과, 노아에게 향하여 모든 짐승과 생물을 노아의 손에 붙이셨다는 약속을 실제적으로 이루어주시는 것을 의미한다.

하나님께서 물로 심판하지 않겠다고 하시고 무지개를 통해 언약의 증거로 삼으신 이유는 무엇인가?

첫 번째로, 앞으로 살아가는 동안 비가 온 다음에 나타나는 무지개를 통해 하나님이 물로 심판하시지 않겠다는 언약을 생각하게 하고, 지난날의 물의 심판이 하나님이 용서치 않으시는 죄악으로 왔음을 기억나게 하기 위해서다. 이렇듯 하나님은 일상의 우리 눈에 보이는 것으로 교훈과 경고와 회개와 축복의 메시지를 전달하기도 하신다. 일상의 삶을 잘 살펴야 할 것이다. 그것이 과거의 나를 말씀하시기도 하고 나의 미래를 계시하시기도 하신다.

두 번째로, 무지개는 안개나 물방울에 햇빛이 조절 반사되어 해가 있는 반대쪽 하늘에 일곱 가지 색깔로 나타나는 현상이다. 그래서 무지개가 나타나려면 대기 중에 높은 습도를 조성할 비와 강렬한 햇빛이 똑같이 필요하다. 무지개는 서로 다른 성질의 비와 햇빛이 만들어내는 것이기에, 하나님은 이것을 통하여 인간의 죄는 물로 심판하지만 햇빛과 같은 하나님의 은혜, 하나님의 사랑이 같이 있으므로 끝내는 아름다움을 만들어내는 것이다. 하나님은 그리스도인의 삶을 두 가지 상반된 것으로 엮어 하나님의 뜻을 이루어 가시는 것이다.

> "형통한 날에는 기뻐하고 곤고한 날에는 되돌아보아라 이 두 가지를 하나님이 병행하게 하사 사람이 그의 장래 일을 능히 헤아려 알지 못하게 하셨느니라"(전 7:14).

세 번째로, 무지개가 있다는 것은 이전에 구름이 있었다는 것을 의미한다. 그러므로 무지개 같은 아름다움이 있으려면 구름이 있어야 하는 것처럼, 부활이 있으려면 죽음이 먼저 있고, 면류관이 있으려면 십자가가 먼저 있어야 하듯이, 죽음 같은 십자가 같은 고난이 있다면 믿음으로 기뻐해야 하는 것이다. 이는 곧 부활과 면류관이 있음을 알려주는 것이기 때문이다. 구름 속에서 무지개를 나타내는 것은 하나님이 구름 같은 고난에서도 무지개 같은 축복과 인도하심과 보호가 있음을 알려 주시는 것이다.

1. 하나님이 노아에게 주신 축복은 무엇인가?(1~7절)

2. 하나님이 아담에게 축복하신 것과 노아에게 축복하신 것의 차이가 있다면 무엇인가?(창 1:29, 9:3~4)

3. 하나님께서 물로 심판하지 않겠다고 하시고 무지개를 통해 언약의 증거로 삼으신 이유는 무엇인가?(13절)

나눔 질문

바벨탑
창 11:1~9

"¹온 땅의 언어가 하나요 말이 하나였더라 ²이에 그들이 동방으로 옮기다가 시날 평지를 만나 거기 거류하며 ³서로 말하되 자, 벽돌을 만들어 견고히 굽자 하고 이에 벽돌로 돌을 대신하며 역청으로 진흙을 대신하고 ⁴또 말하되 자, 성읍과 탑을 건설하여 그 탑 꼭대기를 하늘에 닿게 하여 우리 이름을 내고 온 지면에 흩어짐을 면하자 하였더니 ⁵여호와께서 사람들이 건설하는 그 성읍과 탑을 보려고 내려오셨더라 ⁶여호와께서 이르시되 이 무리가 한 족속이요 언어도 하나이므로 이같이 시작하였으니 이후로는 그 하고자 하는 일을 막을 수 없으리로다 ⁷자, 우리가 내려가서 거기서 그들의 언어를 혼잡하게 하여 그들이 서로 알아듣지 못하게 하자 하시고 ⁸여호와께서 거기서 그들을 온 지면에 흩으셨으므로 그들이 그 도시를 건설하기를 그쳤더라 ⁹그러므로 그 이름을 바벨이라 하니 이는 여호와께서 거기서 온 땅의 언어를 혼잡하게 하셨음이니라 여호와께서 거기서 그들을 온 지면에 흩으셨더라."

하나님은 바벨탑을 쌓는 것이 무엇이 문제라고 생각하시는가?
첫 번째, 그들이 시날 평지에 모여 사는 것까지는 좋았는데 그들이 교만하여 탑을 세워 그들 자신의 이름을 나타내려 한 것이다. 이것은 다시 말해 자신들이 얼마나 똑똑한지를 자랑하려는 마음을 집단적으로 드러내는 것이다. 이것은 인본주의와 인간의 지혜와 열심을 얼마나 앞세우는 것인지를 보여준다. 오늘날 하나님을 알되 하나님으로 말미암는 인생을 감사하며 사는 것이 아니라, 자신의 능력과 힘을 과신하여 하나님만이 해주실 일을 스스로 해내려는 인간의 무모함이 하나님의 은혜에서 떨어지게 하는 것이다.

두 번째, "온 지면에 흩어짐을 면하자"라는 그들의 말은, 결국 하나님이 아담에게 말씀하시고 신인류인 노아에게 말씀하신 **"생육하고 번성하고 땅에 충만하라"**는 하나님의 말씀에 정면으로 도전하는 불순종이다. 그리스도인이 상황을 앞세워 하나님의 말씀을 의도적으로 불순종하며 하나님 말씀을 대항하는 모습을 보인다면, 결국 하나님께서는 그 말씀이 옳다는 것을 사람들이 절절히 깨달을 때까지 말씀을 이루어가시고 인간의 생각이 얼마나 틀렸는가를 증명하실 것이다.

하나님이 성읍과 탑을 건설하는 현장에 내려오셨다는 것은 무엇을 의미하나?

하나님은 위에서도 보실 수 있는데 내려오셔서 직접 현장을 보셨다는 것은 자비가 아니라 심판하시기 위함임을 알 수 있다. 유사한 사건이 창세기 18장 20~21절에도 나오는데, 하나님이 소돔과 고모라 성의 실태를 보시려고 내려오신다.

> "여호와께서 또 이르시되 소돔과 고모라에 대한 부르짖음이 크고 그 죄악이 심히 무거우니 내가 이제 내려가서 그 모든 행한 것이 과연 내게 들린 부르짖음과 같은지 그렇지 않은지 내가 보고 알려 하노라."

이렇듯 하나님이 이 땅에 오셔서 보신다는 것은 곧 심판을 의미하는 것이다. 그러므로 우리 그리스도인들은 창세기 7장 1절에서 "네가 내 앞에 의로움을 내가 보았음이니라"고 노아에게 말씀하신 것처럼, 하나님께서 기쁘게 보실 수 있는 마음과 삶을 가지고 살아야 한다.

하나님은 바벨탑을 쌓은 그들을 어떻게 하셨는가?

하나님께서는 그들의 교만 때문에 바벨탑을 쌓는 것이 멈추지 않을 것을 아셨다. 그래서 하나님은 그들의 교만의 상징인 바벨탑 쌓기를 막으신다. 여러 방법이 있었겠지만 하나님은 그들이 쓰는 언어를 다르게 하심으로 그 일을 중단하게 하셨다. 인간의 교만을 하나님의 선하신 방법으로, 평화적인 방법으로 해결하신 것이다. 그들을 노아 때와 같이 물로 심판하시거나 소돔과 고모라처럼 불로 심판하실 수 있는데도 하나님은 가장 평화로운 방법으로 해결하셨다.

그리스도인들이 문제가 생길 때 분열과 다툼으로 해결하려는 것은 하나님의 뜻이 아니다. 하나님처럼 가장 평화로운 방법으로 해결하려는 태도를 가지는 것이 하나님이 바라시는 것이다. 이것이 그리스도인이 가질 지혜인 것이다.

하나님은 왜 그들의 언어를 혼잡게 하셨는가?

그들이 교만으로 바벨탑을 쌓음으로 스스로 멸망하는 자가 되지 않게 하시기 위해 그렇게 하셨다. 하나님이 인류에게 주신 생육하고 번성하고 땅에 충만하라는 말씀이 이루어지게 하시기 위해 그렇게 하셨다. 그들의 분열로 하나님의 말씀이 이루어지게 하시기 위해서다.

그러나 마귀는 오늘날에도 믿는 자, 사랑하는 자들이 서로 말이 통하지 않도록 하나님이 쓰시던 이 방법을 사용하여 관계를 깨뜨리고 공동체를 무너뜨리고 있다. 이에 하나님은 바울을 통하여 이렇게 말씀하신다.

"형제들아 내가 우리 주 예수 그리스도의 이름으로 너희를 권하노니 모두가 같은 말을 하고 너희 가운데 분쟁이 없이 같은 마음과 같은 뜻으로 온전히 합하라"(고전 1:10).

하나님은 왜 언어를 혼잡게 하여 사람들을 온 지면에 흩으셨나?
　그들의 한 언어로 뭉쳐서 하나님을 모르고 교만하여 결국은 망하는 자들이 되지 않게 하기 위함이다. 그리고 온 땅에 충만하라는 하나님의 말씀을 이루시기 위함이다. 그러므로 모이는 것보다 흩어지는 것이 하나님의 뜻을 이루는 것이기에, 인간적 관계로 모이는 것보다 흩어져서 하나님의 뜻을 이루는 것이 중요한 것이다. 오늘날 많은 그리스도인들이 인간적인 관계를 앞세워 하나님의 뜻을 거스르고 중단하고 소멸시키는 경우가 많은데, 하나님의 뜻이면 인간적인 관계도 뒤로할 수 있는 순종하는 자세가 필요하다.

나눔 질문

1. 하나님은 바벨탑을 쌓는 것이 무엇이 문제라고 생각하시는가?

2. 하나님이 성읍과 탑을 건설하는 현장에 내려오셨다는 것은 무엇을 의미하나?(5절)

3. 하나님은 바벨탑을 쌓은 그들을 어떻게 하셨는가?(7절)

4. 하나님은 왜 그들의 언어를 혼잡게 하셨는가?(9절)

5. 하나님은 왜 언어를 혼잡게 하여 사람들을 온 지면에 흩으셨나?(9절)

아브라함의 신앙

창 12:1~20

¹여호와께서 아브람에게 이르시되 너는 너의 고향과 친척과 아버지의 집을 떠나 내가 네게 보여줄 땅으로 가라 ²내가 너로 큰 민족을 이루고 네게 복을 주어 네 이름을 창대하게 하리니 너는 복이 될지라 ³너를 축복하는 자에게는 내가 복을 내리고 너를 저주하는 자에게는 내가 저주하리니 땅의 모든 족속이 너로 말미암아 복을 얻을 것이라 하신지라 ⁴이에 아브람이 여호와의 말씀을 따라갔고 롯도 그와 함께 갔으며 아브람이 하란을 떠날 때에 칠십오 세였더라 ⁵아브람이 그의 아내 사래와 조카 롯과 하란에서 모은 모든 소유와 얻은 사람들을 이끌고 가나안 땅으로 가려고 떠나서 마침내 가나안 땅에 들어갔더라 ⁶아브람이 그 땅을 지나 세겜 땅 모레 상수리나무에 이르니 그때에 가나안 사람이 그 땅에 거주하였더라 ⁷여호와께서 아브람에게 나타나 이르시되 내가 이 땅을 네 자손에게 주리라 하신지라 자기에게 나타나신 여호와께 그가 그곳에서 제단을 쌓고 ⁸거기서 벧엘 동쪽 산으로 옮겨 장막을 치니 서쪽은 벧엘이요 동쪽은 아이라 그가 그곳에서 여호와께 제단을 쌓고 여호와의 이름을 부르더니 ⁹점점 남방으로 옮겨갔더라 ¹⁰그 땅에 기근이 들었으므로 아브람이 애굽에 거류하려고 그리로 내려갔으니 이는 그 땅에 기근이 심하였음이라 ¹¹그가 애굽에 가까이 이르렀을 때에 그의 아내 사래에게 말하되 내가 알기에 그대는 아리따운 여인이라 ¹²애굽 사람이 그대를 볼 때에 이르기를 이는 그의 아내라 하여 나는 죽이고 그대는 살리리니 ¹³원하건대 그대

는 나의 누이라 하라 그러면 내가 그대로 말미암아 안전하고 내 목숨이 그대로 말미암아 보존되리라 하니라 [14]아브람이 애굽에 이르렀을 때에 애굽 사람들이 그 여인이 심히 아리따움을 보았고 [15]바로의 고관들도 그를 보고 바로 앞에서 칭찬하므로 그 여인을 바로의 궁으로 이끌어들인지라 [16]이에 바로가 그로 말미암아 아브람을 후대하므로 아브람이 양과 소와 노비와 암수 나귀와 낙타를 얻었더라 [17]여호와께서 아브람의 아내 사래의 일로 바로와 그 집에 큰 재앙을 내리신지라 [18]바로가 아브람을 불러서 이르되 네가 어찌하여 나에게 이렇게 행하였느냐 네가 어찌하여 그를 네 아내라고 내게 말하지 아니하였느냐 [19]네가 어찌 그를 누이라 하여 내가 그를 데려다가 아내를 삼게 하였느냐 네 아내가 여기 있으니 이제 데려가라 하고 [20]바로가 사람들에게 그의 일을 명하매 그들이 그와 함께 그의 아내와 그의 모든 소유를 보내었더라."

하나님은 왜 당시 수많은 사람 중에 아브라함을 선택하셨을까?

그것은 먼저, 하나님의 일방적인 은혜 때문이다. 그러므로 어떤 인간도 하나님의 은혜 앞에 자랑할 수가 없다. 인간의 어떤 것도 하나님 앞에 자랑할 수 없고, 그것 때문에 은혜를 주시지도 않는다. 인간의 잘남에 은혜를 주신다면 그것은 은혜가 아니다. 은혜가 은혜 되게 하려면, 그리스도인이 그 은혜를 알고 은혜에 늘 겸손하고 감사하는 것이다.

하나님은 아브라함을 은혜로 찾아오셨지만 은혜 다음에 축복은 조건적이다. 하나님은 2, 3절에서 축복을 말씀하시지만 1절을 지킬 때만이 축복을 볼 수 있다는 것이다. 그리스도인의 구원은 일방적인 하나님의 은혜다. 그 은혜를 입고 사는 그리스도인은 은혜 다음에 오는 축복을 더욱 풍성히 받기 위해 축복 전에 오는 하나님의 조건을 충분히 지켜야 한다. 그리스도인들이 풍성한 축복을 받지 못하는 것은 축복 전에 알려주시는 하나님의 조건을 모르거나 무시하거나 무관심하기 때문이다.

두 번째, 하나님이 아브라함을 선택하신 것은 하나님의 부르심은 후회가 없기 때문이다.

"하나님의 은사와 부르심에는 후회하심이 없느니라"(롬 11:29).

아브라함은 하나님이 부르신 이후 실수는 있었지만 하나님의 기대대로 믿음의 사람이 되었고 믿음으로 하나님을 기쁘시게 하였다.

"믿음으로 아브라함은 부르심을 받았을 때에 순종하여 장래의 유업으로 받을 땅에 나아갈새 갈 바를 알지 못하고 나아갔으며"(히 11:8).
"기록된 바 내가 너를 많은 민족의 조상으로 세웠다 하심과 같으니 그가 믿은 바 하나님은 죽은 자를 살리시며 없는 것을 있는 것으로 부르시는 이시니라 아브라함이 바랄 수 없는 중에 바라고 믿었으니 이는 네 후손이 이 같으리라 하신 말씀대로 많은 민족의 조상이 되게 하려 하심이라 그가 백 세나 되어 자기 몸이 죽은 것 같고 사라의 태가 죽은 것 같음을 알고도 믿음이 약하여지지 아니하고 믿음이 없어 하나님의 약속을 의심하지 않고 믿음으로 견고하여져서 하나님께 영광을 돌리며 약속하신 그것을 또한 능히 이루실 줄을 확신하였으니"(롬 4:17~21).

그러나 이스라엘의 사울 왕은 하나님의 왕으로 부르심에 하나님을 후회하게 만든 자이다.

"내가 사울을 왕으로 세운 것을 후회하노니 그가 돌이켜서 나를 따르지 아니하며 내 명령을 행하지 아니하였음이니라 하신지라 사무엘이 근심하여 온 밤을 여호와께 부르짖으니라……사무엘이 죽는 날까지 사울을 다시 가서 보지 아니하였으니 이는 그가 사울을 위하여 슬퍼함이었고 여호와께서는 사울을 이스라엘 왕으로 삼으신 것을 후회하셨더라"(삼상 15:11, 35).

모든 그리스도인들은 하나님의 부르심을 받은 자로서 하나님이 기대하시는 대로 이루어 하나님이 후회하시지 않는 존재가 되어야 한다.

세 번째는, 아브라함 그 이름에 계시되었다. 아브라함의 이름은 원래 '아브람'이었는데 '높은 아버지, 존귀한 아버지'라는 뜻이며, 바뀐 이름 '아브라함'의 뜻은 '열국의 아버지'이다. 하나님으로 존귀함을 받고 하나님의 택하신 민족의 조상이 되기 위한 가장 적합한 이름이었다. 하나님은 아브라함을 부르시기 전, 그의 이름이 지어진 때부터 그를 부르시기 위해 준비하신 것이다.

모든 그리스도인은 하나님이 일방적인 은혜로 구원을 받기 전에 이미 오래전부터 하나님께서 아시고 차근차근 구원으로 이끄신 것이다. 이것이 얼마나 하나님께 감사할 일인지 모른다.

네 번째는, 아브라함이 자녀가 없기에 하나님이 선택하신 것이다. 왜냐하면 아브라함의 자녀가 없다는 약점을 통해 축복하시려 하셨기 때문이다. 하나님은 채우시는 하나님이시다.

"나는 너를 애굽 땅에서 인도하여 낸 여호와 네 하나님이니 네 입을 크게 열라 내가 채우리라 하였으나"(시 81:10).

하나님께서 처음 보는 아브라함에게 자신을 소개하고 설명하지 않고 바로 명령을 하시는 이유가 무엇인가?

하나님이 말씀하실 때 아브라함은 이미 하나님의 존재가 믿어졌기 때문이다. 왜냐하면 그분은 믿음의 하나님이시며 그분의 말씀은 믿음의 말씀이시기에, 말씀하시는 순간 아브라함은 그분이 믿어졌던 것이다. 그러기에 그분의 명령에 순종할 수밖에 없었다.

"그러면 무엇을 말하느냐 말씀이 네게 가까워 네 입에 있으며 네 마음에 있다 하였으니 곧 우리가 전파하는 믿음의 말씀이라"(롬 10:8).

이것은 복음서에서 예수님이 갈릴리 호숫가에서 제자들을 부르실 때, 처음 본 제자들에게 "너는 나를 따라오라"고 하시자 그들이 모든 것을 다 내려놓고 그대로 그 말씀에 순종할 수 있었던 것도, 그 말씀에 순종하게 하는 믿음의 말씀이었기 때문이다.

하나님은 아브라함에게 왜 먼저 사람과 땅을 버리게 하셨을까? 갈대아 우르에서도 할 수 있지 않았을까?

그것은 우상의 땅에서 우상을 섬기는 사람으로서는 아브라함의 축복과 하나님의 계획이 이루어지지 않기 때문이다. 그리고 하나님의 계획은 갈대아 우르가 아니라 가나안 땅이기 때문이다. 하나님의 사람들이 하나님이 예비하신 축복을 받지 못하는 이유 중에 하나는, 다시 말해 죄를 지은 것도 아니고 그러한 환경에 산 것도 아닌데 축복 받지 못하는 것은, 하나님이 그 사람에게 원하시는 땅을 밟고 살지 않기 때문이다. 하나님이 지정하신 땅에 머물러 그분의 손길을 보아야 한다. 또한 영적으로 하나님이 원치 않는 사람들이 그 땅에 있을 때는 하나님의 계획대로 갈 수 없기 때문이다.

네 번째는, 하나님은 땅을 통해 축복하시는데 땅이 축복되지 않기 때문이다. 땅이 축복되지 못하면 사람도 축복되지 못한다. 롯을 보면 알 수 있다. 롯이 삼촌 아브라함을 떠나 소돔과 고모라 성에 들어갔지만, 결국 그는 소돔과 고모라 성의 사람들과 같이 멸망당할 존재가 되었다. 아브라함의 기도가 없었다면 의인일지라도 멸망당할 수밖에 없는 것이다. 그러므로 모든 그리스도인은 비록 구원받고 의인 되어 하나님의 은혜와 축복을 받을 수 있다 해도, 하나님이 기뻐하실 수 없는 땅을 밟고 있다면 축복은 없고 애매한 고난과 손해와 고통을 받게 된다.

다섯 번째는, 하나님의 계획을 이루기에는 반대되는 환경이기 때문이다. 하나님은 하나님의 뜻이 성취되는 것과 반대인 환경을 가진 그리스도인이 자원하여 그 환경을 버릴 마음이 없다면 하나님께서 강제로 그런 환경을 버리게 하시는 경우도 있다.

여섯 번째는, 주위가 낯설고 사람이 없을 때 하나님께 더욱 집중할 수 있기 때문이다.

하나님은 왜 많은 축복 중에 자손을 먼저 말씀하시는가?

자손의 축복은 가장 큰 축복이라 할 수 있다. 또한 자손의 축복은 아브라함도 크게 공감할 수 있는 것이기에, 여기서 공감을 중요하게 여기시는 하나님인 것을 알 수 있다. 무엇보다도 아브라함에게는 아직 자손이 없었기 때문이다. 하나님은 없는 것을 채우시는 하나님이시다. 자손이 번성하는 것이 가장 큰 축복인 것을 하나님도 아브라함도 알고 있었다. 또한 자손을 낳을 수 없는 사래가 있기에 그 말씀은 기적을 주신다는 것을 의미하는 것이기 때문이다. 하나님은 그리스도가 오시는 조상이 되기 위해 자손의 축복을 말씀하시는 것이다.

3절의 하나님의 축복은 무엇을 말하는 것일까?

첫 번째는, 인간관계의 축복을 의미한다. 당시 낯선 땅으로 가는 아브라함의 입장에서는 낯선 사람들과의 교류는 위험한 일이었다. 그러기에 인간관계의 축복은 너무나 중요한 축복이다. 두 번째는, 아브라함이 관계의 중심이라는 것을 의미한다. 하나님은 사람들이 그를 어떻게 대우하느냐에 따라 그들을 대우하시는 하나님임을 볼 수 있다. 세 번째는, 아브라함이 축복의 중심(통로자)이라는 것을 의미하고 있다.

하나님은 왜 사람의 축복(자손, 다른 사람과의 관계)을 약속하시는 것일까?

그것은 아브라함이 가장 소중한 사람(부모, 친척, 친구)을 버리고 하나님의 말씀에 따랐기에 그에 비례하여 주시는 축복이다.

하나님은 왜 1절에서는 찾아와서 말씀하시고, 10절에서는 아브라함이 애굽으로 내려갈 때 가지 말라고 말씀하시지 않았는가?

첫 번째는, 하나님이 이미 7절에서 "내가 이 땅을 네 자손에게 주리라"고 말씀하셨기 때문이다. 두 번째는, 아브라함이 애굽으로 가고자 하는 의지가 강했기 때문에 인격적인 하나님이 방관하신 것이다. 세 번째는, 아브라함이 하나님에게 기근에 대해, 애굽으로 내려가는 것에 대해 묻거나 찾지 않아서 그대로 놓아두신 것이다. 네 번째는, 단지 하나님의 입장에서 아브라함이 애굽에서 죽지 않고 다시 가나안 땅으로 올 것을 아시기에 말씀하지 않고 기다리신 것이다.

하나님은 그렇게까지 안 하셔도 되는데 왜 바로의 집에 재앙을 주셨는가?

첫 번째는, 그렇게 하지 않고는 바로가 아브라함의 아내를 놓아주지 않을 것을 아셨기 때문이다. 두 번째는, 하나님이 아브라함에게 그곳에서도 하나님이 계시고 그를 지키신다는 것을 알리기 위해서다. 세 번째는, 축복의 통로자가 자신이 잘못했을 때 남에게 애매하게 불행을 가져온다는 것을 아브라함에게 알려 주시기 위함이었다.

아브라함이 하나님의 말씀을 따라 가나안을 갈 때의 상황과, 자기 생각을 따라 애굽으로 갈 때, 하나님은 어떻게 아브라함에게서 다르게 나타나시는가?

아브라함이 하나님의 말씀을 따라 가나안으로 갈 때는 순적하게 가나안에 들어가게 되었고, 가나안 족속으로부터 그를 지켜 주시고, 그에게 하신 약속을 재확인하여 주신다(7절). 그러나 상황과 자기 생각을 따라 애굽으로 갈 때는 하나님의 음성이 없었고, 바로가 아내를 데려가는 것을 볼 때 하나님의 지키심도 없었음을 알 수 있다.

아브라함은 애굽 사람에 대한 두려움, 아내를 잃을 것에 대한 두려움을 가지게 되며, 그 두려움이 실제 사건으로 전개되었다. 그리고 아브라함의 잘못으로 축복의 근원자가 불행의 근원자가 되어 애꿎은 바로의 집에 하나님의 재앙이 내린다.

이처럼 그리스도인이 하나님의 말씀을 따를 때와 그렇지 못할 때의 상황이 확연히 다르기에, 우리는 언제 어디서나 하나님의 말씀을 따라 살기를 결심하고 성령의 도움을 받아야 한다.

하나님은 12장을 통해 아브라함에게 어떤 메시지를 전달하시는가?

첫 번째로, 하나님은 '너는 어디에 반응하며 사는가? 그것에 따라 결과가 달라질 것이다'라고 말씀하시는 것이다. 아브라함은 하나님의 말씀에 반응하며 순종하며 살 때와 자기 생각과 상황에 따라 살 때의 결과가 다름을 알게 되었다.

두 번째로, 하나님은 '나의 뜻과 말에 반응하면 내가 책임지고, 너의 생각과 상황에 반응하면 네가 책임지고 살아야 할 것이다'라는 메시지를 전달하시는 것이다. 1~8절에서는 아브라함이 하나님의 말씀에 반응하고 살았고, 9~20절에서는 상황에 반응하며 살았다.

세 번째로, 하나님은 '네가 너를 축복할지라도 그 축복은 저절로 이루어지는 것이 아니라 축복이 이루어지게 하는 것은 너 자신이다'라고 말씀하시는 것이다. 2, 3절에서 하나님은 아브라함을 축복하셨지만, 그것이 저절로 이루어지는 것이 아니라 그것을 이룰 만큼의 자격 있는 모습을 보일 때 축복이 이루어진다는 것을 말씀하신다. 그러나 아브라함은 반대의 모습으로 애굽으로 가고 아내를 속이며 하나님의 축복과 반대되는 모습을 보였다. 그로 말미암아 애굽에서는 하나님의 약속이 이루어지지 않고 반대의 역사만을 보게 되었다. 이에 아브라함은 하나님의 약속이 저절로 이루어지는 것이 아니라, 하나님의 약속을 이루기 위해 최선을 다 할 때만이 이루어지는 것임을 알게 되었다.

나눔 질문

1. 하나님은 왜 당시 수많은 사람 중에 아브라함을 선택하셨을까?(1절)

2. 하나님께서 처음 보는 아브라함에게 자신을 소개하고 설명하지 않고 바로 명령을 하시는 이유가 무엇인가?

3. 하나님은 아브라함에게 왜 먼저 사람과 땅을 버리게 하셨을까? 갈대아 우르에서도 할 수 있지 않았을까?(1절)

4. 하나님은 왜 많은 축복 중에 자손을 먼저 말씀하시는가?(2절)

5. 3절의 하나님의 축복은 무엇을 말하는 것일까?(3절)

6. 하나님은 왜 사람의 축복(자손, 다른 사람과의 관계)을 약속하시는 것일까?(3절)

7. 하나님은 왜 1절에서는 찾아오셔서 말씀하시고 10절에서는 아브라함이 애굽으로 내려갈 때 가지 말라고 말씀하지 않으셨는가?

8. 하나님은 그렇게까지 안 하셔도 되는데 왜 바로의 집에 재앙을 주셨는가?(17절)

9. 아브라함이 하나님의 말씀을 따라 가나안을 갈 때의 상황과, 자기의 생각을 따라 애굽으로 갈 때, 하나님은 어떻게 아브라함에게서 다르게 나타나시는가?

10. 하나님은 12장을 통해 아브라함에게 어떤 메시지를 전달하시는가?

아브라함과 롯
창 13:1~18

"¹아브람이 애굽에서 그와 그의 아내와 모든 소유와 롯과 함께 네게브로 올라가니 ²아브람에게 가축과 은과 금이 풍부하였더라 ³그가 네게브에서부터 길을 떠나 벧엘에 이르며 벧엘과 아이 사이 곧 전에 장막 쳤던 곳에 이르니 ⁴그가 처음으로 제단을 쌓은 곳이라 그가 거기서 여호와의 이름을 불렀더라 ⁵아브람의 일행 롯도 양과 소와 장막이 있으므로 ⁶그 땅이 그들이 동거하기에 넉넉하지 못하였으니 이는 그들의 소유가 많아서 동거할 수 없었음이니라 ⁷그러므로 아브람의 가축의 목자와 롯의 가축의 목자가 서로 다투고 또 가나안 사람과 브리스 사람도 그 땅에 거주하였는지라 ⁸아브람이 롯에게 이르되 우리는 한 친족이라 나나 너나 내 목자나 네 목자나 서로 다투게 하지 말자 ⁹네 앞에 온 땅이 있지 아니하냐 나를 떠나가라 네가 좌하면 나는 우하고 네가 우하면 나는 좌하리라 ¹⁰이에 롯이 눈을 들어 요단 지역을 바라본즉 소알까지 온 땅에 물이 넉넉하니 여호와께서 소돔과 고모라를 멸하시기 전이었으므로 여호와의 동산 같고 애굽 땅과 같았더라 ¹¹그러므로 롯이 요단 온 지역을 택하고 동으로 옮기니 그들이 서로 떠난지라 ¹²아브람은 가나안 땅에 거주하였고 롯은 그 지역의 도시들에 머무르며 그 장막을 옮겨 소돔까지 이르렀더라 ¹³소돔 사람은 여호와 앞에 악하며 큰 죄인이었더라 ¹⁴롯이 아브람을 떠난 후에 여호와께서 아브람에게 이르시되 너는 눈을 들어 너 있는 곳에서 북쪽과 남쪽 그리고 동쪽과 서쪽을 바라보라 ¹⁵보이는 땅을 내가 너와 네 자손에게

주리니 영원히 이르리라 ¹⁶내가 네 자손이 땅의 티끌 같게 하리니 사람이 땅의 티끌을 능히 셀 수 있을진대 네 자손도 세리라 ¹⁷너는 일어나 그 땅을 종과 횡으로 두루 다녀 보라 내가 그것을 네게 주리라 ¹⁸이에 아브람이 장막을 옮겨 헤브론에 있는 마므레 상수리 수풀에 이르러 거주하며 거기서 여호와를 위하여 제단을 쌓았더라."

하나님은 왜 애굽에서 말씀이 없었던 롯을 여기에서 언급하신 것일까?

롯은 하나님의 약속에서 좋은 의미가 아니고 부정적 의미가 있기 때문이다. 왜냐하면 하나님은 분명히 12장 1절에서 "너는 너의 고향과 친척과 아버지의 집을 떠나라"고 말씀하셨는데 조카 롯을 데리고 나왔다는 것은 친척을 떠나라는 말씀에 불순종한 것이다. 아브라함이 가나안에 있어야 하는데 애굽에 내려간 것과 친척 롯을 두고 와야 하는데 데리고 온 것, 이 두 가지에는 불순종이라는 것에 일치를 하고 있다. 하나님은 아브라함의 온전한 순종이 아닌 반쪽 순종에 대하여 강조하고 싶으신 것이다.

하나님은 3, 4절을 왜 기록하셨을까?

하나님은 하나님의 말씀대로 순종하는 존재가 되기를 원하시기에 아브라함을 원래 하나님이 원하신 장소로 오게 하여 모든 것을 회복하고 다시금 시작하게 하신 것이다.

하나님은 아브라함에게 있어 롯을 어떤 의미로 보시는가?

물론 롯이 아브라함과 같이 있으므로 의인됨을 하나님도 인정하셨다.

"무법한 자들의 음란한 행실로 말미암아 고통당하는 의로운 롯을 건지셨으니"(벧후 2:7).

롯은 하나님 시각에서 첫 번째는 아브라함을 향한 완벽한 하나님의 약속의 성취를 발목 잡는 자는 자요, 두 번째는 아브라함에게 있어 하나님의 축복을 방해하는 자로 보고 계시고, 세 번째는 반쪽 순종의 상징처럼 보인다.

하나님은 어떻게 롯을 처리하시는가?

아브라함이 스스로 롯을 처리하지 않으니까 하나님이 대신 하셨다. 분명한 것은, 하나님은 약속을 받은 자가 먼저 약속의 걸림돌을 믿음으로 자원하여 처리하기를 원하신다는 사실이다. 그렇지 않으면 하나님이 강제로 처리하신다. 그러나 인격적인 하나님이시라 양쪽 다 인격적으로 해결하신다.

하나님은 먼저 어쩔 수 없는 자연스러운 상황으로 인도하신다.

"그들의 소유가 많아서"(6절).

무엇인가 많아지는 것은 모든 문제의 시작일 수 있다. 어쩔 수 없는 상황이 벌어진다면 그것은 무엇인가 하나님께서 약속을 이루시려는 사인일 수도 있다.

두 번째, 아브라함과 롯의 목자 간의 다툼이라는 사람과의 문제로 이끄신다(7절). 아브라함에게 롯이라는 사람이 문제였기에 사람으로 문제로 푸신 것이다. 거기에 가나안 사람, 브리스 사람을 언급하는 것은 문제의 소지를 의미한다.

드디어 아브라함의 타협점을 찾는다. 서로 다투지 않고 떠나는 것이다. 결국 하나님은 아브라함에게 하신 하나님의 말씀을 성취하시고 계신다. 아브라함은 어쩔 수 없는 상황에서 결정된 것이 하나님이 말씀하신 것을 이루는 것이 되었다. 결국 하나님은 하나님의 약속을 받는 자가 그 약속을 성취하게 하신다. 약속을 받은 자가 문제의 주도권을 가지고 처리하게 하신다.

아브라함과 롯의 목자가 다투는 사건을 기록하신 하나님은 무엇을 말씀하시고 싶은 것일까?

먼저 하나님의 말씀에 반대되는 것은 반드시 문제를 일으킨다. 두 번째, 그 문제는 아주 가까운 데 있다. 세 번째, 하나님 말씀이 이기신다. 하나님은 말씀하신 것을 반드시 이루신다는 것이다.

롯의 태도를 통해 하나님이 말씀하시고 싶은 것은 무엇인가?

롯은 상황 따라, 눈에 보이는 것 따라, 마음 따라 사는 자의 예표로 보여주시면서, 하나님은 지금 좋다고 좋은 것이 아니라는 것을 말씀하신다. 롯은 분명 잘못된 인격을 가진 자였다. 그것은 삼촌보다 더 좋은 것을 먼저 차지하려는 태도를 통하여 분명히 드러나는데, 하나님은 이를 통해 상식을 벗어나면 문제가 생긴다는 것을 알려 주신다. 또한 롯이 이전에 삼촌 아브라함과 같이 애굽에 내려가서 애굽의 세속적 영향을 받은 것이 롯으로 하여금 소돔 땅으로 가게 했을 것이다. 하나님은 환경의 중요성을 롯을 통해 일깨워 주신다.

롯은 삼촌 아브라함과 함께 있는 것보다 비옥한 땅을 갖기 원했다. 이것이 불행의 시작이었다. 이 일을 통해 하나님은 땅보다 축복된 사람과 함께 있는 것이 더 중요함을 알려 주시는 것이다.

하나님은 왜 14~17절의 말씀을 이때 하신 것일까?

그것은 롯이 떠나가는 것이 비로소 온전한 하나님의 약속이 성취되는 순간이기 때문이다. 땅과 자손, 이 두 가지는 아브라함에게 있어서 절대적 축복이다. 아브라함은 하나님이 지정하신 땅에서 자손의 번성함의 축복을 받는데, 롯은 땅의 축복을 받지 못했기에 자녀의 축복도 받지 못하는 상반된 모습을 보인다. 이에 하나님은 자손보다 땅에 대한 약속이 먼저 성취될 때 자손의 축복이 성취된다는 것을 알려 주시는 것이다.

아브라함이 하나님이 지정하신 땅에 보이는 것이 아닌 믿음으로 머물게 됨으로써 하나님의 첫 번째 말씀을 이루실 때 그다음으로 자손의 축복을 말씀하고 계신다.

"여호와께서 아브람에게 이르시되 너는 너의 고향과 친척과 아버지의 집을 떠나 내가 네게 보여줄 땅으로 가라 내가 너로 큰 민족을 이루고 네게 복을 주어 네 이름을 창대하게 하리니 너는 복이 될지라"(창 12:1~2).

나눔 질문

1. 하나님은 왜 애굽에서 말씀이 없었던 롯을 여기에서 언급하신 것일까?(1절)

2. 하나님은 3, 4절을 왜 기록하셨을까?

3. 하나님은 아브라함에게 있어 롯을 어떤 의미로 보시는가?(6절)

4. 하나님은 어떻게 롯을 처리하시는가?(6~7절)

5. 아브라함과 롯의 목자가 다투는 사건을 기록하신 하나님은 무엇을 말씀하시고 싶은 것일까?(10절)

6. 롯의 태도를 통해 하나님이 말씀하시고 싶은 것은 무엇인가?(10절)

7. 하나님은 왜 이때 14~17절의 말씀을 하신 것일까?(14절)

아브라함과 소돔, 고모라

창 18:1~33

"¹여호와께서 마므레의 상수리나무들이 있는 곳에서 아브라함에게 나타나시니라 날이 뜨거울 때에 그가 장막 문에 앉아 있다가 ²눈을 들어 본즉 사람 셋이 맞은편에 서 있는지라 그가 그들을 보자 곧 장막 문에서 달려나가 영접하며 몸을 땅에 굽혀 ³이르되 내 주여 내가 주께 은혜를 입었사오면 원하건대 종을 떠나 지나가지 마시옵고 ⁴물을 조금 가져오게 하사 당신들의 발을 씻으시고 나무 아래에서 쉬소서 ⁵내가 떡을 조금 가져오리니 당신들의 마음을 상쾌하게 하신 후에 지나가소서 당신들이 종에게 오셨음이니이다 그들이 이르되 네 말대로 그리하라 ⁶아브라함이 급히 장막으로 가서 사라에게 이르되 속히 고운 가루 세 스아를 가져다가 반죽하여 떡을 만들라 하고 ⁷아브라함이 또 가축 떼 있는 곳으로 달려가서 기름지고 좋은 송아지를 잡아 하인에게 주니 그가 급히 요리한지라 ⁸아브라함이 엉긴 젖과 우유와 하인이 요리한 송아지를 가져다가 그들 앞에 차려 놓고 나무 아래에 모셔 서매 그들이 먹으니라 ⁹그들이 아브라함에게 이르되 네 아내 사라가 어디 있느냐 대답하되 장막에 있나이다 ¹⁰그가 이르시되 내년 이맘때 내가 반드시 네게로 돌아오리니 네 아내 사라에게 아들이 있으리라 하시니 사라가 그 뒤 장막 문에서 들었더라 ¹¹아브라함과 사라는 나이가 많아 늙었고 사라에게는 여성의 생리가 끊어졌는지라 ¹²사라가 속으로 웃고 이르되 내가 노쇠하였고 내 주인도 늙었으니 내게 무슨 즐거움이 있으리요 ¹³여호와께서 아브라함에게 이르시되 사라가 왜 웃으며 이르기를 내가 늙었거늘 어떻게 아들을 낳으리요 하느냐 [14]여호와께 능하지 못한 일이 있겠느냐 기한이 이를 때에 내가 네게로 돌아오리니 사라에게 아들이 있으리라 [15]사라가 두려워서 부인하여 이르되 내가 웃지 아니하였나이다 이르시되 아니라 네가 웃었느니라 [16]그 사람들이 거기서 일어나서 소돔으로 향하고 아브라함은 그들을 전송하러 함께 나가니라 [17]여호와께서 이르시되 내가 하려는 것을 아브라함에게 숨기겠느냐 [18]아브라함은 강대한 나라가 되고 천하 만민은 그로 말미암아 복을 받게 될 것이 아니냐 [19]내가 그로 그 자식과 권속에게 명하여 여호와의 도를 지켜 의와 공도를 행하게 하려고 그를 택하였나니 이는 나 여호와가 아브라함에게 대하여 말한 일을 이루려 함이니라 [20]여호와께서 또 이르시되 소돔과 고모라에 대한 부르짖음이 크고 그 죄악이 심히 무거우니 [21]내가 이제 내려가서 그 모든 행한 것이 과연 내게 들린 부르짖음과 같은지 그렇지 않은지 내가 보고 알려 하노라 [22]그 사람들이 거기서 떠나 소돔으로 향하여 가고 아브라함은 여호와 앞에 그대로 섰더니 [23]아브라함이 가까이 나아가 이르되 주께서 의인을 악인과 함께 멸하려 하시나이까 [24]그 성 중에 의인 오십 명이 있을지라도 주께서 그곳을 멸하시고 그 오십 의인을 위하여 용서하지 아니하시리이까 [25]주께서 이같이 하사 의인을 악인과 함께 죽이심은 부당하오며 의인과 악인을 같이 하심도 부당하니이다 세상을 심판하시는 이가 정의를 행하실 것이 아니니이까 [26]여호와께서 이르시되 내가 만일 소돔 성읍 가운데에서 의인 오십 명을 찾으면 그들을 위하여 온 지역을 용서하리라 [27]아브라함이 대답하여 이르되 나는 티끌이나 재와 같사오나 감히 주께 아뢰나이다 [28]오십 의인 중에 오 명이 부족하다면 그 오 명이 부족함으로 말미암아 온 성읍을 멸하시리이까 이르시되 내가 거기서 사십오 명을 찾으면 멸하지 아니하리라 [29]아브라함이 또 아뢰어 이르되 거기서 사십 명을 찾으시면 어찌 하려 하시나이까 이르시되 사십 명으로 말미암아 멸하지 아니하리라 [30]아브라함이 이르되 내 주여 노하지 마시옵고 말씀하게 하옵소서 거기서 삼십 명을 찾으시면 어찌 하려 하시나이까 이르시되 내가 거기서 삼십 명을 찾으면 그리하지 아니 하리라 ^{31}아브라함이 또 이르되 내가 감히 내 주께 아뢰나이다 거기서 이십 명을 찾으시면 어찌 하려 하시나이까 이르시되 내가 이십 명으로 말미암아 그리하지 아니하리라 ^{32}아브라함이 또 이르되 주는 노하지 마옵소서 내가 이번만 더 아뢰리이다 거기서 십 명을 찾으시면 어찌 하려 하시나이까 이르시되 내가 십 명으로 말미암아 멸하지 아니하리라 ^{33}여호와께서 아브라함과 말씀을 마치시고 가시니 아브라함도 자기 곳으로 돌아갔더라."

하나님은 왜 이곳에 나타나신 것일까?

마므레 상수리 수풀은 전에 아브라함이 13장 18절에서 하나님을 위하여 제단을 쌓은 곳이다.

"이에 아브람이 장막을 옮겨 헤브론에 있는 마므레 상수리 수풀에 이르러 거주하며 거기서 여호와를 위하여 제단을 쌓았더라."

그리고 후에 하나님은 출애굽기 20장 24절에서 제단을 쌓는 곳에 임하여 축복하신다고 약속하신다. 이 약속이 아브라함에게서 먼저 이루어지고 있는 것이다.

"내게 토단을 쌓고 그 위에 네 양과 소로 네 번제와 화목제를 드리라 내가 내 이름을 기념하게 하는 모든 곳에서 네게 임하여 복을 주리라."

그런 의미에서 하나님께서 제단을 쌓는 아브라함에게 나타나시는 것이다.

하나님은 왜 아브라함에게 천사를 대접하는 선한 일을 하게 하시는 것일까?

하나님은 아브라함을 축복하시기 위해 먼저 선한 행실로 축복 받을 수 있는 기회를 주시는 것이다. 하나님의 축복은 축복 받을 사람이 먼저 축복을 심어야 거두는 축복을 주신다. 그래서 축복을 거둘 수 있도록 심을 기회를 주신다.

하나님은 왜 사라가 속으로 웃으면서 말한 것을 말씀하시는 것일까?

사라가 자녀를 주시는 하나님을 믿지 못하는 태도를 지적하시는 것이다. 하나님은 축복 받을 자는 내면도 준비되어야 한다는 것을 가르쳐 주신다. 곧 우리의 속을 아시고 드러내시는 하나님이시라는 것을 알려 주시는 것이다. 그러므로 모든 그리스도인들은 하나님 앞에서 마음까지 솔직해야 하며 마음까지 인정받아야 한다.

하나님은 어떻게 사라의 부정적이고 믿음 없는 마음을 고치시는가?

하나님은 사라의 심령에, 하나님은 무엇이든 하실 수 있다는 믿음의 말씀을 심어 주시고 자녀가 있을 것이라는 축복을 강력하게 약속하신다. 이렇게 함으로 사라에게 아이를 못 낳는 육체보다 마음을 먼저 축복하신다. 하나님은 육체의 건강도 중요하고 축복된 것이지만 육체보다 마음의 축복이 더 크다는 것을 가르치시며, 마음의 축복이 있어야 육체의 축복도 있음을 알려 주신다. 자격 있는 심령이 되어야 축복을 약속 받는다.

하나님은 왜 속으로 웃은 것도 웃은 것이라고 말씀하시는 것일까?

하나님께서는 겉으로는 표현하지 않아도 속으로 생각하거나 가진 태도도 하나님 앞에서는 표현한 것으로 여기신다. 하나님 앞에서는 소리를 내건 안 내건 동일하게 여기신다. 그러므로 마음에서 일어나는 일을 쉽게 보거나 아무것도 아닌 것처럼 여겨서는 안 된다.

주님도 말씀하셨다.

"나는 너희에게 이르노니 음욕을 품고 여자를 보는 자마다 마음에 이미 간음하였느니라"(마 5:28).

이 말씀은 마음으로 간음하나 행위로 간음하나 동일하게 취급하신다는 말씀이다. 그만큼 마음을 행위와 동일한 선상에서 다루고 계시는 것이다. 그러므로 그리스도인은 행위로 깨끗한 것을 자랑하지 말고 깨끗한 행위만큼 마음도 깨끗할 때 깨끗한 행위가 주님 앞에 인정받는 것이다.

하나님은 무엇을 들으신 것일까?

"소돔과 고모라에 대한 부르짖음이 크고."

부르짖음은 '크게 외치다'란 뜻을 가진 동사 '자아크'에서 유래된 단어이다. 이 말은 죄악의 세력에 의해 압제당하고 학대받는 약한 자의 원성을 가리킨다.

크다는 것은 **'증가하다'**는 뜻이다. 그러므로 하나님은 약한 자의 억울함을 들으시는 하나님이신 것을 나타낸다. 그러나 약한 자가 억울함과 손해와 피해를 입고 있다 해도, 마음으로나 어떤 형태로든 소극적인 범죄를 하고 있다면 하나님은 약한 자의 하나님이 되실 수 없다. 정당한 일에 손해나 억울함을 가질 때, 그리고 약한 자가 범죄하지 않을 때 하나님은 공평하게 판단하셔서 약한 자의 편에 서서서 도우시는 것이다.

21절에서 하나님의 이런 모습은 무엇을 의미하는가?

하나님은 말과 행동이 같고, 마음과 말이 같고, 마음과 행위가 같은지를 확인하신다. 또한 하나님이 소돔과 고모라에 내려오시는 것은 심판하시기 위함이다. 물론 택하신 이스라엘 백성과 함께하시고 축복하시기 위해 시내 산에 내려오기도 하신다. 사랑하는 자에게는 미리 중요한 계시를 알려 주시는 하나님이신 것이다.

하나님은 왜 소돔과 고모라 성의 멸망을 잠시 유보하신 것일까?
먼저, 아브라함의 간절한 중보기도가 있었기 때문이다. 두 번째는, 아브라함 안에는 생명을 사랑하시는 하나님의 마음이 있었기 때문이다. 세 번째는, 아브라함이 소돔과 고모라 성을 위한 기도를 할 만큼 믿음의 능력을 가진 자였기 때문이다.

하나님은 왜 아브라함의 기도대로 응답하시는가?
생명을 살리시려는 하나님의 의도와 같기 때문이다.

하나님은 왜 아브라함에게 의인 10명 이하를 구하라 하시지 않으셨을까?
하나님은 의인 10명 이하도 이미 없다는 것을 아셨기에 아브라함에게 구하라 하시지 않은 것이다. 그리고 하나님이 긍휼을 베푸실 최저선(한계)이 있기 때문이다.

만약 소돔과 고모라 성에 의인 10명이 있어서 하나님이 그들을 살게 하셨다면 하나님은 무엇을 말씀하시고 싶으실까?
먼저, 하나님은 '그만큼 의인이 죄인보다 가치가 있다'라고 말씀하실 것이다. 두 번째는, 하나님 앞에서는 사람의 숫자나 외적 능력이 문제가 아니라 존재가치의 문제인 것이다. 죄인 된 바울이 로마로 갈 때 유라굴로라는 광풍을 만나 276명이 다 죽게 되었는데 하나님의 사람 죄인 된 한 사람, 바로 바울 때문에 276명이 목숨을 건지게 된다.

"내가 너희를 권하노니 이제는 안심하라 너희 중 아무도 생명에는 아무런 손상이 없겠고 오직 배뿐이리라 내가 속한 바 곧 내가 섬기는 하나님의 사자가 어젯밤에 내 곁에 서서 말하되 바울아 두려워하지 말라 네가 가이사 앞에 서야 하겠고 또 하나님께서 너와 함께 항해하는 자를 다 네게 주셨다 하였으니 그러므로 여러분이여 안심하라 나는 내게 말씀하신 그대로 되리라고 하나님을 믿노라"(행 27:22~25).

그러므로 모든 그리스도인들은 실제적으로 내가 하나님 앞에서 얼마만큼의 존재가치가 있는지를 자신의 삶과 관계된 것을 통하여 알아봐야 한다. 세 번째는, 하나님이 찾으시는 한 가지라도 있다면 참아 주시는 은혜의 하나님이라는 것이다. 네 번째는 의인의 땅은 하나님으로부터 보호받는다는 것이다. 소돔과 고모라 성이 의인 10명 때문에 하나님의 심판을 면하고 보호를 받을 수 있기 때문이다.

나눔 질문

1. 하나님은 왜 이곳에 나타나신 것일까?(1절)

2. 하나님은 왜 아브라함에게 천사를 대접하는 선한 일을 하게 하시는 것일까?(2절)

3. 하나님은 왜 사라가 속으로 웃으면서 말한 것을 말씀하시는 것일까?(12~13절)

4. 하나님은 어떻게 사라의 부정적이고 믿음 없는 마음을 고치시는가?(14절)

5. 하나님은 속으로 웃은 것도 웃은 것이라고 말씀하시는 것일까?(15절)

6. 하나님은 무엇을 들으신 것일까?(20절)

7. 21절에서 하나님의 이런 모습은 무엇을 의미하는가?

8. 하나님은 왜 소돔과 고모라 성의 멸망을 잠시 유보하신 것일까?

9. 하나님은 왜 아브라함의 기도대로 응답하시는가?

10. 하나님은 왜 아브라함에게 의인 10명 이하를 구하라 하시지 않으셨을까?

11. 만약 소돔과 고모라 성에 의인 10명이 있어서 하나님이 그들을 살게 하셨다면 하나님은 무엇을 말씀하시고 싶으실까?

롯의 구원
창 19:12~29

"¹²그 사람들이 롯에게 이르되 이외에 네게 속한 자가 또 있느냐 네 사위나 자녀나 성 중에 네게 속한 자들을 다 성 밖으로 이끌어 내라 ¹³그들에 대한 부르짖음이 여호와 앞에 크므로 여호와께서 이곳을 멸하시려고 우리를 보내셨나니 우리가 멸하리라 ¹⁴롯이 나가서 그 딸들과 결혼할 사위들에게 말하여 이르기를 여호와께서 이 성을 멸하실 터이니 너희는 일어나 이곳에서 떠나라 하되 그의 사위들은 농담으로 여겼더라 ¹⁵동틀 때에 천사가 롯을 재촉하여 이르되 일어나 여기 있는 네 아내와 두 딸을 이끌어 내라 이 성의 죄악 중에 함께 멸망할까 하노라 ¹⁶그러나 롯이 지체하매 그 사람들이 롯의 손과 그 아내의 손과 두 딸의 손을 잡아 인도하여 성 밖에 두니 여호와께서 그에게 자비를 더하심이었더라 ¹⁷그 사람들이 그들을 밖으로 이끌어 낸 후에 이르되 도망하여 생명을 보존하라 돌아보거나 들에 머물지 말고 산으로 도망하여 멸망함을 면하라 ¹⁸롯이 그들에게 이르되 내 주여 그리 마옵소서 ¹⁹주의 종이 주께 은혜를 입었고 주께서 큰 인자를 내게 베푸사 내 생명을 구원하시오나 내가 도망하여 산에까지 갈 수 없나이다 두렵건대 재앙을 만나 죽을까 하나이다 ²⁰보소서 저 성읍은 도망하기에 가깝고 작기도 하오니 나를 그곳으로 도망하게 하소서 이는 작은 성읍이 아니니이까 내 생명이 보존되리이다 ²¹그가 그에게 이르되 내가 이 일에도 네 소원을 들었은즉 네가 말하는 그 성읍을 멸하지 아니하리니 ²²그리로 속히 도망하라 네가 거기 이르기까지는 내가 아

무 일도 행할 수 없노라 하였더라 그러므로 그 성읍 이름을 소알이라 불렀더라 [23]롯이 소알에 들어갈 때에 해가 돋았더라 [24]여호와께서 하늘 곧 여호와께로부터 유황과 불을 소돔과 고모라에 비같이 내리사 [25]그 성들과 온 들과 성에 거주하는 모든 백성과 땅에 난 것을 다 엎어 멸하셨더라 [26]롯의 아내는 뒤를 돌아보았으므로 소금 기둥이 되었더라 [27]아브라함이 그 아침에 일찍이 일어나 여호와 앞에 서 있던 곳에 이르러 [28]소돔과 고모라와 그 온 지역을 향하여 눈을 들어 연기가 옹기 가마의 연기같이 치솟음을 보았더라 [29]하나님이 그 지역의 성을 멸하실 때 곧 롯이 거주하는 성을 엎으실 때에 하나님이 아브라함을 생각하사 롯을 그 엎으시는 중에서 내보내셨더라."

하나님은 왜 롯을 구원하시려고 하는가?
롯은 어쩌면 한 명일 수도 있는 의인이기 때문이다.

"소돔과 고모라 성을 멸망하기로 정하여 재가 되게 하사 후세에 경건하지 아니할 자들에게 본을 삼으셨으며 무법한 자들의 음란한 행실로 말미암아 고통 당하는 의로운 롯을 건지셨으니 (이는 이 의인이 그들 중에 거하여 날마다 저 불법한 행실을 보고 들음으로 그 의로운 심령이 상함이라)" (벧후 2:6~8).

두 번째는, 아브라함이 롯을 위하여 중보기도 하였기 때문이다.

"하나님이 그 지역의 성을 멸하실 때 곧 롯이 거주하는 성을 엎으실 때에 하나님이 아브라함을 생각하사 롯을 그 엎으시는 중에서 내보내셨더라"

(29절).

세 번째는, 아브라함처럼 천사에게 선한 대접을 하였기 때문이다.
하나님은 왜 결혼할 사위까지 구원하려 하는가?
첫 번째는, 롯이 구원받기로 작정되었으니 집의 식구도 구원하는 것이 하나님의 뜻이기 때문이다.

"주 예수를 믿으라 그리하면 너와 네 집이 구원을 받으리라"(행 16:31).

사위도 가족이기 때문이다. 롯과 관계된 가까운 모든 사람을 구원하시는 것이 하나님의 뜻이었다.

"하나님은 모든 사람이 구원을 받으며 진리를 아는 데에 이르기를 원하시느니라"(딤전 2:4).

하나님은 왜 소알도 멸망의 대상이었는데 롯의 간구를 들어주셨나?
롯의 말처럼 멸망당하기 전에 산에 도착할 수 없어서 그렇게 하셨을 것이다. 원래는 소알도 멸망당하는 것이나 롯 때문에 소알을 하나님이 허락하신 것이다(21절). 롯이 죽을 수도 있을 것 같아서 그리하셨다.
하나님이 심판을 시간적으로 연기하신 이유는?
롯이 소알에 들어가기까지 기다리신 것이다.
하나님은 다른 방법도 있으실 텐데 소돔과 고모라 성을 왜 불과 유황으로 멸망시키시는가?
하나님은 물로는 세상을 멸망시키지 않겠다고 약속하셨기 때문이다(창 9:11-13). 두 번째는, 죄악으로 패역한 땅을 불로 정화시키기 위해서이다. 세 번째는, 마지막 때 이 세상의 멸망의 예표이기 때문이다.

"첫째 천사가 나팔을 부니 피 섞인 우박과 불이 나와서 땅에 쏟아지매 땅의 삼분의 일이 타 버리고 수목의 삼분의 일도 타 버리고 각종 푸른 풀도 타 버렸더라"(계 8:7).

하나님은 왜 롯의 아내를 소금기둥으로 만드셨나?

뒤돌아보지 말라고 하신 하나님의 말씀에 불순종하였기 때문이다(17절).

"그 사람들이 그들을 밖으로 이끌어 낸 후에 이르되 도망하여 생명을 보존하라 돌아보거나 들에 머물지 말고 산으로 도망하여 멸망함을 면하라"(17절).

하나님은 생명을 보존하라고 뒤돌아보지 말라고 말하였으나 뒤돌아봄으로 하나님의 말씀과 반대로 행하였으니 생명 보존의 반대는 생명을 잃는 것이다.

하나님은 왜 롯의 아내를 하필 소금기둥으로 만드셨나?

변하지 않고 정결함을 상징하는 소금 같은 하나님의 약속임을 계시하시고, 하나님의 약속을 지키지 않으면 소금 같은 말씀으로 징계 받음으로써 죽음이 온다는 것을 알리시는 것이다. 그러므로 소돔과 고모라 성의 사람들은 그들의 죄악으로 불로 심판받아 멸망하였지만, 구원받기로 작정된 롯의 가정은 하나님이 17절에서 주신 약속을 믿지 않고 불순종하여 벌을 받은 것이다. 롯의 아내는 소돔과 고모라 성 사람들같이 망하는 자가 되었다.

하나님은 왜 아브라함을 생각하셨을까?

아브라함이 롯을 위해 기도하였기 때문이다(창 18:22~32). 뿐만 아니라 소돔과 고모라 성을 살리기 위해 아브라함이 기도했지만 의인 10명이 없어 소돔과 고모라 성은 구원을 얻지 못했다. 그러나 10명 이하의 의인 중에 롯이 있기에 개인적인 의인을 살리는 것이 하나님의 뜻이셨다.

나눔 질문

1. 하나님은 왜 롯을 구원하시려고 하는가?(12절)

2. 하나님은 왜 결혼할 사위까지 구원하시려고 하는가?(12절)

3. 하나님은 왜 소알도 멸망의 대상이었는데 롯의 간구를 들어 주셨나?(18~21절)

4. 하나님이 심판을 시간적으로 연기하신 이유는?(22절)

5. 하나님은 소돔과 고모라 성을 다른 방법도 있으실 텐데 유황과 불로 멸망시키시는가?(24절)

6. 하나님은 왜 롯의 아내를 소금기둥으로 만드셨나?(26절)

7. 하나님은 왜 롯의 아내를 하필 소금기둥으로 만드셨는가?(26절)

8. 하나님은 왜 아브라함을 생각하셨을까?(29절)

아브라함과 아비멜렉
창 20:1~18

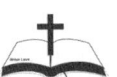

"¹아브라함이 거기서 네게브 땅으로 옮겨가 가데스와 술 사이 그랄에 거류하며 ²그의 아내 사라를 자기 누이라 하였으므로 그랄 왕 아비멜렉이 사람을 보내어 사라를 데려갔더니 ³그 밤에 하나님이 아비멜렉에게 현몽하시고 그에게 이르시되 네가 데려간 이 여인으로 말미암아 네가 죽으리니 그는 남편이 있는 여자임이라 ⁴아비멜렉이 그 여인을 가까이 하지 아니하였으므로 그가 대답하되 주여 주께서 의로운 백성도 멸하시나이까 ⁵그가 나에게 이는 내 누이라고 하지 아니하였나이까 그 여인도 그는 내 오라비라 하였사오니 나는 온전한 마음과 깨끗한 손으로 이렇게 하였나이다 ⁶하나님이 꿈에 또 그에게 이르시되 네가 온전한 마음으로 이렇게 한 줄을 나도 알았으므로 너를 막아 내게 범죄하지 아니하게 하였나니 여인에게 가까이 하지 못하게 함이 이 때문이니라 ⁷이제 그 사람의 아내를 돌려보내라 그는 선지자라 그가 너를 위하여 기도하리니 네가 살려니와 네가 돌려보내지 아니하면 너와 네게 속한 자가 다 반드시 죽을 줄 알지니라 ⁸아비멜렉이 그날 아침에 일찍이 일어나 모든 종들을 불러 그 모든 일을 말하여 들려 주니 그들이 심히 두려워하였더라 ⁹아비멜렉이 아브라함을 불러서 그에게 이르되 네가 어찌하여 우리에게 이렇게 하느냐 내가 무슨 죄를 네게 범하였기에 네가 나와 내 나라가 큰 죄에 빠질 뻔하게 하였느냐 네가 합당하지 아니한 일을 내게 행하였도다 하고 ¹⁰아비멜렉이 또 아브라함에게 이르되 네가 무슨 뜻으로 이렇게 하였느냐 ¹¹아브라함이

이르되 이곳에서는 하나님을 두려워함이 없으니 내 아내로 말미암아 사람들이 나를 죽일까 생각하였음이요 [12]또 그는 정말로 나의 이복누이로서 내 아내가 되었음이니라 [13]하나님이 나를 내 아버지의 집을 떠나 두루 다니게 하실 때에 내가 아내에게 말하기를 이 후로 우리의 가는 곳마다 그대는 나를 그대의 오라비라 하라 이것이 그대가 내게 베풀 은혜라 하였었노라 [14]아비멜렉이 양과 소와 종들을 이끌어 아브라함에게 주고 그의 아내 사라도 그에게 돌려보내고 [15]아브라함에게 이르되 내 땅이 네 앞에 있으니 네가 보기에 좋은 대로 거주하라 하고 [16]사라에게 이르되 내가 은 천 개를 네 오라비에게 주어서 그것으로 너와 함께 한 여러 사람 앞에서 네 수치를 가리게 하였노니 네 일이 다 해결되었느니라 [17]아브라함이 하나님께 기도하매 하나님이 아비멜렉과 그의 아내와 여종을 치료하사 출산하게 하셨으니 [18]여호와께서 이왕에 아브라함의 아내 사라의 일로 아비멜렉의 집의 모든 태를 닫으셨음이더라."

하나님은 아브라함의 문제가 무엇이라고 생각하시는가?

아브라함은 12장에서, 애굽 왕 바로에게 아내를 누이라 거짓말했는데 20장에 와서 그랄 왕에게 다시 한 번 아내를 누이라 거짓말한다. 진실하지 못하고 거짓말을 두 번씩이나 하는 죄를 범한 것이다. 그리고 아브라함은 자기 생명을 구하려고 거짓말을 하며 이내 사라를 두 번씩이나 남의 남자에게 보냄으로 사라에게 마음의 상처를 안겨주었다. 아브라함은 하나님의 약속을 온전히 믿지 못하여 생존에 대한 두려움을 가진 것이다. 몇 차례에 걸쳐 하나님께서 아브라함에게 자손의 축복을 약속하신 것은 그가 생전에 자손을 본다는 말씀인데, 이 약속을 믿지 못하여 생존의 두려움을 가지고 말았다.

아브라함은 12장에서처럼 가나안 땅에서 애굽으로 내려간 것은 아니지만, 애굽도 가나안도 아닌 그랄이라는 중간 지대에 머물렀다는 것이다. 그것이 아브라함이 또 한 번 아내를 누이라 속이고 아비멜렉에게 아내를 빼앗기는 문제를 야기했다. 분명히 하나님께서 지정하신 땅에 거한 것이 아니기 때문에 일어나지 않아도 될 일이 일어난 것이다. 하나님의 온전하신 뜻에 거하지 않고 하나님이 어쩔 수 없이 허락한 현장에 거하면 항상 사탄의 역사가 있음을 그리스도인은 알아야 한다.

또한 아브라함 자신의 잘못으로 인해 다른 사람에게 피해를 입히는 태도 역시 잘못된 것이다. 복의 근원이 되어야 할 사람이 해를 입히는 근원이 되고 있는 것이다. 아비멜렉이 죽을 뻔하고 태의 문이 닫히게 된 것은 분명 아브라함의 잘못된 태도 때문에 애매하게 온 결과이다. 또한 하나님은 아브라함 때문에 아무 잘못도 없는 하나님 계획에 없는 아비멜렉을 징계하시게 된 것이다. 하나님이 함께하시는 것을 보여줘야 할 아브라함이 정직하지 못하여 오히려 이방 족속에게 책망을 받는 것은 결국 하나님을 이방 족속에게 모독을 받으시게 하는 것이다.

하나님이 아브라함의 기도를 들어주신 것으로 알 수 있는 것은 무엇인가?

하나님은 문제를 가진 자가 문제를 풀 수 있음을 보여주신 것이다. 많은 그리스도인들이 문제를 만나면 누군가가 도와주어서 해결되거나 좋은 환경을 만나서 해결되기를 바란다. 그러나 문제를 주신 하나님은 문제를 만난 자가 키를 가지고 풀어가기 바라시며, 그 과정에서 영광을 받으시기 원하신다. 아브라함이 비록 잘못을 하였으나 아브라함의 상태와 상관없이 남이 잘되게 하는 기도는 하나님이 들으신다는 것이다. 아브라함이 장차 이삭을 가질 수 있는 믿음을 가지게 하심이다.

아브라함은 아비멜렉의 아내와 여종들의 태의 문을 기도로 열게 하여 자녀 주심을 보게 함으로 자신의 믿음으로 기도하여 자녀를 낳을 수 있음을 소망하게 하시는 계시적인 사건이 되게 하셨다. 아브라함이 남을 잘되게 할 때 자신이 잘되게 하시는 하나님의 섭리인 것이다.

자신의 잘못으로 애매하게 아비멜렉의 가정에 재앙이 임하여 고통 받을 수 있었지만, 아브라함의 기도로 아비멜렉의 가정이 하나님의 축복을 받았다. 그리고 곧이어 사라의 몸에서 이삭을 얻게 하신다. 기도든 무엇이든, 어떤 방법으로든 다른 사람을 잘되게 할 때 그것이 자신을 잘되게 하는 것임을 아는 믿음이 필요하다. 하나님은 그리스도인을 축복하실 때 다른 사람을 먼저 축복하게 하신 다음 자신을 축복하시는 섭리가 있음을 알아야 한다.

기도가 상대방에게 주는 큰 선물인 것을 알게 하시기 위해 하나님은 아브라함의 기도를 들으셨다. 아브라함의 잘못으로 아비멜렉은 큰일을 당할 수 있었다. 하지만 그가 꿈에 나타난 하나님의 말씀대로 순종함으로 재앙을 면하고 아브라함에게 은 천 개를 주며 그랄 땅에서 살게 할 때에, 아브라함이 할 수 있는 최선의 방법은 오직 기도해 주는 것이었다. 그것이 아비멜렉에게 가장 큰 축복이 되었다. 이렇듯 그리스도인들은 가진 것이 아무것도 없다 할지라도 상대방을 위해 믿음으로 기도해주는 것이 어떤 것보다 크고 귀중한 일임을 알아야 한다.

1. 하나님은 아브라함의 문제가 무엇이라고 생각하시는가?

2. 하나님이 아브라함의 기도를 들어주신 것으로 알 수 있는 것은 무엇인가?(17~18절)

이삭을 낳은 사라

창 21:1~34

"¹여호와께서 말씀하신 대로 사라를 돌보셨고 여호와께서 말씀하신 대로 사라에게 행하셨으므로 ²사라가 임신하고 하나님이 말씀하신 시기가 되어 노년의 아브라함에게 아들을 낳으니 ³아브라함이 그에게 태어난 아들 곧 사라가 자기에게 낳은 아들을 이름하여 이삭이라 하였고 ⁴그 아들 이삭이 난 지 팔 일 만에 그가 하나님이 명령하신 대로 할례를 행하였더라 ⁵아브라함이 그의 아들 이삭이 그에게 태어날 때에 백 세라 ⁶사라가 이르되 하나님이 나를 웃게 하시니 듣는 자가 다 나와 함께 웃으리로다 ⁷또 이르되 사라가 자식들을 젖먹이겠다고 누가 아브라함에게 말하였으리요마는 아브라함의 노경에 내가 아들을 낳았도다 하니라 ⁸아이가 자라매 젖을 떼고 이삭이 젖을 떼는 날에 아브라함이 큰 잔치를 베풀었더라 ⁹사라가 본즉 아브라함의 아들 애굽 여인 하갈의 아들이 이삭을 놀리는지라 ¹⁰그가 아브라함에게 이르되 이 여종과 그 아들을 내쫓으라 이 종의 아들은 내 아들 이삭과 함께 기업을 얻지 못하리라 하므로 ¹¹아브라함이 그의 아들로 말미암아 그 일이 매우 근심이 되었더니 ¹²하나님이 아브라함에게 이르시되 네 아이나 네 여종으로 말미암아 근심하지 말고 사라가 네게 이른 말을 다 들으라 이삭에게서 나는 자라야 네 씨라 부를 것임이니라 ¹³그러나 여종의 아들도 네 씨니 내가 그로 한 민족을 이루게 하리라 하신지라 ¹⁴아브라함이 아침에 일찍이 일어나 떡과 물 한 가죽부대를 가져다가 하갈의 어깨에 메워 주고 그 아이를 데리고 가게 하니 하갈이

나가서 브엘세바 광야에서 방황하더니 ¹⁵가죽부대의 물이 떨어진지라 그 자식을 관목덤불 아래에 두고 ¹⁶이르되 아이가 죽는 것을 차마 보지 못하겠다 하고 화살 한 바탕 거리 떨어져 마주 앉아 바라보며 소리 내어 우니 ¹⁷하나님이 그 어린 아이의 소리를 들으셨으므로 하나님의 사자가 하늘에서부터 하갈을 불러 이르시되 하갈아 무슨 일이냐 두려워하지 말라 하나님이 저기 있는 아이의 소리를 들으셨나니 ¹⁸일어나 아이를 일으켜 네 손으로 붙들라 그가 큰 민족을 이루게 하리라 하시니라 ¹⁹하나님이 하갈의 눈을 밝히셨으므로 샘물을 보고 가서 가죽부대에 물을 채워다가 그 아이에게 마시게 하였더라 ²⁰하나님이 그 아이와 함께 계시매 그가 장성하여 광야에서 거주하며 활 쏘는 자가 되었더니 ²¹그가 바란 광야에 거주할 때에 그의 어머니가 그를 위하여 애굽 땅에서 아내를 얻어 주었더라 ²²그 때에 아비멜렉과 그 군대 장관 비골이 아브라함에게 말하여 이르되 네가 무슨 일을 하든지 하나님이 너와 함께 계시도다 ²³그런즉 너는 나와 내 아들과 내 손자에게 거짓되이 행하지 아니하기를 이제 여기서 하나님을 가리켜 내게 맹세하라 내가 네게 후대한 대로 너도 나와 네가 머무는 이 땅에 행할 것이니라 ²⁴아브라함이 이르되 내가 맹세하리라 하고 ²⁵아비멜렉의 종들이 아브라함의 우물을 빼앗은 일에 관하여 아브라함이 아비멜렉을 책망하매 ²⁶아비멜렉이 이르되 누가 그리하였는지 내가 알지 못하노라 너도 내게 알리지 아니하였고 나도 듣지 못하였더니 오늘에야 들었노라 ²⁷아브라함이 양과 소를 가져다가 아비멜렉에게 주고 두 사람이 서로 언약을 세우니라 ²⁸아브라함이 일곱 암양 새끼를 따로 놓으니 ²⁹아비멜렉이 아브라함에게 이르되 이 일곱 암양 새끼를 따로 놓음은 어찜이냐 ³⁰아브라함이 이르되 너는 내 손에서 이 암양 새끼 일곱을 받아 내가 이 우물 판 증거를 삼으라 하고 ³¹두 사람이 거기서 서로 맹세하였으므로 그곳을 브엘세바라 이름하였더라 ³²그들이 브엘세바에서 언약을 세우매 아비멜렉과 그 군대 장관 비골은 떠나 블레셋 사람의 땅으로 돌아갔고

³³아브라함은 브엘세바에 에셀 나무를 심고 거기서 영원하신 여호와의 이름을 불렀으며 ³⁴그가 블레셋 사람의 땅에서 여러 날을 지냈더라."

1절과 2절에서 하나님은 어떤 분이신가?
하나님은 당신이 하신 말씀대로 행하신다. 말과 행동이 다르지 않고 일치하신다는 것을 알 수 있다.

그리스도인들도 하나님을 닮는다면 자신이 한 말은 지키는 진실한 사람이 되어야 한다. 그리고 말과 행동이 같은 자가 되기를 힘써야 한다. 그것이 하나님을 닮은 자로서 하나님과 교통이 잘되는 사람이 되는 길이다. 하나님은 말씀을 이루시는 때를 가지고 계신다. 때와 시기는 하나님의 권한이라고 주님이 말씀하신다.

"이르시되 때와 시기는 아버지께서 자기의 권한에 두셨으니 너희가 알 바 아니요"(행 1:7).

그리스도인은 자신이 정한 때, 세상이 말하는 때에 따라 사는 것이 아니라 하나님이 정하신 때와 시기를 따라 사는 것이 안전하고 성공적인 삶과 신앙을 사는 것이다.

하나님이 아브라함에게 이삭을 주신 이유는 무엇일까?
하나님의 약속 때문이다. 또한 아브라함의 믿음이 찼기 때문이다. 비로소 하나님의 때가 온 것이다.

17절에서는 어떤 하나님을 나타내는가?
약한 자의 소리를 들으시는 하나님을 나타낸다.
약한 자를 도우시는 하나님을 나타낸다.

약한 자를 축복하시는 하나님을 나타낸다.

약한 자와 함께하시는 하나님을 나타낸다.

축복을 볼 수 있게 눈을 열어 주시는 하나님을 어떻게 생각하는가?

하갈은 샘물이 근처에 있음을 알지 못했다. 그러나 하나님은 그의 눈을 열어 샘물을 보게 하심으로 살게 하셨다. 이것은 그리스도인들이 눈으로 모든 것을 보는 것 같아도 하나님이 열어 주셔야만 축복을 볼 수 있음을 말한다. 그러므로 하나님이 보여주시는 것만 볼 수 있게 해달라고 보는 눈을 위해 기도하는 것이 필요하다.

하나님은 22절을 기록하시면서 무엇을 말씀하시고 싶은 것일까?

아브라함은 아비멜렉과 군대장관 비골을 통해 무엇을 하든 하나님이 함께 계신다는 엄청난 말을 듣는다. 20장에서 아브라함은 생존의 두려움으로 아내를 누이라고 속여 아비멜렉에게 아내를 빼앗기고, 그 집안에 재앙이 왔을 때 아비멜렉은 꿈을 통해 하나님의 음성을 듣고 아브라함의 거짓말을 책망하였다. 이쯤 되면 아비멜렉이 아브라함의 신앙을 의심하거나 무시할 수도 있다. 그런데 아브라함이 그사이에 얼마나 잘못을 인정하고 하나님과 가까이 교통하며 살았으면 아비멜렉도 아브라함의 신앙을 무시하지 못하고 도리어 칭찬을 하는 데까지 이르렀겠는가!

그러므로 모든 그리스도인들도 자신의 연약함 때문에 세상 사람에게 비난이나 오해나 조롱을 받는다고 위축될 것이 아니라 솔직히 인정하고 회개하며 다시금 하나님을 더욱 가까이 하는 계기로 삼아야 한다. 세상 사람에게 자신의 신앙과 주님을 인정하게 하는 것이 진정한 신앙의 승리인 것이다.

두 번째로는, 착한 행실이 아니라 요셉처럼 하나님이 함께하시는 것이 신앙의 진정한 모습임을 알려 주신다. 착해지기 위해 신앙생활 하는 것이 아니다. 그것은 하나님과 교통하고 말씀이 그 마음 안에 살고 있으면 자연스럽게 나타나는 결과에 지나지 않는다. 모든 그리스도인들은 아브라함처럼 눈에 보이지 않는 하나님과 늘 함께하여 세상 사람들이 하나님을 부인하지 못하게 해야 한다. 이것이 진정한 전도가 될 것이다.

세 번째는, 말로 하는 신앙이 아니라 진정으로 삶으로 증명하는 신앙을 가지라는 것이다. 아브라함은 말로 아비멜렉에게 망신당한 사람이다. 그러나 그 후에는 삶으로 자신의 신앙을 나타냈다. 모든 그리스도인들은 말과 행위가 같아야 한다. 말만 가지고 신앙생활 하는 것이 아니라 행위와 삶으로 자신의 신앙의 진수를 보여주어 더 이상 그리스도인에게 삶과 신앙에 시비를 걸지 못하게 해야 할 것이다.

아브라함이 행한 모습으로 하나님이 말씀하시고 싶은 것은 무엇일까?

아브라함과 아비멜렉이 우물을 사고파는 그 현장에 제단을 쌓고 하나님의 이름을 부르며 하나님께 영광을 돌렸다. 이것은 우리가 행한 모든 것에 행위와 현장에 대하여 하나님께 감사하고 하나님이 영광 받으시게 해야 한다는 것이다. 이방인 아비멜렉과 군대장관 비골이 언약을 맺은 후 바로 그 현장을 떠나 블레셋 땅으로 돌아간 것과 대조적이다.

나·눔 질문

1. 1절과 2절에서 하나님은 어떤 분이신가?

2. 하나님이 아브라함에게 이삭을 주신 이유는 무엇일까?(1, 2절)

3. 17절에서는 어떤 하나님을 나타내는가?

4. 축복을 볼 수 있게 눈을 열어 주시는 하나님을 어떻게 생각하는가?(19절)

5. 하나님은 22절을 기록하시면서 무엇을 말씀하시고 싶은 것일까?

6. 아브라함이 행한 모습으로 하나님이 말씀하시고 싶은 것은 무엇일까?(33절)

아브라함의 시험
창 22:1~19

¹그 일 후에 하나님이 아브라함을 시험하시려고 그를 부르시되 아브라함아 하시니 그가 이르되 내가 여기 있나이다 ²여호와께서 이르시되 네 아들 네 사랑하는 독자 이삭을 데리고 모리아 땅으로 가서 내가 네게 일러 준 한 산 거기서 그를 번제로 드리라 ³아브라함이 아침에 일찍이 일어나 나귀에 안장을 지우고 두 종과 그의 아들 이삭을 데리고 번제에 쓸 나무를 쪼개어 가지고 떠나 하나님이 자기에게 일러 주신 곳으로 가더니 ⁴제삼일에 아브라함이 눈을 들어 그곳을 멀리 바라본지라 ⁵이에 아브라함이 종들에게 이르되 너희는 나귀와 함께 여기서 기다리라 내가 아이와 함께 저기 가서 예배하고 우리가 너희에게로 돌아오리라 하고 ⁶아브라함이 이에 번제 나무를 가져다가 그의 아들 이삭에게 지우고 자기는 불과 칼을 손에 들고 두 사람이 동행하더니 ⁷이삭이 그 아버지 아브라함에게 말하여 이르되 내 아버지여 하니 그가 이르되 내 아들아 내가 여기 있노라 이삭이 이르되 불과 나무는 있거니와 번제할 어린 양은 어디 있나이까 ⁸아브라함이 이르되 내 아들아 번제할 어린 양은 하나님이 자기를 위하여 친히 준비하시리라 하고 두 사람이 함께 나아가서 ⁹하나님이 그에게 일러 주신 곳에 이른지라 이에 아브라함이 그곳에 제단을 쌓고 나무를 벌여 놓고 그의 아들 이삭을 결박하여 제단 나무 위에 놓고 ¹⁰손을 내밀어 칼을 잡고 그 아들을 잡으려 하니 ¹¹여호와의 사자가 하늘에서부터 그를 불러 이르시되 아브라함아 아브라함아 하시는지라 아브라함이 이르되

내가 여기 있나이다 하매 ¹²사자가 이르시되 그 아이에게 네 손을 대지 말라 그에게 아무 일도 하지 말라 네가 네 아들 네 독자까지도 내게 아끼지 아니하였으니 내가 이제야 네가 하나님을 경외하는 줄을 아노라 ¹³아브라함이 눈을 들어 살펴본즉 한 숫양이 뒤에 있는데 뿔이 수풀에 걸려 있는지라 아브라함이 가서 그 숫양을 가져다가 아들을 대신하여 번제로 드렸더라 ¹⁴아브라함이 그 땅 이름을 여호와 이레라 하였으므로 오늘날까지 사람들이 이르기를 여호와의 산에서 준비되리라 하더라 ¹⁵여호와의 사자가 하늘에서부터 두 번째 아브라함을 불러 ¹⁶이르시되 여호와께서 이르시기를 내가 나를 가리켜 맹세하노니 네가 이같이 행하여 네 아들 네 독자도 아끼지 아니하였은즉 ¹⁷내가 네게 큰 복을 주고 네 씨가 크게 번성하여 하늘의 별과 같고 바닷가의 모래와 같게 하리니 네 씨가 그 대적의 성문을 차지하리라 ¹⁸또 네 씨로 말미암아 천하 만민이 복을 받으리니 이는 네가 나의 말을 준행하였음이니라 하셨다 하니라 ¹⁹이에 아브라함이 그의 종들에게로 돌아가서 함께 떠나 브엘세바에 이르러 거기 거주하였더라."

하나님은 아브라함을 무슨 목적으로 시험하시는 것일까?

먼저 하나님을 경외하는지 안 하는지 아브라함의 마음을 확인하시기 위해 시험하셨다(12절). 하나님은 아브라함이 순종의 행위보다도 순종하는 마음이 어떠한지를 시험하신 것이다. 왜냐하면 마음까지도 하나님을 기쁘시게 할 수 있는지를 확인하려 하셨기 때문이다.

신명기 8장 2절에서도 하나님은 광야생활을 하던 이스라엘 백성에게 모세를 통해 말씀하신다.

"네 하나님 여호와께서 이 사십 년 동안에 네게 광야 길을 걷게 하신 것을 기억하라 이는 너를 낮추시며 너를 시험하사 네 마음이 어떠한지 그 명령을 지키는지 지키지 않는지 알려 하심이라."

하나님은 광야생활 했던 이스라엘 백성이 그들 나름대로 힘들었을 때 어떤 마음을 가지는지를 하나님이 알려고 하셨다는 것이다. 이렇게 하나님이 모든 그리스도인에게서 확인하고 싶은 것은 행위보다 행위를 가져오는 마음의 상태이다. 그러므로 모든 그리스도인은 하나님이 기뻐하시는 마음으로 하나님께 인정받고 신뢰받아야 할 것이다.

두 번째는, 아브라함의 헌신의 정도를 알아보시기 위해서 시험하신 것이다(16절). 하나님은 하나님이 주신 것을 얼마나 하나님을 위해 조건 없이 드릴 수 있는지를 알고 싶어하신 것이다. 축복을 주신 하나님의 존재가 귀한 것인지 하나님이 주신 축복 자체가 귀한 것인지를 확인하고 싶어하신다. 그래서 하나님은 축복하시고, 아브라함처럼 축복하신 것을 다시금 하나님께 헌신하기를 원하신다. 그럴 때 정말 축복을 주신 하나님을 귀하게 여기는 그리스도인은 기꺼이 하나님께 축복을 내어놓을 것이고, 축복을 더 귀하게 여기면 절대로 하나님께 헌신하지 않고 자신을 위해 사용하고 하나님께 인색하게 할 것이다. 그런 사람은 그다음으로 오는 축복을 놓치게 될 것이다.

세 번째는, 하나님 말씀에 순종하는지 안하는지 시험하신 것이다(18절). 하나님의 말씀이 자신의 상식이나 이론보다 앞서고 말씀을 세상 어떤 것보다 귀하게 여기면 순종할 것이다. 아브라함의 마음에는 하나님의 말씀이 문신처럼 새겨져 있어 말씀 순종에 막힘이 없었다. 하나님은 그리스도인에게 축복을 주시고 그 축복을 가지고 살 때 그전과 다른 말씀 순종을 요구하시는 경우가 있다. 그럴 때 축복 때문에 더욱 순종한다면 그 축복보다 더 복된 것은 순종하는 마음일 것이다.

축복을 통해서 시험하시는 하나님이 오늘날 축복하시는 모든 그리스도인들을 향해 시험하실 때 아브라함처럼 성공해야 할 것이다.

하나님은 왜 물건이 아니고 사람을 바치라 하는가?

하나님은 후에 자손의 축복을 주시기 위해 먼저 아들 이삭이라는 사람을 바치라고 하신 것이다. 심은 대로 거두게 하시는 하나님이심을 알 수 있다.

하나님은 왜 감동이나 자원하는 마음이나 충성심을 불러일으켜 하게 하실 수도 있는데 이삭을 바치라고 명령하시는가?

첫째로, 하나님의 명령 아니면 안 되는 시험과 헌신이기 때문이다. 두 번째로, 감동이나 자원하는 마음, 충성심은 자기에게서 출발하는 것이기에 자칫 나중에 헌신하고 혼란이나 자책이나 의심이나 포기할 수도 있기 때문이다.

하나님은 왜 이삭을 제사의 제물로 바치라는 비인격적인 명령을 하시는가?

첫 번째는, 하나님께서 자손의 축복을 주시기 위해 어쩔 수 없이 요구하신 것이다. 심은 대로 거두시는 하나님은 사람에게도 같은 것을 요구하실 수밖에 없었다. 두 번째는, 비인격적인 것도 감당할 수 있는 아브라함을 하나님이 믿었기 때문이다.

하나님은 왜 가까운 장소도 있는데 3일 길이나 되는 모리아 산에서 번제로 바치라 하셨는가?

첫 번째는, 얼마나 믿음의 인내를 가질 수 있는지를 시험하시기 위해서다. 두 번째는, 이삭을 바칠 수 있는 믿음이면 3일 길의 믿음의 인내도 감당할 수 있다고 생각하신 것이다. 세 번째는, 나중에 모리아 산 위에 솔로몬 성전이 세워지게 된다(대하 3:1). 이것은 그리스도를 예표하는 이삭이 제물로 바쳐진 현장에서 하나님의 성전이 지어진다는 뜻이다. 또한 예수님이 모든 자를 위해 십자가에 죽으심으로 새로운 교회를 세우심에 대한 계시인 것이다. 네 번째는, 아브라함의 3일 길은 자아의 죽음을 경험하는 것이다. 아브라함이 이삭을 제물로 죽이려던 마음이 있었던 것은 아브라함 자아의 죽음이 먼저 왔기 때문이다. 그러므로 하나님이 아브라함에게 하나님만 신뢰하는 신앙을 가져오는 자아의 죽음을 경험하게 하신 것이다.

바울도 고백한다.

"형제들아 우리가 아시아에서 당한 환난을 너희가 모르기를 원하지 아니하노니 힘에 겹도록 심한 고난을 당하여 살 소망까지 끊어지고 우리는 우리 자신이 사형 선고를 받은 줄 알았으니 이는 우리로 자기를 의지하지 말고 오직 죽은 자를 다시 살리시는 하나님만 의지하게 하심이라"(고후 1:8~9).

자아의 죽음이 진정한 하나님을 위하여 무엇이든 할 수 있는 자유함을 갖게 만들어서 진정으로 예수님을 따르는 자가 된다.

"누구든지 나를 따라오려거든 자기를 부인하고 자기 십자가를 지고 나를 따를 것이니라"(마 16:24).

하나님은 이삭을 바칠 장소도 지정하셨다. 그런데 왜 날짜는 정하여 주시지 않았는가?

하나님이 아브라함에게 하루 중 언제 말씀하셨는지는 분명치 않으나 분명 의식이 뚜렷한 시간에 말씀하셨을 것이다. "아침에 일찍이 일어나"라는 구절을 보면 적어도 하룻밤 동안은 갈등과 고민을 했을 것이다. 그러나 아브라함은 빨리 정리한 후에 더 지체하지 않고 결정하여 행동에 옮겼다.

하나님이 시간을 정하여 주지 않으신 것은 첫 번째로, 아브라함에게 고민할 시간을 주시기 위해서이다. 두 번째는, 시간에 쫓기면 조급하고 불안하여 믿음을 가지지 못할 수 있기 때문이다. 세 번째는, 아브라함 스스로 정하여 움직이기를 기다리시기 위해 그렇게 하셨다. 네 번째는, 장소는 하나님의 몫이라면 시간은 아브라함의 몫(권리, 자유)으로 남겨두기 위해서이다.

하나님은 왜 중간에 멈추라고 하지 않고 끝에 가서 말씀하시는가?

그것은 첫 번째로, 하나님의 성품상 하다 만 것은 안 한 것으로 여기시기 때문이다. 하나님은 말씀을 번복하지 않으시기에 2절에서 "모리아 땅에서 하나님이 일러준 산"을 지정하셨다. 두 번째는, 번제의 대체용은 여호와의 산(모리아 산)에 있기 때문이다(13절).

하나님은 왜 아브라함이 3일 길을 가는 동안 아무런 말씀을 하시지 않으셨나? 격려라도 할 수 있는 것 아닌가?

만약 그렇게 하신다면 아브라함이 더 순종하기에 힘들 것을 아시기 때문이다. 두 번째는 이삭을 바치는 것은 엄청난 시험이기 때문이다. 어떻게 시험을 치르는 학생들에게 시험 감독관이 힌트나 어떤 것을 도와 줄 수 있겠는가?

하나님께서는 왜 아브라함에게 헌신할 줄 알았다고 하지 않고 경외하는 줄 알았다고 하셨는가?

하나님은 하나님을 향한 아브라함의 마음을 알고 싶으셨는데 그것이 확인된 것이다. 이것은 하나님이 찾고자하는 마음 곧 '경외하는 마음' 없이는 진정한 헌신, 위대한 헌신은 없다는 것을 알려 주시는 것이다.

하나님은 아브라함의 헌신 때문이 아니라 말씀에 준행하였으므로 축복하신다고 하셨는데 무슨 뜻인가?

첫 번째는, 이삭을 바치는 헌신은 과정일 뿐 말씀을 준행하는 것이 우선되고 중요한 것이라고 말씀하시는 것이다. 두 번째는, 인간의 시각으로 볼 때 이삭이 중요하겠지만 하나님 입장에서는 말씀이 더 중요함을 계시하여 주시는 것이다.

하나님과 아브라함이 명령과 행위가 아니라 마음이 서로 교통하고 있음을 알 수 있는 부분은 어디인가? 서로 인격적인 관계가 이루어지고 있음을 어떻게 알 수 있는가?

"우리가 너희에게로 돌아오리라"(1, 5절).

이미 아브라함은 이삭이 어떤 방법으로든 살아 돌아올 것을 믿고 있었다. 8절에서 하나님은 "내 아들아 번제할 어린 양은 하나님이 자기를 위하여 친히 준비하시리라"고 말씀하시는데, 13절에서 "아브라함이 눈을 들어 살펴본즉 한 숫양이 뒤에 있는데 뿔이 수풀에 걸려 있는지라"고 말씀하고 있다. 하나님이 눈을 들어 살펴보라고 말씀하시지도 않았지만 준비하여 주신 것을 믿기에 눈을 들어 사방을 보았다는 것이다.

아브라함과 하나님은 율법적 행위로 이루어진 사이가 아니라 마음과 마음으로 맺어진 사이이기에 충분히 이삭을 바칠 수 있었다.

하나님은 본문에서 아브라함을 세 번 부르신다. 무슨 의미가 있는가?

1절에서 하나님은 아브라함에게 '헌신'으로 부르셨다. 다음에는 이삭을 죽이려는 태도를 하나님이 '인정, 신뢰'하시기 위해 부르셨다. 세 번째는, 하나님은 '축복'으로 부르시는 것이다(15절). 모든 그리스도인도 하나님이 부르실 때 하나님을 실망시켜드리지 않고 부르심에 축복을 받아야 한다.

하나님은 아브라함의 순종은 말씀하시고 축복하시면서 왜 이삭의 순종과 축복은 말씀하시지 않는가?

이때쯤 이삭은 10~20대로서 충분히 아버지를 힘으로 이길 수 있을 나이였지만 아버지 앞에서 순종했다. 생명을 던져 아버지에게 순종하였지만 하나님은 아브라함을 축복하고 인정하시고 칭찬하신다.

  그 이유는 첫 번째, 이삭의 순종보다 아브라함의 순종이 크기 때문이다. 두 번째는, 이미 이삭의 축복도 약속하기 때문이다(2, 17, 18절). 세 번째는, 이삭은 하나님 말씀에 순종한 것이 아니고 아버지에게 순종한 것이기 때문이다. 네 번째는, 이삭은 하나님께 헌신한 것이 아니고 아버지의 뜻에 맡긴 것이기 때문이다.

나눔 질문

1. 하나님은 아브라함을 무슨 목적으로 시험하시는 것일까?(1절)

2. 하나님은 왜 물건이 아니고 사람을 바치라 하는가?(2절)

3. 하나님은 왜 감동이나 자원하는 마음이나 충성심도 하게 하실 수도 있는데 이삭을 바치라고 명령하시는가?(2절)

4. 하나님은 왜 이삭을 제사의 제물로 바치라는 비인격적인 명령을 하시는가?(2절)

5. 하나님은 왜 가까운 곳도 있는데 3일 길이나 되는 모리아 산에서 번제로 바치라 하셨는가?(2절)

6. 하나님은 이삭을 바칠 장소도 지정하셨다. 그런데 왜 날짜는 정하여 주시지 않았는가?(3절)

7. 하나님은 왜 중간에 멈추라고 하지 않고 끝에 가서 말씀하시는가?(4절)

8. 하나님은 왜 아브라함이 3일 길을 가는 동안 아무런 말씀을 하시지 않으셨나? 격려라도 할 수 있는 것 아닌가?(5절)

9. 하나님께서는 왜 아브라함에게 헌신할 줄 알았다고 하지 않고 경외하는 줄 알았다고 하셨는가?(12절)

10. 하나님은 아브라함의 헌신 때문이 아니라 말씀에 준행하였으므로 축복하신다고 하셨는데 무슨 뜻인가?(18절)

11. 하나님과 아브라함이 명령과 행위가 아니라 마음이 서로 교통하고 있음을 알 수 있는 부분은 어디인가? 서로 인격적인 관계가 이루어지고 있음을 어떻게 아나?

12. 하나님은 본문에서 아브라함을 세 번 부르신다. 무슨 의미가 있는가?

13. 하나님은 아브라함의 순종은 말씀하고 축복하시면서 왜 이삭의 순종과 축복은 말씀하시지 않는가?(17~18절)

이삭의 아내 리브가의 만남
창 24:1~27

"¹아브라함이 나이가 많아 늙었고 여호와께서 그에게 범사에 복을 주셨더라 ²아브라함이 자기 집 모든 소유를 맡은 늙은 종에게 이르되 청하건대 내 허벅지 밑에 네 손을 넣으라 ³내가 너에게 하늘의 하나님, 땅의 하나님이신 여호와를 가리켜 맹세하게 하노니 너는 내가 거주하는 이 지방 가나안 족속의 딸 중에서 내 아들을 위하여 아내를 택하지 말고 ⁴내 고향 내 족속에게로 가서 내 아들 이삭을 위하여 아내를 택하라 ⁵종이 이르되 여자가 나를 따라 이 땅으로 오려고 하지 아니하거든 내가 주인의 아들을 주인이 나오신 땅으로 인도하여 돌아가리이까 ⁶아브라함이 그에게 이르되 내 아들을 그리로 데리고 돌아가지 아니하도록 하라 ⁷하늘의 하나님 여호와께서 나를 내 아버지의 집과 내 고향 땅에서 떠나게 하시고 내게 말씀하시며 내게 맹세하여 이르시기를 이 땅을 네 씨에게 주리라 하셨으니 그가 그 사자를 너보다 앞서 보내실지라 네가 거기서 내 아들을 위하여 아내를 택할지니라 ⁸만일 여자가 너를 따라 오려고 하지 아니하면 나의 이 맹세가 너와 상관이 없나니 오직 내 아들을 데리고 그리로 가지 말지니라 ⁹그 종이 이에 그의 주인 아브라함의 허벅지 아래에 손을 넣고 이 일에 대하여 그에게 맹세하였더라 ¹⁰이에 종이 그 주인의 낙타 중 열 필을 끌고 떠났는데 곧 그의 주인의 모든 좋은 것을 가지고 떠나 메소보다미아로 가서 나홀의 성에 이르러 ¹¹그 낙타를 성 밖 우물 곁에 꿇렸으니 저녁 때라 여인들이 물을 길으러 나올 때였더라

¹²그가 이르되 우리 주인 아브라함의 하나님 여호와여 원하건대 오늘 나에게 순조롭게 만나게 하사 내 주인 아브라함에게 은혜를 베푸시옵소서 ¹³성 중 사람의 딸들이 물 길으러 나오겠사오니 내가 우물 곁에 서 있다가 ¹⁴한 소녀에게 이르기를 청하건대 너는 물동이를 기울여 나로 마시게 하라 하리니 그의 대답이 마시라 내가 당신의 낙타에게도 마시게 하리라 하면 그는 주께서 주의 종 이삭을 위하여 정하신 자라 이로 말미암아 주께서 내 주인에게 은혜 베푸심을 내가 알겠나이다 ¹⁵말을 마치기도 전에 리브가가 물동이를 어깨에 메고 나오니 그는 아브라함의 동생 나홀의 아내 밀가의 아들 브두엘의 소생이라 ¹⁶그 소녀는 보기에 심히 아리땁고 지금까지 남자가 가까이 하지 아니한 처녀더라 그가 우물로 내려가서 물을 그 물동이에 채워가지고 올라오는지라 ¹⁷종이 마주 달려가서 이르되 청하건대 네 물동이의 물을 내게 조금 마시게 하라 ¹⁸그가 이르되 내 주여 마시소서 하며 급히 그 물동이를 손에 내려 마시게 하고 ¹⁹마시게 하기를 다하고 이르되 당신의 낙타를 위하여서도 물을 길어 그것들도 배불리 마시게 하리이다 하고 ²⁰급히 물동이의 물을 구유에 붓고 다시 길으려고 우물로 달려가서 모든 낙타를 위하여 긷는지라 ²¹그 사람이 그를 묵묵히 주목하며 여호와께서 과연 평탄한 길을 주신 여부를 알고자 하더니 ²²낙타가 마시기를 다하매 그가 반 세겔 무게의 금 코걸이 한 개와 열 세겔 무게의 금 손목고리 한 쌍을 그에게 주며 ²³이르되 네가 누구의 딸이냐 청하건대 내게 말하라 네 아버지의 집에 우리가 유숙할 곳이 있느냐 ²⁴그 여자가 그에게 이르되 나는 밀가가 나홀에게서 낳은 아들 브두엘의 딸이니이다 ²⁵또 이르되 우리에게 짚과 사료가 족하며 유숙할 곳도 있나이다 ²⁶이에 그 사람이 머리를 숙여 여호와께 경배하고 ²⁷이르되 나의 주인 아브라함의 하나님 여호와를 찬송하나이다 나의 주인에게 주의 사랑과 성실을 그치지 아니하셨사오며 여호와께서 길에서 나를 인도하사 내 주인의 동생 집에 이르게 하셨나이다 하니라."

하나님은 어떻게 아브라함의 종이 이삭의 배우자를 만나게 하셨는가?

먼저, 아브라함의 기도가 있었다. 그것은 아들을 위한 아버지의 기도, 권위자의 기도인 것이다(1~9절). 하나님으로부터 권위를 부여받은 한 가정의 부모와 남편은 그 권위 속에 있는 사람들을 축복할 수도 있고, 권위를 잘못 사용하여 애매히 고난을 받게 할 수도 있다. 그러므로 권위자는 하나님이 주신 권위를 잘 사용하는 것이 지혜인 것이다.

대부분 결혼하지 않는 미혼자의 영적 문제는 그 부모의 영적 영향을 받고 있다. 부모가 영적으로 잘못되어 있으면 결혼하지 않는 자녀들은 자신들이 만들지 않는 문제들을 겪게 된다. 권위자를 위해 권위를 잘 사용하도록 기도하는 것은 자신을 위한 기도와 같다.

두 번째는, 종의 기도가 있었다(12절). 이것은 이삭이 아내를 구하는 것은 아니지만 아브라함의 종이 이삭의 아내 될 사람을 대신 만난다는 의미에서 중요한 기도라 하겠다. 종의 기도는 예언적 기도와 같이 하나님은 기도와 같이 역사하여 주시고 있다. 종은 이삭의 아내가 될 사람은 좀더 적극적이고 착하고 지혜로운 성품을 위해 기도하였는데 하나님은 그대로 상황을 이끌어가셨다.

많은 미혼 청년들이 장래에 만날 배우자를 위해 기도하지 않거나 기도를 한다 해도 육신적인 조건을 가지고 기도함으로 잘못된 배우자를 만나는 경우가 많다. 분명 하나님은 미리 배우자를 준비하시고 만나도록 이끄신다.

"그러므로 하나님이 짝지어 주신 것을 사람이 나누지 못할지니라 하시더라"(막 10:9).

그러므로 자신이 바라는 배우자를 만나기 위해 하나님이 만나게 해주실 것을 믿고 기도해야 하고, 육신의 욕심으로 배우자를 구하는 것이 아니라 인생을 살아가는 데 관계와 소통을 통하여 가정과 배우자를 통한 행복을 구해야 하고, 자신도 상대 배우자를 만날 만한 사람으로서 준비하는 것이 필요하다. 그렇게 영적인 자세로 배우자를 위해 기도한다면 영적인 감각이 있는 사람은 하나님이 배우자를 만나게 하실 때 영적으로 바로 알 수 있는 것이다.

하나님은 아브라함의 종이 이삭의 배우자를 분명하게 알 수 있도록 상황과 사람과 때를 맞추어 이끄시고 있다. 그리고 그 후의 일들이 막힘없이 순조롭게 진행되게 하신다. 하나님이 이끄시는 상황들은 자연스럽게 진행된다.

1. 하나님은 어떻게 아브라함의 종이 이삭의 배우자를 만나게 하셨는가?

2. 오늘날 미혼 크리스천 청년은 어떻게 해야 배우자를 만날 수 있을까?(과정을 설명해 보자)

야곱과 에서
창 25:19~34

"¹⁹아브라함의 아들 이삭의 족보는 이러하니라 아브라함이 이삭을 낳았고 ²⁰이삭은 사십 세에 리브가를 맞이하여 아내를 삼았으니 리브가는 밧단 아람의 아람 족속 중 브두엘의 딸이요 아람 족속 중 라반의 누이였더라 ²¹이삭이 그의 아내가 임신하지 못하므로 그를 위하여 여호와께 간구하매 여호와께서 그의 간구를 들으셨으므로 그의 아내 리브가가 임신하였더니 ²²그 아들들이 그의 태 속에서 서로 싸우는지라 그가 이르되 이럴 경우에는 내가 어찌할꼬 하고 가서 여호와께 묻자온대 ²³여호와께서 그에게 이르시되 두 국민이 네 태중에 있구나 두 민족이 네 복중에서부터 나누이리라 이 족속이 저 족속보다 강하겠고 큰 자가 어린 자를 섬기리라 하셨더라 ²⁴그 해산 기한이 찬즉 태에 쌍둥이가 있었는데 ²⁵먼저 나온 자는 붉고 전신이 털옷 같아서 이름을 에서라 하였고 ²⁶후에 나온 아우는 손으로 에서의 발꿈치를 잡았으므로 그 이름을 야곱이라 하였으며 리브가가 그들을 낳을 때에 이삭이 육십 세였더라 ²⁷그 아이들이 장성하매 에서는 익숙한 사냥꾼이었으므로 들사람이 되고 야곱은 조용한 사람이었으므로 장막에 거주하니 ²⁸이삭은 에서가 사냥한 고기를 좋아하므로 그를 사랑하고 리브가는 야곱을 사랑하였더라 ²⁹야곱이 죽을 쑤었더니 에서가 들에서 돌아와서 심히 피곤하여 ³⁰야곱에게 이르되 내가 피곤하니 그 붉은 것을 내가 먹게 하라 한지라 그러므로 에서의 별명은 에돔이더라 ³¹야곱이 이르되 형의 장자의 명분을 오늘 내게 팔라 ³²에서가 이

르되 내가 죽게 되었으니 이 장자의 명분이 내게 무엇이 유익하리요 ³³야곱이 이르되 오늘 내게 맹세하라 에서가 맹세하고 장자의 명분을 야곱에게 판지라 ³⁴야곱이 떡과 팥죽을 에서에게 주매 에서가 먹으며 마시고 일어나 갔으니 에서가 장자의 명분을 가볍게 여김이었더라."

하나님은 이삭이 임신하지 못하는 아내를 위해 기도하고 응답하시는 것으로 무엇을 말씀하고 싶으신 것일까?

먼저, 권위자의 기도가 얼마나 능력 있는 것인가를 알려 주신다. 그러므로 하나님으로부터 권위를 부여받은 부모와 남편은 가정의 축복을 위해 얼마나 많이 기도해야 하는지를 가르쳐 주신다.

두 번째로, 남편은 아내를 고칠 수 있음을 알려 주신다. 이삭은 임신하지 못하는 아내를 기도하여 줌으로 리브가가 쌍둥이를 임신하였다. 이것은 아내를 축복하는 것은 남편임을 알게 해주시는 것이다. 아내를 축복하지 않는 남편은 아내를 미워하는 것과 같다. 아내를 위한 축복기도는 남편 된 자의 의무이며 권리이며 자신을 위한 것이 되는 것이다.

세 번째는, 하나님께 기도하면 부부간의 문제는 어떤 문제든 풀 수 있다는 것을 알려 주신다. 이삭의 가정에 자녀가 없다는 것은 중요하고도 심각한 문제이다. 그러나 이삭이 기도함으로 하나님은 사람이 절대 해결할 수 없는 것도 해결하여 주신다. 그러므로 가정의 문제가 계속 문제로 남는 것은 가정을 이루는 부부가 하나님의 도우심이 오도록 전심으로 믿음의 기도를 하지 않기 때문이라 하겠다.

네 번째는 생명은 하나님의 주권이라는 것을 알려 주신다. 이삭이 자녀를 얻기 위해 기도하였다는 것은, 자녀의 생명은 인간의 노력과 열심으로는 안 된다는 것을 알려 주시는 것이다. 인간의 생명은 하나님으로부터 와서 하나님으로 돌아가는 하나님의 소유인 것이다. 그러므로 자녀의 생명을 주신 하나님께 감사하고 생명을 주신 하나님의 뜻을 알아야 할 것이다.

23절에서 나타난 하나님은 어떤 하나님인가?

이미 태중에서 그 사람의 모든 것을 아시는 하나님이시며 모든 것을 계획하신 하나님이신 것을 알 수 있다. 그 누구도 어쩌다 이 세상에 태어나거나 의미 없이 살아가는 인생은 없다. 왜냐하면 그 생명은 하나님의 높은 뜻과 계획 속에서 이 세상에 보내지는 것이기 때문이다. 그러므로 자신을 너무 낮추거나 되는대로 사는 것은 생명을 주신 하나님의 뜻에 대항하는 것과 같다.

하나님의 높으신 뜻 가운데 이 땅에 보내심을 받은 생명이라도 아무 것도 안 해도 저절로 하나님의 뜻대로 될 수 있는 것은 아니다. 하나님의 뜻을 알기를 힘쓰고 하나님의 뜻이 이루기를 최선을 다하는 태도는 하나님의 뜻을 이루게 하는 본인의 몫이다. 이것이 없이는 이루어지지 않는다.

하나님은 이삭의 기도에 왜 바로 응답하시지 않고 더디게 응답하셨는가?

이삭은 40세에 결혼하여 60세에 자녀를 보았다. 쌍둥이 아들을 보기까지는 많은 시간이 흘러간 것이다.

하나님이 이삭의 기도에 더디게 응답하신 것은 이삭이 그만큼 믿음의 인내가 있는 것을 아셨기 때문이다. 두 번째는, 믿음의 인내를 가진 것만큼 하나님이 영광을 받으시기 때문이다. 세 번째는, 기도가 실상이 되기까지 믿음의 분량이 차야 하기 때문이다. 이삭의 아버지인 아브라함은 이삭을 얻기까지 25년이 걸렸다. 이것은 믿음으로 기적적으로 아들을 얻은 것으로, 기적을 볼 수 있는 믿음의 양은 다른 어떤 것보다도 많은 양의 믿음을 필요로 한다. 그러므로 이삭이 쌍둥이 아들을 얻을 수 있는 믿음의 양이 그렇게 오랜 시간을 가지게 한 것이다.

하나님은 에서의 문제가 무엇이라고 생각하시는가?

에서는 32절에서 "죽게 되었으니"라고 하며 과장된 모습을 보여주고 있다. 이것이 그의 잘못된 태도였다. 성경은 34절에서 "에서가 장자의 명분을 가볍게 여김이었더라"고 했다. 하나님이 주신 장자의 축복이 눈에 보이지 않는다고 우습게 여김으로 결국 하나님의 축복을 놓치게 된 것이다. 에서는 32절에서 "내게 무엇이 유익하리요"라고 말을 한다. 이것은 장자의 직분이 팥죽 한 그릇보다 못하며 무익하다고 말을 하는 것이다. 이것이 얼마나 위험한 생각인가!

에서는 '팥죽'이라는 눈에 보이는 것에 유혹되고, 먹는 것에 유혹되었다. 이것은 하와가 선악과를 보며 따먹음으로 불행을 스스로 불러들인 것과 같은 모습이다. 이것과 유사하게 오늘날 그리스도인은 먹는 것에 유혹받고 범죄하고 그로 인해 육체를 망가뜨린다.

29절을 보면 "심히 피곤하여"라고 말씀하고 있다. 이 구절을 볼 때 에서는 피곤하게 일을 하여 판단이 흐려지고 자신의 축복을 놓치는 원인이 되었음을 알 수 있다. 에서는 모든 것의 초점이 자신에게 맞춰져 있었다. 30절에서 "내가", 32절에서도 "내가(두 번)"라고 했다. 짧은 구절 속에서 '나'를 세 번이나 강조한 것이다. 하나님을 의식하거나 최소한 아버지 이삭을 의식하지 않는 자기중심의 사고를 가진 자라 할 수 있다. 이것이 에서에게 비극을 만든다. 또한 에서는 말의 능력을 우습게 알았다. 그러기에 33절에서 에서는 '맹세'하고 장자의 명분을 야곱에게 팔았다.

"죽고 사는 것이 혀의 힘에 달렸나니 혀를 쓰기 좋아하는 자는 혀의 열매를 먹으리라"(잠 18:21).

하나님은 인간이 가진 언어의 능력은 하나님으로부터 부여받아서 소리로서의 언어가 아니라 실체를 가져오는 언어임을 강조하고 계신다. 성경에서도 말 한마디에 살고 죽은 자가 얼마나 많은가!

하나님이 야곱을 좋아하신다면 무엇 때문인가?

야곱은 장자의 명분에 대한, 눈에 보이지 않는 영적인 것에 대한 욕심을 가지고 있었다.

야곱은 장자의 명분이라는 영적인 것을 중요하게 여겼다.

야곱은 자신에게 오는 영적인 기회를 놓치지 않았다. 곧 장자의 명분이라는 영적 축복을 늘 생각하였다는 것이다. 야곱이 에서에게 팥죽을 주는 그날만 생각하지는 않을 것이다.

또한 야곱은 하나님이 주신 말의 능력을 믿었다. 야곱은 33절에서 에서에게 '맹세'하게 한다. 그것은 야곱이 하나님이 주신 말의 능력을 믿고 있었기 때문이다.

1. 하나님은 이삭이 임신하지 못하는 아내를 위해 기도하고 응답하시는 것으로 무엇을 말씀하고 싶으신 것일까?(21절)

2. 23절에서 나타난 하나님은 어떤 하나님인가?

3. 하나님은 이삭의 기도에 왜 바로 응답하지 않으시고 더디게 응답하셨는가?(26절)

4. 하나님은 에서의 문제가 무엇이라고 생각하시는가?(32~34절)

5. 하나님이 야곱을 좋아하신다면 무엇 때문인가?(32~34절)

이삭의 축복
창 26:1~22

¹아브라함 때에 첫 흉년이 들었더니 그 땅에 또 흉년이 들매 이삭이 그랄로 가서 블레셋 왕 아비멜렉에게 이르렀더니 ²여호와께서 이삭에게 나타나 이르시되 애굽으로 내려가지 말고 내가 네게 지시하는 땅에 거주하라 ³이 땅에 거류하면 내가 너와 함께 있어 네게 복을 주고 내가 이 모든 땅을 너와 네 자손에게 주리라 내가 네 아버지 아브라함에게 맹세한 것을 이루어 ⁴네 자손을 하늘의 별과 같이 번성하게 하며 이 모든 땅을 네 자손에게 주리니 네 자손으로 말미암아 천하 만민이 복을 받으리라 ⁵이는 아브라함이 내 말을 순종하고 내 명령과 내 계명과 내 율례와 내 법도를 지켰음이라 하시니라 ⁶이삭이 그랄에 거주하였더니 ⁷그곳 사람들이 그의 아내에 대하여 물으매 그가 말하기를 그는 내 누이라 하였으니 리브가는 보기에 아리따우므로 그곳 백성이 리브가로 말미암아 자기를 죽일까 하여 그는 내 아내라 하기를 두려워함이었더라 ⁸이삭이 거기 오래 거주하였더니 이삭이 그 아내 리브가를 껴안은 것을 블레셋 왕 아비멜렉이 창으로 내다본지라 ⁹이에 아비멜렉이 이삭을 불러 이르되 그가 분명히 네 아내거늘 어찌 네 누이라 하였느냐 이삭이 그에게 대답하되 내 생각에 그로 말미암아 내가 죽게 될까 두려워하였음이로라 ¹⁰아비멜렉이 이르되 네가 어찌 우리에게 이렇게 행하였느냐 백성 중 하나가 네 아내와 동침할 뻔하였도다 네가 죄를 우리에게 입혔으리라 ¹¹아비멜렉이 이에 모든 백성에게 명하여 이르되 이 사람이나 그의 아내를 범하는 자는 죽이리라

하였더라 ¹²이삭이 그 땅에서 농사하여 그 해에 백 배나 얻었고 여호와께서 복을 주시므로 ¹³그 사람이 창대하고 왕성하여 마침내 거부가 되어 ¹⁴양과 소가 떼를 이루고 종이 심히 많으므로 블레셋 사람이 그를 시기하여 ¹⁵그 아버지 아브라함 때에 그 아버지의 종들이 판 모든 우물을 막고 흙으로 메웠더라 ¹⁶아비멜렉이 이삭에게 이르되 네가 우리보다 크게 강성한즉 우리를 떠나라 ¹⁷이삭이 그곳을 떠나 그랄 골짜기에 장막을 치고 거기 거류하며 ¹⁸그 아버지 아브라함 때에 팠던 우물들을 다시 팠으니 이는 아브라함이 죽은 후에 블레셋 사람이 그 우물들을 메웠음이라 이삭이 그 우물들의 이름을 그의 아버지가 부르던 이름으로 불렀더라 ¹⁹이삭의 종들이 골짜기를 파서 샘 근원을 얻었더니 ²⁰그랄 목자들이 이삭의 목자와 다투어 이르되 이 물은 우리의 것이라 하매 이삭이 그 다툼으로 말미암아 그 우물 이름을 에섹이라 하였으며 ²¹또 다른 우물을 팠더니 그들이 또 다투므로 그 이름을 싯나라 하였으며 ²²이삭이 거기서 옮겨 다른 우물을 팠더니 그들이 다투지 아니하였으므로 그 이름을 르호봇이라 하여 이르되 이제는 여호와께서 우리를 위하여 넓게 하셨으니 이 땅에서 우리가 번성하리로다 하였더라."

하나님은 왜 흉년이 든 가나안 땅에서 말씀하시지 않고 그랄에서 이삭에게 나타났는가?

하나님의 타이밍 때문이다. 하나님은 이삭이 가나안에서 그랄을 거쳐 애굽으로 갈 것이기에 미리 말씀하셨다. 그래서 이삭에게 위로와 힘을 주시고 다시 한 번 신앙의 확신을 주시기 위해서 나타나셨다.

그리고 하나님은 이삭이 무엇인가 생각과 신앙이 정리되고 확신을 가지지 못하고 있었기 때문에 하나님이 분명하게 선을 그어주시기 위해 그렇게 하신 것이다.

이삭은 가나안에서 믿음으로 흉년을 견디고 있었기에 굳이 말씀하실 이유가 없었으니 그랄에서 말씀하신 것이다. 이삭이 가나안에 있어야 할 시간이 지났기 때문에 가나안 땅에서 말씀하지 않으셨다. 하나님이 지시하는 땅에 있기에 말씀하신 것이다.

아브라함이 애굽으로 내려갈 때는 말씀하지 않았던 하나님이 왜 이삭에게는 애굽으로 내려가지 말라고 하셨을까?

이삭의 마음과 행동이 애굽으로 내려가고 있었기 때문에 말씀하신 것이다. 그리고 어쩌면 하나님은 아브라함에게 애굽으로 내려가지 말라고 말씀하시지 않으셔서 아브라함이 애굽으로 내려갔기에, 이삭도 하나님이 말씀하시지 않으면 애굽으로 내려갈 것 같기에 말씀하신 것이다. 곧 하나님은 애굽의 우상숭배와 아버지 아브라함과 같이 애굽에서의 불행을 경험할 수 있기에 말씀하신 것이다. 하나님은 먹고사는 것보다 더 중요한 신앙과 하나님의 약속이 있기 때문에 말씀하신 것이다. 마지막으로 아브라함이 애굽에 내려갈 때보다도 더 위험하고 잘못될 수 있기에 말씀하신 것이다.

하나님은 왜 그랄에서 축복하시는 것일까? 축복의 근거는 무엇인가? 왜 하나님은 이 말씀을 하신 것일까?

그것은 아버지 아브라함이 하나님께 순종하였기 때문이다(5절). 두 번째는, 아브라함과의 약속 때문이다(22:16~18). 세 번째는 영적 유산의 중요성을 알려 주시기 위해서이다.

하나님이 보시기에 그랄은 어떤 의미가 있나?

그랄은 순종과 불순종의 경계선이란 의미가 있다. 그랄은 지형적으로 가나안과 애굽으로 가는 경계선에 있다. 그랄은 하나님의 온전한 뜻에 있는 것이 아니라 허락하신 뜻에 있는 것을 의미한다. 이삭은 그랄에서 축복도 받지만 아내를 잃은 뻔한 사건과 시기와 질투, 우물을 빼앗기는 사건도 있었던 위험한 지역이었다. 그러므로 하나님의 허락하심은 불안한 상태를 말한다. 그랄은 아버지의 잘못된 인생 유전을 경험하는 장소인 것이다.

하나님은 왜 이삭이 아내에 대해 거짓말한 것을 블레셋 왕 아비멜렉에게 들키게 하셨나? 무엇 때문에 들켰는가?
하나님의 사람이 행한 것은 잘한 것이든 못한 것이든 사람과 하나님 앞에서 드러내게 하신다(9절).

"기록되었으되 주께서 이르시되 내가 살았노니 모든 무릎이 내게 꿇을 것이요 모든 혀가 하나님께 자백하리라 하였느니라"(롬 14:11).

두 번째는, 거짓말이 다른 사람으로 하여금 간접적으로 범죄를 짓게 하는 것이라고 아비멜렉을 통해 가르쳐 주시기 위해서다(10절). 세 번째는, 하나님의 사람의 죄는 다른 사람에게 피해를 준다는 것이다.

"네가 죄를 우리에게 입혔으리라"(10절).

네 번째는, 하나님은 이삭과 아내를 지켜 주시기 위해 그렇게 하셨다(11절). 다섯 번째는, 무엇이든 오래되면 문제가 된다. 이삭은 그랄에서 오래 머물면서 문제가 생긴 것이다.

"거기 오래 거주하였더니"(8절).

하나님은 왜 이삭이 아내에 대해 거짓말한 사건을 기록하였을까?
가계에 흐르는 인생 유전의 무서움을 다시금 알려 주시는 것이다. 이삭의 이 사건은 아버지 아브라함에게서 일어난 사건과 유사하다

(12:10~20, 20:1~2). 하나님 앞에 확실히 영적으로 처리하지 않은 행위가 자식 된 이삭에게도 그대로 재현되고 있음을 보여주신다. 모든 그리스도인들이 자신이 행한 것들이 하나님 앞에서 정확하게 처리되지 않으면 훗날 자녀에게서 그대로 재현된다는 것을 알려 주신다. 시간이 흘러, 보는 사람 없다고 해서 잘못된 행위가 사라진 것이 아니라, 육체적 유전처럼 인생유전이 되어 다시금 나타난다. 그러므로 모든 그리스도인들은 하나님 앞에서 거리낌이 없는 인생으로 살며, 보혈을 의지하여 하나님 앞에서 가린 것이 없는 투명한 삶을 살아야 한다.

두 번째는, 안 좋은 것은 끊어야 한다는 것을 교훈하시는 것이다. 아브라함이 자신의 잘못된 행위를 하나님 앞에서 철저히 회개하고 자녀에게서 나타나지 않도록 끊어 달라고 하였다면 이삭에게서 같은 사건이 일어났을까?

하나님은 왜 이삭에게 그랄에서 100배의 축복을 주신 것일까? 어떻게 100배의 축복이 왔는가?

여기서 100배라는 것은 그 당시 평균적으로 얻는 수확에 실제적으로 100배를 거둔 것을 의미한다. 하나님은 이삭이 있는 땅을 먼저 축복하셨다. 원래는 농사가 안 되는 땅이었으나 하나님이 100배의 결실이 오도록 땅을 축복하셨음을 의미한다. 그리고 이삭의 손으로 수고한 것에 대한 축복을 주시고 환경(바람, 비, 햇빛)의 축복을 주셨다.

하나님은 이삭이 하나님이 말씀하신 대로 애굽에 내려가지 않은 것에 대한 순종에 축복하신 것이다. 그것은 또한 아버지 아브라함의 영적 유산 때문에 축복하신 것이다.

하나님은 왜 그랄 골짜기로 쫓겨가는 것을 허락하셨나?

그것은 더 나은 르호봇이 있기 때문이다. 그러므로 그리스도인이 잠시 억울함과 손해를 본다고 슬퍼하거나 분노하지 말아야 한다. 그것들을 하나님이 허락하셨다면 더 좋은 것을 나중에 주시기에 허락된 일이라고 믿음의 생각을 해야 한다. 하나님은 그것이 이삭을 위한 것이라고 생각하셨기에 허락하신 것이다. 하나님은 모든 것을 그리스도인을 위하여, 그리스도인을 주인공으로 여기시고 삶을 이끄신다.

하나님은 왜 이삭이 판 우물을 빼앗기게 하셨는가?
하나님은 르호봇이라는 더 나은 곳으로 가게 하시기 위해서이다. 그랄 골짜기 사람들과 결국은 다툼을 멈추게 할 수 있는 과정이기에 허락하신 것이다. 나중에 르호봇에서 다툼이 사라지게 된다.

그러므로 그리스도인의 삶에서 안 좋은 일이 반복되는 것이 항상 나쁜 것만이 아니라 나중에 더 좋은 결과를 가져오는 과정이 될 수 있음을 이삭을 통해 말씀하신다.

하나님은 어떻게 하여 이삭에게 넓은 장소를 주셨는가?
억울하지만 이삭이 옮겨가는 것으로 양보하고, 참고, 기다리며, 더 좋은 것을 기대하는 모습에서 허락하신 것이다. 하나님은 이삭이 손해 보게 하심으로 그것만큼 좋은 것을 주셨다.

그리스도인의 삶은 손해 보지 않고 항상 이익을 보는 것만이 축복은 아니다. 하나님은 손해를 보게 하시며, 그로 인해 더 좋은 축복을 예비하시고 있음을 알아야 한다.

하나님은 왜 르호봇을 얻었을 때는 다투지 않게 하셨을까?
하나님은 먼저 그랄 사람들에게 양심의 찔림을 주시거나, 다투는 것에 지치게 하시거나, 바쁘게 하거나 해서 포기하게 하셨다. 그리스도인은 문제가 있으면 자신이 더 빨리 처리하여 해결을 보려고 하지만 그것이 오히려 문제를 더 크게 만들 때가 있다. 그리스도인은 하나님이 문제가 사라지도록 외부적 환경이 만들어질 때까지 참고 견디고 기다리게 함으로 해결해 주시는 하나님의 방법도 있다는 것을 알아야 한다.

또한 이삭이 하나님이 '이런 상황에서도 애굽에 가지 않고 여기에 있을래?'라는 하나님의 시험에 당당히 합격하였기에 하나님은 다툼이 사라지게 하신 것이다. 에섹과 싯나 거기까지 하나님이 다툼을 허락하셨기에 더 이상의 다툼을 허락하지 않으신 것이다.

하나님이 이삭에게 넓은 장소를 주신 것으로 하나님의 어떤 모습을 알 수 있나?

먼저, 하나님은 하나님의 사람을 절대 손해나게 하시지 않는다. 두 번째는, 하나님의 사람이 결국 잘되는 것이 하나님의 마음이다. 세 번째는, 하나님이 돕는 사람과 일은 어떤 사람도 막을 수 없다는 것을 알려 주시는 것이다.

본문에서 이삭이 하나님과 마음이 통하였다는 것을 어떻게 알 수 있나?

먼저 22절에 "여호와께서 우리를 위하여"라는 이삭의 고백을 통해 이삭은 르호봇을 주시기 위해 이끌어 주신 하나님의 마음을 알았다. 우물을 빼앗긴 것도, 다툼이 있었던 것도 다 하나님이 자신을 위하여 그렇게 하셨다는 것을 말하고 있는 것이다. 4절에서 하나님이 하신 말씀 "번성하게 하며"와 22절 이삭이 믿음으로 말한 "번성하리로다"는 이삭이 하나님과 마음과 같았다는 것을 의미한다. 이삭은 상황과 상관없이 하나님의 약속을 그대로 믿고 생각하고 말하고 행동하고 있는 것이다.

나눔 질문

1. 하나님은 왜 흉년이 든 가나안 땅에서 말씀하시지 않고 그랄에서 이삭에게 나타났는가?(1~2절)

2. 아브라함이 애굽으로 내려갈 때는 말씀하시지 않았던 하나님이 왜 이삭에게는 애굽으로 내려가지 말라고 하셨을까?(2절)

3. 하나님은 왜 그랄에서 축복하시는 것일까? 축복의 근거가 무엇인가? 왜 하나님은 이 말씀을 하신 것일까?(3절)

4. 하나님이 보시기에 그랄은 어떤 의미가 있나?

5. 하나님은 왜 이삭이 아내에 대해 거짓말한 것을 블레셋 왕 아비멜렉에게 들키게 했나? 무엇 때문에 들켰는가?(8~9절)

6. 하나님은 왜 이삭이 아내에 대해 거짓말한 사건을 기록하였을까?(7절)

7. 하나님은 왜 이삭에게 그랄에서 100배의 축복을 주신 것일까? 어떻게 100배의 축복이 왔는가?(12절)

8. 하나님은 왜 그랄 골짜기로 쫓겨 가는 것을 허락하셨나?(16~17절)

9. 하나님은 왜 이삭이 판 우물을 빼앗기게 하셨는가?(18~21절)

10. 하나님은 어떻게 하여 이삭에게 넓은 장소를 주셨는가?(22절)

11. 하나님은 왜 르호봇을 얻었을 때는 다투지 않게 하셨을까?(22절)

12. 하나님이 이삭에게 넓은 장소를 주신 것으로 하나님의 어떤 모습을 알 수 있나?(22절)

13. 본문에서 이삭이 하나님과 마음이 통하였다는 것을 어떻게 알 수 있나?

야곱의 속임수
창 27:1~45

"¹이삭이 나이가 많아 눈이 어두워 잘 보지 못하더니 맏아들 에서를 불러 이르되 내 아들아 하매 그가 이르되 내가 여기 있나이다 하니 ²이삭이 이르되 내가 이제 늙어 어느 날 죽을는지 알지 못하니 ³그런즉 네 기구 곧 화살통과 활을 가지고 들에 가서 나를 위하여 사냥하여 ⁴내가 즐기는 별미를 만들어 내게로 가져와서 먹게 하여 내가 죽기 전에 내 마음껏 네게 축복하게 하라 ⁵이삭이 그의 아들 에서에게 말할 때에 리브가가 들었더니 에서가 사냥하여 오려고 들로 나가매 ⁶리브가가 그의 아들 야곱에게 말하여 이르되 네 아버지가 네 형 에서에게 말씀하시는 것을 내가 들으니 이르시기를 ⁷나를 위하여 사냥하여 가져다가 별미를 만들어 내가 먹게 하여 죽기 전에 여호와 앞에서 네게 축복하게 하라 하셨으니 ⁸그런즉 내 아들아 내 말을 따라 내가 네게 명하는 대로 ⁹염소 떼에 가서 거기서 좋은 염소 새끼 두 마리를 내게로 가져오면 내가 그것으로 네 아버지를 위하여 그가 즐기시는 별미를 만들리니 ¹⁰네가 그것을 네 아버지께 가져다 드려서 그가 죽기 전에 네게 축복하기 위하여 잡수시게 하라 ¹¹야곱이 그 어머니 리브가에게 이르되 내 형 에서는 털이 많은 사람이요 나는 매끈매끈한 사람인즉 ¹²아버지께서 나를 만지실진대 내가 아버지의 눈에 속이는 자로 보일지라 복은 고사하고 저주를 받을까 하나이다 ¹³어머니가 그에게 이르되 내 아들아 너의 저주는 내게로 돌리리니 내 말만 따르고 가서 가져오라 ¹⁴그가 가서 끌어다가 어머니에게로 가져왔더니 그

의 어머니가 그의 아버지가 즐기는 별미를 만들었더라 [15]리브가가 집 안 자기에게 있는 그의 맏아들 에서의 좋은 의복을 가져다가 그의 작은 아들 야곱에게 입히고 [16]또 염소 새끼의 가죽을 그의 손과 목의 매끈매끈한 곳에 입히고 [17]자기가 만든 별미와 떡을 자기 아들 야곱의 손에 주니 [18]야곱이 아버지에게 나아가서 내 아버지여 하고 부르니 이르되 내가 여기 있노라 내 아들아 네가 누구냐 [19]야곱이 아버지에게 대답하되 나는 아버지의 맏아들 에서로소이다 아버지께서 내게 명하신 대로 내가 하였사오니 원하건대 일어나 앉아서 내가 사냥한 고기를 잡수시고 아버지 마음껏 내게 축복하소서 [20]이삭이 그의 아들에게 이르되 내 아들아 네가 어떻게 이같이 속히 잡았느냐 그가 이르되 아버지의 하나님 여호와께서 나로 순조롭게 만나게 하셨음이니이다 [21]이삭이 야곱에게 이르되 내 아들아 가까이 오라 네가 과연 내 아들 에서인지 아닌지 내가 너를 만져보려 하노라 [22]야곱이 그 아버지 이삭에게 가까이 가니 이삭이 만지며 이르되 음성은 야곱의 음성이나 손은 에서의 손이로다 하며 [23]그의 손이 형 에서의 손과 같이 털이 있으므로 분별하지 못하고 축복하였더라 [24]이삭이 이르되 네가 참 내 아들 에서냐 그가 대답하되 그러하니이다 [25]이삭이 이르되 내게로 가져오라 내 아들이 사냥한 고기를 먹고 내 마음껏 네게 축복하리라 야곱이 그에게로 가져가매 그가 먹고 또 포도주를 가져가매 그가 마시고 [26]그의 아버지 이삭이 그에게 이르되 내 아들아 가까이 와서 내게 입맞추라 [27]그가 가까이 가서 그에게 입맞추니 아버지가 그의 옷의 향취를 맡고 그에게 축복하여 이르되 내 아들의 향취는 여호와께서 복 주신 밭의 향취로다 [28]하나님은 하늘의 이슬과 땅의 기름짐이며 풍성한 곡식과 포도주를 네게 주시기를 원하노라 [29]만민이 너를 섬기고 열국이 네게 굴복하리니 네가 형제들의 주가 되고 네 어머니의 아들들이 네게 굴복하며 너를 저주하는 자는 저주를 받고 너를 축복하는 자는 복을 받기를 원하노라 [30]이삭이 야곱에게 축복하기를 마치매 야곱이 그의 아버지 이삭 앞에서 나가자 곧 그의 형 에서가 사냥하여 돌아온지라 [31]그가 별미를 만들어 아버지에게로 가지고 가서 이르되 아버지여 일어나서 아들이 사냥한 고기를 잡수시고 마음껏 내게 축복하소서 [32]그의 아버지 이삭이 그에게 이르되 너는 누구냐 그가 대답하되 나는 아버지의 아들 곧 아버지의 맏아들 에서로소이다 [33]이삭이 심히 크게 떨며 이르되 그러면 사냥한 고기를 내게 가져온 자가 누구냐 네가 오기 전에 내가 다 먹고 그를 위하여 축복하였은즉 그가 반드시 복을 받을 것이니라 [34]에서가 그의 아버지의 말을 듣고 소리 내어 울며 아버지에게 이르되 내 아버지여 내게 축복하소서 내게도 그리하소서 [35]이삭이 이르되 네 아우가 와서 속여 네 복을 빼앗았도다 [36]에서가 이르되 그의 이름을 야곱이라 함이 합당하지 아니하니이까 그가 나를 속임이 이것이 두 번째니이다 전에는 나의 장자의 명분을 빼앗고 이제는 내 복을 빼앗았나이다 또 이르되 아버지께서 나를 위하여 빌 복을 남기지 아니하셨나이까 [37]이삭이 에서에게 대답하여 이르되 내가 그를 너의 주로 세우고 그의 모든 형제를 내가 그에게 종으로 주었으며 곡식과 포도주를 그에게 주었으니 내 아들아 내가 네게 무엇을 할 수 있으랴 [38]에서가 아버지에게 이르되 내 아버지여 아버지가 빌 복이 이 하나뿐이리이까 내 아버지여 내게 축복하소서 내게도 그리하소서 하고 소리를 높여 우니 [39]그 아버지 이삭이 그에게 대답하여 이르되 네 주소는 땅의 기름짐에서 멀고 내리는 하늘 이슬에서 멀 것이며 [40]너는 칼을 믿고 생활하겠고 네 아우를 섬길 것이며 네가 매임을 벗을 때에는 그 멍에를 네 목에서 떨쳐버리리라 하였더라 [41]그의 아버지가 야곱에게 축복한 그 축복으로 말미암아 에서가 야곱을 미워하여 심중에 이르기를 아버지를 곡할 때가 가까웠은즉 내가 내 아우 야곱을 죽이리라 하였더니 [42]맏아들 에서의 이 말이 리브가에게 들리매 이에 사람을 보내어 작은 아들 야곱을 불러 그에게 이르되 네 형 에서가 너를 죽여 그 한을 풀려 하니 [43]내 아들아 내 말을 따라 일어나 하란으로 가서 내 오라버니 라반에게로 피신하여 ⁴⁴네 형의 노가 풀리기까지 몇 날 동안 그와 함께 거주하라 ⁴⁵ 네 형의 분노가 풀려 네가 자기에게 행한 것을 잊어버리거든 내가 곧 사람을 보내어 너를 거기서 불러오리라 어찌 하루에 너희 둘을 잃으랴"

하나님은 이 가정의 문제를 무엇으로 보고 말씀하시는 것일까?

먼저, 부모의 취향이 자녀를 편애하게 된다. 이삭은 사냥하는 에서가 가져온 음식에 기쁨을 가지고 있었고, 리브가는 부엌에서 리브가를 도와 음식 만드는 야곱을 사랑하여 공평하지 못한 자녀 사랑이 있었다. 그것이 드디어는 이삭은 같은 자리에서 야곱과 함께 에서를 축복하는 것이 아니라 에서만 따로 불러 사냥한 음식을 먹고 축복하려는 모습에까지 이르렀고, 리브가는 야곱이 에서보다 더 축복되게 하기 위하여 야곱에게 에서의 축복을 빼앗게 한다.

두 번째는, 아버지 이삭이 나이가 많고 눈이 어두운 것이 문제가 된다. 한 가정의 권위자의 연약함이 가정의 문제를 일으킨다. 한 가정의 권위자인 남편이며 아버지는 늘 모든 면에서 건강한 것이 필요하다. 그리고 나이가 많고 눈이 어둡다는 것은 분별력의 문제이다. 권위자가 분별력이 떨어지면 문제를 일으킨다. 분별력이 사라질 때 가정의 질서는 위험스러워진다. 그러므로 권위자의 분별력을 위해서 권위에 속한 자들은 기도를 해야 할 것이다.

세 번째는, 리브가는 부모로서 아들 야곱에게 잘못된 것을 가르치고 보여주고 있는 것이다. 거짓말을 하게 하고 야곱을 축복 받게 하기 위해 에서가 사냥해서 가져온 것처럼 하여 별미를 만드는 거짓된 행동을 야곱 앞에서 보여주었다. 자녀가 잘못된 모습을 보일 때 교육해야 할 부모가 스스로 자녀 앞에서 잘못된 모습을 보이고 있는 것이다. 부모로서 자녀 앞에서 잘못을 저지르는 것은 자녀를 망하게 하는 비결이며 더 나아가서 잘못된 행동을 하도록 하는 것은 부모로서 자격이 없고 하나님 앞에서 징계를 받을 일이다.

네 번째는, 야곱이나 에서가 복에 대한 집착으로 인하여 부모자식 관계와 형제간의 관계를 위기로 몰아가는 것이다. 자신들의 복을 가족 간의 축복된 관계보다 더 중요하게 여김으로 인하여 관계가 깨지는 것을 보는 것이다. 자신의 복보다 더 중요한 것은 사랑하는 사람과의 친밀한 관계이다. 이것을 이삭의 가정은 놓치고 있는 것이다.

다섯 번째는, 형과 아우의 질서를 깨뜨리는 것이 문제인 것이다. 형이 아무리 장자의 명분을 팔았다고 해도 분명히 형의 몫이 있는 것인데, 야곱이 그것마저도 자신의 것으로 취하려는 이기적인 태도를 보임으로 더 중요한 형제 관계를 깨뜨리고 있다.

여섯 번째는, 야곱이 거짓말과 거짓된 행동으로 거침없이 아버지 이삭을 속이고 있다는 것이다. 어떤 식으로든 거짓말과 행동은 문제를 일으킨다. 좀더 솔직하고 정직해야 하는 것이 뒤탈이 없는 관계를 만들고 더 좋은 관계를 갖게 한다.

일곱 번째는, 이 가정에 누구도 자신에게 잘못이 있음을 말하지 않는다. 이삭은 분명하게 같은 자리에서 야곱도 축복해야 할 것인데 장남을 편애하는 잘못을 범하고 있고, 자신의 분별력의 문제가 상황을 악화시킨 것으로 여기지 않고 야곱에게 모든 책임을 지게 한다. 리브가는 야곱을 편애하여 야곱에게 잘못 가르쳐 준 것을 인정하지 않고, 에서는 장자의 명분을 동생에게 팔아 더 이상 이론상으로는 장자가 아님을 알 텐데 그것을 인정하지 않으며, 오히려 야곱이 자기의 장자 명분을 빼앗아 가고 자신의 축복을 빼앗아 갔다고 말한다. 사실 이 모든 일이 이렇게 되게 한 원인이 자신에게 있었음을 인정하지 않는 것이다. 야곱은 아버지를 속이는 말과 행동을 뉘우치지 않고 모두 변명과 핑계를 대며

위기 상황을 빠져나갈 생각만 하고 있다.

여덟 번째는, 이 가정은 개인주의 이기주의가 농후하다. 이삭은 에서의 사냥한 음식에 대한 자신이 먹을 것을 요구하고, 야곱은 자신의 축복을 위해 거짓말과 거짓된 행동도 서슴지 않으며, 에서는 자신의 축복을 빼앗겼다고 분노하여 부모를 생각지 않고 동생을 죽이려고 한다. 리브가는 가정 전체를 보지 않고 자신이 사랑하는 야곱에게만 집중하여 여러 거짓 방법들을 만들었다.

아홉 번째는, 이 가정은 사소한 먹는 것으로 큰 문제를 만들고 있다는 것이다. 이삭은 에서가 사냥한 고기로 만든 별미, 야곱은 팥죽과 어머니가 준비해 준 염소 고기, 리브가는 야곱을 위해 이삭에게 만들어 준 음식, 에서는 팥죽 한 그릇으로 팔아버린 장자의 명분 등 이 모든 것이 먹는 음식으로 인해 이 가정에 불행을 몰고 온 연결고리가 되고 말았다.

열 번째는, 에서가 동생에게 지나치게 잘못된 무서운 복수심을 갖는 것이다. 에서는 이 상황이 자업자득임을 인정하지 않고 모든 책임을 동생 야곱에 전가하여 미워하며 죽이려 하는데, 이는 타당하지 못한 일이다. 자신의 축복을 동생의 생명보다 귀하게 여기는 것이다. 오늘날 가정에서 가족보다 더 귀하게 여기는 것이 있어서 친밀한 가족이 아니라 원수같이 여기는 가정이 얼마나 많은지 모른다. 이것은 우선순위가 잘못된 것이며 분명히 나중에 후회할 일을 하고 있는 것이다.

나눔 질문

1. 하나님은 이 가정의 문제를 무엇으로 보고 말씀하시는 것일까?

2. 내가 속한 가정은 어떤 모습인가?
   (이삭의 가정과 비교해 보자)

야곱의 수고와 축복
창 31:38~42

"³⁸내가 이 이십 년을 외삼촌과 함께하였거니와 외삼촌의 암양들이나 암염소들이 낙태하지 아니하였고 또 외삼촌의 양 떼의 숫양을 내가 먹지 아니하였으며 ³⁹물려 찢긴 것은 내가 외삼촌에게로 가져가지 아니하고 낮에 도둑을 맞았든지 밤에 도둑을 맞았든지 외삼촌이 그것을 내 손에서 찾았으므로 내가 스스로 그것을 보충하였으며 ⁴⁰내가 이와 같이 낮에는 더위와 밤에는 추위를 무릅쓰고 눈 붙일 겨를도 없이 지냈나이다 ⁴¹내가 외삼촌의 집에 있는 이 이십 년 동안 외삼촌의 두 딸을 위하여 십사 년, 외삼촌의 양 떼를 위하여 육 년을 외삼촌에게 봉사하였거니와 외삼촌께서 내 품삯을 열 번이나 바꾸셨으며 ⁴²우리 아버지의 하나님, 아브라함의 하나님 곧 이삭이 경외하는 이가 나와 함께 계시지 아니하셨더라면 외삼촌께서 이제 나를 빈손으로 돌려보내셨으리이다마는 하나님이 내 고난과 내 손의 수고를 보시고 어젯밤에 외삼촌을 책망하셨나이다"

야곱의 고백을 하나님이 기록하신 이유는 무엇인가?
첫 번째로, 야곱의 말이 틀리지 않았다, 거짓이 없다는 것을 의미하는 것이다. 모든 그리스도인들은 자신이 하는 말을 세상은 안 믿어 주어도 하나님은 믿어 주는 말을 해야 한다.

두 번째는, 성실한 자는 끝내 하나님께로부터 축복을 받는다는 것을 말씀하신다. 하나님의 사람은 사람이 인정하거나 보상하지 않아도 하나님 앞에서 성실하다고 하나님이 인정하시면 하나님의 주권으로 수고의 보상을 주신다.

"성실한 자는 복을 받느니라"(잠 28:10).

세 번째는, 성실한 자는 결코 손해나지 않는다는 것이다. 야곱은 열 번씩이나 품삯이 바뀌면서 얻은 것이 없지만 하나님은 결코 손해나지 않도록 하나님만이 하실 수 있는 기적을 통하여 보상하셨다. 그러므로 그리스도인은 어떤 일에도 보상이 없다고 해서 불안해하거나 슬퍼하거나 실망해서는 안 된다. 그 모든 것을 하나님이 아시기에 적절한 보상을 주실 것이다.

네 번째는, 그리스도인은 어떠한 직업관을 가지고 살아야 할지를 가르치신다.

"종들아 두려워하고 떨며 성실한 마음으로 육체의 상전에게 순종하기를 그리스도께 하듯 하라 눈가림만 하여 사람을 기쁘게 하는 자처럼 하지 말고 그리스도의 종들처럼 마음으로 하나님의 뜻을 행하고 기쁜 마음으로 섬기기를 주께 하듯 하고 사람들에게 하듯 하지 말라 이는 각 사람이 무슨 선을 행하든지 종이나 자유인이나 주께로부터 그대로 받을 줄을 앎이라"(엡 6:5~8).

"종들아 모든 일에 육신의 상전들에게 순종하되 사람을 기쁘게 하는 자와 같이 눈가림만 하지 말고 오직 주를 두려워하여 성실한 마음으로 하라 무슨 일을 하든지 마음을 다하여 주께 하듯 하고 사람에게 하듯 하지 말라"(골 3:22~23).

다섯 번째는, 양심에 거리낌이 없게 일해야 한다. 야곱은 손해를 볼지언정 절대로 자신의 이익을 취하지 않았음을 고백한다. 그럴 때 하나님이 인정하시고 손해나지 않고 기적적으로, 극적으로 야곱을 위하여 일하여 주신 것이다.

여섯 번째는, 하나님은 불합리한 것에 대해 판단하신다. 라반이 야곱에게 품삯을 열 번이나 바꾸었다는 것은 일한 만큼 보상을 하지 않으려는 태도를 말한다. 고용인의 입장에서 억울하고 따지고 싶지만 결국에 사람의 힘으로 해결된 것이 아니라 하나님의 공의로운 판단이 기적으로 야곱에게 나타나 해결하셨다. 그리스도인이 불합리한 것에 대해 편법이나 탈법, 불법으로 해결하려고 한다면 하나님이 도우실 수 없다. 그러나 공의로운 하나님, 자신의 모든 사정을 아시는 하나님께 맡기면 하나님만이 하실 수 있는 일로 도우실 것이다.

나눔 질문

1. 야곱의 고백을 하나님이 기록하신 이유는 무엇인가?

2. 오늘날 크리스천의 직업관이 어떠해야 하는지 말해 보자.

야곱과 얍복 강
창 32:24~32

"²⁴야곱은 홀로 남았더니 어떤 사람이 날이 새도록 야곱과 씨름하다가 ²⁵자기가 야곱을 이기지 못함을 보고 그가 야곱의 허벅지 관절을 치매 야곱의 허벅지 관절이 그 사람과 씨름할 때에 어긋났더라 ²⁶그가 이르되 날이 새려 하니 나로 가게 하라 야곱이 이르되 당신이 내게 축복하지 아니하면 가게 하지 아니하겠나이다 ²⁷그 사람이 그에게 이르되 네 이름이 무엇이냐 그가 이르되 야곱이니이다 ²⁸그가 이르되 네 이름을 다시는 야곱이라 부를 것이 아니요 이스라엘이라 부를 것이니 이는 네가 하나님과 및 사람들과 겨루어 이겼음이니라 ²⁹야곱이 청하여 이르되 당신의 이름을 알려 주소서 그 사람이 이르되 어찌하여 내 이름을 묻느냐 하고 거기서 야곱에게 축복한지라 ³⁰그러므로 야곱이 그곳 이름을 브니엘이라 하였으니 그가 이르기를 내가 하나님과 대면하여 보았으나 내 생명이 보전되었다 함이더라 ³¹그가 브니엘을 지날 때에 해가 돋았고 그의 허벅다리로 말미암아 절었더라 ³²그 사람이 야곱의 허벅지 관절에 있는 둔부의 힘줄을 쳤으므로 이스라엘 사람들이 지금까지 허벅지 관절에 있는 둔부의 힘줄을 먹지 아니하더라."

하나님은 왜 씨름하시는 것일까? 하나님이 날이 새도록 씨름하시는

이유는 무엇인가?

"홀로 남았더니"(24절)를 통하여 하나님이 야곱에게 먼저 찾아오신 것을 알 수 있다. 이 말은 하나님이 씨름을 먼저 제안하셨다는 것을 의미한다. 어쩌면 야곱이 씨름하지 않으면 안 될 상황을 하나님이 만드신 것일지도 모른다. 사실 야곱은 조만간 만날 형 에서 때문에 낯선 사람과 씨름할 상황이 아니었다. 야곱이 하나님과 씨름했다는 것은 원어로 '**와예아베크**'인데, 이 뜻은 '**두껍고 무거운 먼지, 먼지를 일으키다**'이다. 이 말은 먼지가 일어날 정도의 격렬한 몸싸움을 의미한다.

야곱은 어쩔 수 없이 씨름을 하면서 처음에는 육체적 힘의 씨름인 줄을 알고 있다가 후에 씨름하는 상대가 사람이 아니라 하나님인 줄을 알게 되었다. 그러면서 씨름이 더 이상 육체적 싸움이 아니라 자신이 축복을 얻기 위한 영적 싸움으로 전환된 것이다. 그 근거는 26절에 "당신이 내게 축복하지 아니하면 가게 하지 아니하겠나이다"는 고백에서 볼 수 있다. 야곱은 자신이 상대하는 사람이 하나님인 것과 축복을 얻기 위해 힘써 하나님과 씨름하게 하신 분은 하나님이신 것을 알았다.

하나님은 왜 무엇 때문에 씨름에서 이기지 못하셨는가?

그것은 먼저 야곱이 승부욕이 있었기 때문이다. 야곱은 한번 시작하면 끝을 보는 사람이었다. 전에 장자의 명분을 갖는 것이나 자기가 사랑하는 아내를 얻는 위해 14년을 삼촌 라반을 위해 일한 것이나 20년 넘게 정당한 보수를 받지 못하였지만 결국 하나님에 의해 수고의 보상을 받는 것을 보면 야곱은 지는 것을 싫어하고 무엇이든지 끝을 보는 성격임을 잘 알 수 있다. 그래서 야곱은 이길 때까지 씨름하리라는 것을 하나님이 아셨다. 하나님이 야곱보다 힘이 없어진 것이 아니라 야곱의 간절함에서 나온 끈질김에 하나님이 져주신 것이다. 하나님은 육적인 힘이 아니라 영혼의 힘을 가진 자에게 져주신다.

야곱은 육신의 힘만 가지고 하나님을 상대한 것이 아니라 영혼의 힘을 가지고 하나님을 상대하였다. 하나님을 향해 자신의 변화의 축복이라는 영적 축복을 얻기 위한 영혼의 힘을 가졌기에 하나님이 야곱에게 져주신 것이다. 하나님이 생각하신 것보다 야곱이 의외로 마음과 영혼의 힘이 컸기에 하나님께서 기꺼이 져주셨다.

하나님은 왜 환도뼈를 치셨는가?

육체의 고통을 동반한 상태에서도 얼마나 포기하지 않고 자신의 축복에 간절한가를 보시기 위함이다.

복음서에서도 예수님이 두로와 시돈에 가셔서 가나안 여인의 귀신 들린 딸을 고치실 때, 예수님은 세 번씩이나 무시당하면서도 끝까지 긍정적인 태도와 고백을 가졌던 가나안 여인의 딸을 고치신다.

사실 환도뼈가 어긋나면 하나님보다 야곱이 먼저 그만하자고 해야 하는 것 아닌가? 그러나 야곱은 고통 속에서도 먼저 씨름을 멈추지 않았다. 이것은 야곱의 끈질김과 집중력과 고통을 참는 능력을 보여준다. 야곱에게는 축복의 간절함이 환도뼈의 고통보다 더 크기에 멈추지 않은 것이다.

하나님은 왜 야곱을 빨리 축복하실 수 있는데 날이 새고 나서야 축복하신 것일까?

먼저 하나님이 얼마나 야곱이 축복에 간절한가를 보시기 위함이다. 하나님은 야곱이 정말 이기기를 원하는가를 시간을 통해 알려 하셨다. 사람은 시간이 흐르면 처음 가진 마음이 소멸될 수 있기 때문이다.

하나님이 몰라서 물으신 것은 아닐 텐데, 축복을 달라는 야곱에게 왜 이름을 물어 보신 것일까?

이름을 묻는 것은 '너는 어떤 존재냐?'는 정체성에 대한 질문이다. 그러므로 하나님은 야곱에게 그자신이 어떤 존재인가를 묻는 것이다. 야곱의 뜻은 **'발꿈치를 붙잡은 자'**이다. 이것은 열등한 자신과 삶을 의미하고 다른 사람의 발꿈치를 잡아야 할 만큼 낮은 자임을 인정하게 하시는 것이다.

또한 그것은 과거에 문제 있는 인생을 살아온 자신을 드러내게 하신 것이다. 그리고 야곱 자신의 힘으로 힘겹게 살아온 것을 드러내게 하신 것이다.

하나님은 야곱에게 다른 축복도 많은데 이스라엘로 이름을 바꿔 주신 이유는 무엇일까? 이름을 바꿔 주신 것은 어떤 의미인가?

이스라엘이라는 이름의 뜻은 '하나님과 씨름하여 이긴 자'이며 '하나님이 통치하신다'는 뜻도 있다. 이름을 지어 준다는 것은 그 사람의 주권자, 소유자임을 나타낸다. 야곱의 이름처럼 열등하고 남을 붙잡아야 사는 것이 아니라 하나님을 붙잡아 담대하게 사는 인생을 주시기 위해 이름을 바꾸어 주셨다. 야곱이 진정한 축복이 무엇인가를 알기에 이스라엘이라는 이름을 주신 것이다.

야곱은 지난날 영적 축복과 육적 축복도 받아 보았지만 결국 존재의 변화, 하나님으로부터 마음과 삶이 지배당하며 사는 것이 가장 큰 축복이자 진정한 축복인 것을 하나님이 이미 아셨기 때문이다.

하나님이 하나님과 및 "사람들과" 겨루어 이겼다는 것에서 '사람들'은 누구인가?

이것은 야곱이 지난날에 사람에 대한 두려움과 곧 만날 에서에 대한 두려움에서 이기었다는 것이다. 육과 마음과 영혼을 함께하는 복합적인 시련(시험)에서 이기었다는 것이다.

하나님은 왜 야곱에게 이름을 알려 주시지 않았을까?

첫 번째는, 야곱이 그럴 수 있는지는 모르지만 가르쳐 주면 함부로 사용할 수도 있기에 말씀하시지 않을 수 있다.

"너는 네 하나님 여호와의 이름을 망령되게 부르지 말라 여호와는 그의 이름을 망령되게 부르는 자를 죄 없다 하지 아니하리라"(출 20:7).

두 번째는, 사람과 같은 이름이 아니시기 때문이다.

세 번째는, 사람들과 같이 이름을 아는 것이 중요한 것이 아니라 '하나님은 어떤 존재이며 어떤 일을 하시는가'가 더 중요한 것이라는 것을 알려 주시기 위함이다.

하나님은 야곱의 무엇을 축복하신 것일까?

하나님은 바꿔 주신 이름대로의 존재와 삶과 신앙이 되기를 축복하셨을 것이다. 야곱은 확실한 축복을 받았기에 하나님을 가시게 한 것이다. 만약 자신이 원하던 축복이 아니면 하나님을 보내지 않았을 것이다.

하나님이 야곱을 통해 그리스도인에게 주시는 메시지는 무엇인가?

먼저, 하나님과 씨름하는 신앙을 가지라고 말씀하신다. 모든 것이 하나님으로부터 결정된다는 믿음과 하나님을 이기려는 끈질김, 집중력, 열정을 가지라고 말씀하신다. 두 번째, 기도는 하나님과 씨름하는 것이고 하나님과 얼굴을 대하는 것이라는 것을 말씀하신다. 그것은 그만큼 하나님과 가까이 있다는 말씀이다. 세 번째는, 하나님이 내게 져주실 만큼 하나님을 향한 의지, 믿음, 집중력, 열정을 가져야 한다는 것을 말씀하신다. 네 번째는, 하나님은 야곱과 같이 새로운 변화의 축복을 간절히 구하는 자가 되기를 말씀하시는 것이다.

본문에서 야곱이 하나님과 교통되었다고 할 수 있는 부분이 있다면 무엇인가?

첫 번째는, 야곱의 축복이 무엇인지를 알고 계셨고 그것을 주셨다. 두 번째는, 야곱이 하나님을 만난 장소를 브니엘이라고 이름 지은 것으로 알 수 있다. 브니엘의 뜻대로 하나님의 얼굴을 대면하였다는 것은 그분과의 친밀함을 말하는 것이다. 세 번째는, 26절에서 야곱의 축복과 29절의 하나님의 축복이 동일하였다는 것이다.

나눔 질문

1. 하나님은 왜 씨름하시는 것일까? 하나님이 날이 새도록 씨름하시는 이유는 무엇인가?(24절)

2. 하나님은 왜 무엇 때문에 씨름에서 이기지 못하셨는가?(25절)

3. 하나님은 왜 환도뼈를 치셨는가?(25절)

4. 하나님은 왜 야곱을 빨리 축복하실 수 있는데 날이 새고 나서야 축복하신 것일까?(26절)

5. 하나님이 몰라서 물으신 것은 아닐 텐데 축복을 달라는 야곱에게 왜 이름을 물어 보신 것일까?(27절)

6. 하나님은 야곱에게 다른 축복도 많은데 이스라엘로 이름을 바꿔 주신 이유는 무엇일까? 이름을 바꿔 주신 것은 무슨 의미인가?(28절)

7. 하나님이 하나님과 및 "사람들과" 겨루어 이겼다는 것에서 '사람들'은 누구인가?(28절)

8. 하나님은 왜 야곱에게 이름을 알려 주시지 않았을까?(29절)

9. 하나님은 야곱의 무엇을 축복하신 것일까?(29절)

10. 하나님이 야곱을 통해 그리스도인에게 주시는 메시지는 무엇인가?

11. 본문에서 야곱이 하나님과 교통되었다고 할 수 있는 부분이 있다면 무엇인가?

야곱과 에서의 만남
창 33:1~17

"¹야곱이 눈을 들어 보니 에서가 사백 명의 장정을 거느리고 오고 있는지라 그의 자식들을 나누어 레아와 라헬과 두 여종에게 맡기고 ²여종들과 그들의 자식들은 앞에 두고 레아와 그의 자식들은 다음에 두고 라헬과 요셉은 뒤에 두고 ³자기는 그들 앞에서 나아가되 몸을 일곱 번 땅에 굽히며 그의 형 에서에게 가까이 가니 ⁴에서가 달려와서 그를 맞이하여 안고 목을 어긋 맞추어 그와 입맞추고 서로 우니라 ⁵에서가 눈을 들어 여인들과 자식들을 보고 묻되 너와 함께한 이들은 누구냐 야곱이 이르되 하나님이 주의 종에게 은혜로 주신 자식들이니이다 ⁶그때에 여종들이 그의 자식들과 더불어 나아와 절하고 ⁷레아도 그의 자식들과 더불어 나아와 절하고 그 후에 요셉이 라헬과 더불어 나아와 절하니 ⁸에서가 또 이르되 내가 만난 바 이 모든 떼는 무슨 까닭이냐 야곱이 이르되 내 주께 은혜를 입으려 함이니이다 ⁹에서가 이르되 내 동생아 내게 있는 것이 족하니 네 소유는 네게 두라 ¹⁰야곱이 이르되 그렇지 아니하니이다 내가 형님의 눈 앞에서 은혜를 입었사오면 청하건대 내 손에서 이 예물을 받으소서 내가 형님의 얼굴을 뵈온즉 하나님의 얼굴을 본 것 같사오며 형님도 나를 기뻐하심이니이다 ¹¹하나님이 내게 은혜를 베푸셨고 내 소유도 족하오니 청하건대 내가 형님께 드리는 예물을 받으소서 하고 그에게 강권하매 받으니라 ¹²에서가 이르되 우리가 떠나자 내가 너와 동행하리라 ¹³야곱이 그에게 이르되 내 주도 아시거니와 자식들은 연약하고 내게 있는 양 떼와 소

가 새끼를 데리고 있은즉 하루만 지나치게 몰면 모든 떼가 죽으리니 ¹⁴청하건대 내 주는 종보다 앞서 가소서 나는 앞에 가는 가축과 자식들의 걸음대로 천천히 인도하여 세일로 가서 내 주께 나아가리이다 ¹⁵에서가 이르되 내가 내 종 몇 사람을 네게 머물게 하리라 야곱이 이르되 어찌하여 그리하리이까 나로 내 주께 은혜를 얻게 하소서 하매 ¹⁶이 날에 에서는 세일로 돌아가고 ¹⁷야곱은 숙곳에 이르러 자기를 위하여 집을 짓고 그의 가축을 위하여 우릿간을 지었으므로 그 땅 이름을 숙곳이라 부르더라."

하나님은 야곱을 통하여 하나님을 만나고 축복 받은 자의 모습을 어떻게 말씀하시고 있는가?

첫 번째는, 야곱이 사람을 두려워하지 않는다(1절). 야곱은 형 에서가 군사 400명을 데리고 자신에게 올 때에 조금도 두려워하지 않는다. 이것은 하나님을 만난 자의 모습이다.

"사람을 두려워하면 올무에 걸리게 되거니와 여호와를 의지하는 자는 안전하리라"(잠 29:25).

"너희는 값으로 사신 것이니 사람들의 종이 되지 말라"(고전 7:23).

사람에게 매인 자는 사람의 축복을 받을 수 없다. 사람에게 자유한 자만이 사람의 축복을 가질 수 있는 것이다. 사람에게서 자유하려면 야곱같이 하나님과 깊이 있는 만남을 가지는 자가 되어야 한다. 또한 잠언 16장 7절에서 "사람의 행위가 여호와를 기쁘시게 하면 그 사람의 원수라도 그와 더불어 화목하게 하시느니라"고 하나님은 말씀하신다. 야곱이 하나님과 의미 있는 씨름을 한 것이 에서와도 진정으로 화해하게 한 것이다.

그리스도인들은 늘 무엇을 하든지 하나님을 기쁘시게 하여 사람으로부터 축복을 받는 자가 되어야 한다.
　두 번째는, 자신을 겸손하게 하고 남을 존경하는 마음을 가진다.

　"자기는 그들 앞에서 나아가되 몸을 일곱 번 땅에 굽히며 그의 형 에서에게 가까이 가니"(3절).
　"내가 형님의 얼굴을 뵈온즉 하나님의 얼굴을 본 것 같사오며"(10절).

　하나님을 만난 자는 자신이 부인되고, 죄인마저도 사랑하시는 하나님의 마음을 담고 있기에 모든 것을 아름답게, 존귀하게 여기게 된다.
　세 번째는, 자신의 변화가 에서의 변화, 상황의 변화를 가져온다.

　"에서가 달려와서 그를 맞이하여 안고 목을 어긋 맞추어 그와 입맞추고 서로 우니라"(4절).
　"에서가 이르되 내 동생아 내게 있는 것이 족하니 네 소유는 네게 두라"(9절).
　"에서가 이르되 우리가 떠나자 내가 너와 동행하리라"(12절).
　"에서가 이르되 내가 내 종 몇 사람을 네게 머물게 하리라"(15절).

　그리스도인의 모든 것의 변화는 밖에서 오는 것이 아니라 자신의 변화가 흘러가게 하는 것이다. 그러므로 자신의 주위가 변화되지 않는 것은 자신이 변화되지 않아서 그런 것이다. 변화되지 않는 자신을 탓해야 한다. 진정한 변화는 하나님을 깊이 만날 때 그 하나님이 심령 깊은 데서부터 변화를 주셔서 저절로 변화가 되는 것이다. 그러므로 신앙생활을 그렇게 오래 해도 변화가 없다면, 야곱과 같이 하나님을 만나고자 하는 소원, 하나님으로부터 존재의 축복을 간절히 사모하지 않고 그런 소원을 이루시는 하나님을 만나지 못해서 그런 것이라 하겠다.

나눔 질문

1. 하나님은 야곱을 통하여 하나님을 만나고 축복 받은 자의 모습을 어떻게 말씀하시고 있는가?

2. 나는 과연 하나님을 만난 자인가? 만났다면 어떤 변화가 있었는가?

요셉의 불행
창 37:1~36

¹야곱이 가나안 땅 곧 그의 아버지가 거류하던 땅에 거주하였으니 ²야곱의 족보는 이러하니라 요셉이 십칠 세의 소년으로서 그의 형들과 함께 양을 칠 때에 그의 아버지의 아내들 빌하와 실바의 아들들과 더불어 함께 있었더니 그가 그들의 잘못을 아버지에게 말하더라 ³요셉은 노년에 얻은 아들이므로 이스라엘이 여러 아들들보다 그를 더 사랑하므로 그를 위하여 채색옷을 지었더니 ⁴그의 형들이 아버지가 형들보다 그를 더 사랑함을 보고 그를 미워하여 그에게 편안하게 말할 수 없었더라 ⁵요셉이 꿈을 꾸고 자기 형들에게 말하매 그들이 그를 더욱 미워하였더라 ⁶요셉이 그들에게 이르되 청하건대 내가 꾼 꿈을 들으시오 ⁷우리가 밭에서 곡식 단을 묶더니 내 단은 일어서고 당신들의 단은 내 단을 둘러서서 절하더이다 ⁸그의 형들이 그에게 이르되 네가 참으로 우리의 왕이 되겠느냐 참으로 우리를 다스리게 되겠느냐 하고 그의 꿈과 그의 말로 말미암아 그를 더욱 미워하더니 ⁹요셉이 다시 꿈을 꾸고 그의 형들에게 말하여 이르되 내가 또 꿈을 꾼즉 해와 달과 열한 별이 내게 절하더이다 하니라 ¹⁰그가 그의 꿈을 아버지와 형들에게 말하매 아버지가 그를 꾸짖고 그에게 이르되 네가 꾼 꿈이 무엇이냐 나와 네 어머니와 네 형들이 참으로 가서 땅에 엎드려 네게 절하겠느냐 ¹¹그의 형들은 시기하되 그의 아버지는 그 말을 간직해 두었더라 ¹²그의 형들이 세겜에 가서 아버지의 양 떼를 칠 때에 ¹³이스라엘이 요셉에게 이르되 네 형들이 세겜에서 양을 치지 아니하느냐 너를

그들에게로 보내리라 요셉이 아버지에게 대답하되 내가 그리하겠나이다 ¹⁴이스라엘이 그에게 이르되 가서 네 형들과 양 떼가 다 잘 있는지를 보고 돌아와 내게 말하라 하고 그를 헤브론 골짜기에서 보내니 그가 세겜으로 가니라 ¹⁵어떤 사람이 그를 만난즉 그가 들에서 방황하는지라 그 사람이 그에게 물어 이르되 네가 무엇을 찾느냐 ¹⁶그가 이르되 내가 내 형들을 찾으오니 청하건대 그들이 양치는 곳을 내게 가르쳐 주소서 ¹⁷그 사람이 이르되 그들이 여기서 떠났느니라 내가 그들의 말을 들으니 도단으로 가자 하더라 하니 요셉이 그의 형들의 뒤를 따라 가서 도단에서 그들을 만나니라 ¹⁸요셉이 그들에게 가까이 오기 전에 그들이 요셉을 멀리서 보고 죽이기를 꾀하여 ¹⁹서로 이르되 꿈 꾸는 자가 오는도다 ²⁰자, 그를 죽여 한 구덩이에 던지고 우리가 말하기를 악한 짐승이 그를 잡아먹었다 하자 그의 꿈이 어떻게 되는지를 우리가 볼 것이니라 하는지라 ²¹르우벤이 듣고 요셉을 그들의 손에서 구원하려 하여 이르되 우리가 그의 생명은 해치지 말자 ²²르우벤이 또 그들에게 이르되 피를 흘리지 말라 그를 광야 그 구덩이에 던지고 손을 그에게 대지 말라 하니 이는 그가 요셉을 그들의 손에서 구출하여 그의 아버지에게로 돌려보내려 함이었더라 ²³요셉이 형들에게 이르매 그의 형들이 요셉의 옷 곧 그가 입은 채색옷을 벗기고 ²⁴그를 잡아 구덩이에 던지니 그 구덩이는 빈 것이라 그 속에 물이 없었더라 ²⁵그들이 앉아 음식을 먹다가 눈을 들어 본즉 한 무리의 이스마엘 사람들이 길르앗에서 오는데 그 낙타들에 향품과 유향과 몰약을 싣고 애굽으로 내려가는지라 ²⁶유다가 자기 형제에게 이르되 우리가 우리 동생을 죽이고 그의 피를 덮어둔들 무엇이 유익할까 ²⁷자 그를 이스마엘 사람들에게 팔고 그에게 우리 손을 대지 말자 그는 우리의 동생이요 우리의 혈육이니라 하매 그의 형제들이 청종하였더라 ²⁸그때에 미디안 사람 상인들이 지나가고 있는지라 형들이 요셉을 구덩이에서 끌어올리고 은 이십에 그를 이스마엘 사람들에게 팔매 그 상인들이 요셉을 데리고 애굽으로 갔더라 ²⁹르우벤이 돌아와 구덩이에 이르러 본즉 거기 요셉이 없는지라 옷을 찢고 ³⁰아우들에게로 되돌아와서 이르되 아이가 없도다 나는 어디로 갈까 ³¹그들이 요셉의 옷을 가져다가 숫염소를 죽여 그 옷을 피에 적시고 ³²그의 채색옷을 보내어 그의 아버지에게로 가지고 가서 이르기를 우리가 이것을 발견하였으니 아버지 아들의 옷인가 보소서 하매 ³³아버지가 그것을 알아보고 이르되 내 아들의 옷이라 악한 짐승이 그를 잡아 먹었도다 요셉이 분명히 찢겼도다 하고 ³⁴자기 옷을 찢고 굵은 베로 허리를 묶고 오래도록 그의 아들을 위하여 애통하니 ³⁵그의 모든 자녀가 위로하되 그가 그 위로를 받지 아니하여 이르되 내가 슬퍼하며 스올로 내려가 아들에게로 가리라 하고 그의 아버지가 그를 위하여 울었더라 ³⁶그 미디안 사람들은 그를 애굽에서 바로의 신하 친위대장 보디발에게 팔았더라."

하나님은 야곱이 다른 형제보다 요셉을 더 사랑하게 된 배경을 무엇이라 하시는가?

첫 번째는, 야곱이 노년에 얻은 아들이기 때문이다. 두 번째는, 사랑하는 아내 라헬의 아들이기 때문이다. 세 번째는, 라헬이 죽었기에 그의 아들인 요셉을 더 사랑하는 것이다(창 35:16~20).

하나님은 야곱의 문제는 무엇이라고 하시는가?

요셉을 다른 형제보다 더 사랑한 것이 문제가 아니라 다른 형제들이 입지 못하는 채색옷을 입히고, 그 옷이 낡을 때마다 다시금 입힘으로 표가 나게 사랑한 것이 문제였다. 두 번째는, 요셉을 정확하게 교육하지 못한 것이다. 요셉이 형들에게 함부로 말하는 것과 형들의 문제를 고자질하는 것들이 가족간의 좋은 관계에 문제가 됨을 가르쳐야 하는데 그렇게 하지 못했다. 그것이 요셉의 불행을 가져오는 간접 원인이 되었다. 세 번째는, 자식간의 문제를 아버지로서 돌아보지 않은 것이다. 요셉의 태도로 요셉의 형들이 불만을 가지는 것을 모른 것인지, 아니면 알면서도 모른 척한 것인지는 알 수 없지만, 아버지로서 자식의 문제를 방치한 것이 결국 비극을 만들고 그 고통을 고스란히 아버지인 야곱이 떠안게 되었다.

하나님은 요셉의 잘못을 무엇으로 보시는가?
첫 번째는, 요셉이 형들의 잘못을 아버지에게 고자질한 것이다. 형들을 이해하거나 배려하는 것이 없었다. 두 번째는, 요셉 자신이 꾼 꿈이 문제가 아니라 자신의 꿈을 눈치 없이 안하무인격으로 교만하게 형들을 무시하며 말을 한 것이다. 세 번째는 요셉이 형들에게 꾼 꿈을 말하려고 할 때 원어상으로 '제발 들어라'고 하며 교만한 말투로 말하고 있다는 것이다. 요셉은 사람과의 관계에 문제가 많고 다른 사람을 돌아볼 줄 모르는 자아도취적인 성향을 가지고 있었던 것이다.

하나님은 왜 르우벤와 유다를 통해 다른 형제가 요셉을 죽이는 것을 막으신 것일까?
하나님은 요셉을 통한 하나님의 계획이 성취되기 위해서 르우벤과 유다를 쓰고 계신 것이다. 요셉을 통하여 그들은 나중에 요셉의 도움을 받아야 하기 때문이다.

요셉을 향한 커다란 하나님의 섭리는 어떻게 시작되는가?
먼저 아버지로 하여금 요셉을 형들에게 보내게 하신다(13절). 또 아버지가 시키신 일에 충성되고 성실하게 일하게 하신다(12~17절). 그리고 하나님은 르우벤과 유다의 생각을 바꿔게 하신다(18, 21, 22, 26절). 그들 형제가 음식을 먹다가 애굽으로 내려가는 장사꾼을 만나게 하신다(25절).

하나님은 왜 야곱의 자식들의 거짓말을 기록하여 놓으셨는가?
하나님은 야곱이 아버지 이삭에게 거짓말로 장자의 명분을 얻은 것이 대물림을 통해 부모의 행실이 자식에게 전달됨을 알리고 계신다. 하나님 앞에서 정확하게 회개하지 않은 것은 시간이 지나간 것이라도 대물림된다는 것을 알려 주시는 것이다.

왜 37장에서는 39장에서 나타나는 하나님이 함께하셨다는 구절이 없는가? 그것을 기록하지 않으신 하나님의 의도는 무엇인가?

첫 번째로, 하나님은 요셉과 함께 37장에도 계셨다. 그 증거로는 요셉에게 영적인 꿈을 주셨다는 것이다. 다만 39장에서 하나님이 함께하심의 모양이 다를 뿐이다. 두 번째는, 37장에서도 함께하셨지만 39장과 다른 것은, 37장은 요셉이 변화되기 전이고 39장은 요셉이 변화된 후이기 때문이다. 세 번째는, 37장은 구체적인 하나님의 계획이 이루어지기 전이기에 일상으로서 보이지 않게 하나님이 함께하심이고, 39장의 하나님이 함께하심은 능력으로 함께하심이고 요셉을 향한 하나님의 뜻이 이루어지는 시작점이기 때문이다.

하나님은 왜 39장에서는 함께 있으시면서 37장에서는 요셉이 위급한 상황에서도 하나님이 함께하셨다는 구절이 없는가?

먼저 그것은 요셉이 어떤 긍정적 영향을 줄 수 있는 상황이 아닌 것이다. 이것이 39장과의 차이다. 어떻게 보면 요셉에게 함께하심의 모양이 요셉 자신에게 있었던 것이 아니라 르우벤과 유다를 통하여 함께 하신 것이다. 39장에서는 요셉 자신에게 하나님이 함께하셔서 그 혜택을 보디발 가정이 얻게 하셨다.

37장에서 하나님이 요셉과 함께하셨다는 상황이 있다면?

첫 번째는, 두 번의 꿈을 주심으로(5, 9절) 하나님이 함께하셨다. 두 번째는, 형 르우벤과 유다의 태도로 인하여(21, 22, 26절) 요셉이 목숨을 잃지 않도록 두 사람을 하나님의 안전장치로 만드셨다. 세 번째는, 이스마엘 사람에게 팔리는 것이었다(28절). 네 번째는 보디발에게 팔리게 하신 것이다(36절).

하나님은 왜 요셉이 꿈을 말하게 하셨을까?

첫 번째는, 요셉의 교만한 성품에서 말하게 되었다. 두 번째는, 꿈을 말할 때 그 꿈은 현실로 시작되기 때문이다. 19~20절을 통하여 요셉이 어떤 태도로든 형들에게 꿈을 말했기 때문에 형들에게 미움을 사서, 형들이 요셉의 꿈이 어떻게 되는지를 보자고 말한 것이다.

> "서로 이르되 꿈꾸는 자가 오는도다 자, 그를 죽여 한 구덩이에 던지고 우리가 말하기를 악한 짐승이 그를 잡아먹었다 하자 그의 꿈이 어떻게 되는지를 우리가 볼 것이니라 하는지라."

하나님이 인간에게 주신 언어는 소리가 아니라 실체를 가져오는 능력임을 알아야 한다. 특히 구원받아 성령으로 충만한 그리스도인의 언어는 더 강력하게 실체를 가져온다. 어쩌면 하나님은 요셉을 그의 성품을 통하여 꿈을 발설하게 함으로 그 꿈을 향한 움직임이 시작되게 하신 것일지도 모른다. 그러므로 하나님이 주신 것, 믿음의 생각은 언제든지 힘있게 말함으로 언어가 현실 되게 하는 축복을 보아야 한다.

나·눔·질문

1. 하나님은 야곱이 다른 형제보다 요셉을 더 사랑하게 된 배경을 무엇이라 하시는가?(3절)

2. 하나님은 야곱의 문제는 무엇이라고 하시는가?

3. 하나님은 요셉의 잘못을 무엇으로 보시는가?(2, 3, 7, 9절)

4. 하나님은 왜 르우벤과 유다를 통해 다른 형제가 요셉을 죽이는 것을 막으신 것일까?(21~22절)

5. 요셉을 향한 커다란 하나님의 섭리는 어떻게 시작되는가?(25절)

6. 하나님은 왜 야곱의 자식들의 거짓말을 기록하여 놓으셨는가?(31~35절)

7. 왜 37장에서는 39장에서 나타나는 하나님이 함께하셨다는 구절이 없는가? 기록하지 않으신 하나님의 의도는 무엇인가?

8. 하나님은 왜 39장에서는 함께 있으시면서 37장에서는 요셉이 위급한 상황에서도 하나님이 함께하셨다는 구절이 없는가?(23~29절)

9. 37장에서 하나님이 요셉과 함께하셨다는 상황이 있다면?

10. 하나님은 왜 요셉이 꿈을 말하게 하셨을까?

요셉의 형통
창 39:1~23

¹요셉이 이끌려 애굽에 내려가매 바로의 신하 친위대장 애굽 사람 보디발이 그를 그리로 데려간 이스마엘 사람의 손에서 요셉을 사니라 ²여호와께서 요셉과 함께하시므로 그가 형통한 자가 되어 그의 주인 애굽 사람의 집에 있으니 ³그의 주인이 여호와께서 그와 함께하심을 보며 또 여호와께서 그의 범사에 형통하게 하심을 보았더라 ⁴요셉이 그의 주인에게 은혜를 입어 섬기매 그가 요셉을 가정 총무로 삼고 자기의 소유를 다 그의 손에 위탁하니 ⁵그가 요셉에게 자기의 집과 그의 모든 소유물을 주관하게 한 때부터 여호와께서 요셉을 위하여 그 애굽 사람의 집에 복을 내리시므로 여호와의 복이 그의 집과 밭에 있는 모든 소유에 미친지라 ⁶주인이 그의 소유를 다 요셉의 손에 위탁하고 자기가 먹는 음식 외에는 간섭하지 아니하였더라 요셉은 용모가 빼어나고 아름다웠더라 ⁷그 후에 그의 주인의 아내가 요셉에게 눈짓하다가 동침하기를 청하니 ⁸요셉이 거절하며 자기 주인의 아내에게 이르되 내 주인이 집안의 모든 소유를 간섭하지 아니하고 다 내 손에 위탁하였으니 ⁹이 집에는 나보다 큰 이가 없으며 주인이 아무것도 내게 금하지 아니하였어도 금한 것은 당신뿐이니 당신은 그의 아내임이라 그런즉 내가 어찌 이 큰 악을 행하여 하나님께 죄를 지으리이까 ¹⁰여인이 날마다 요셉에게 청하였으나 요셉이 듣지 아니하여 동침하지 아니할 뿐더러 함께 있지도 아니하니라 ¹¹그러할 때에 요셉이 그의 일을 하러 그 집에 들어갔더니 그 집 사람들은 하나도 거기에 없

었더라 ¹²그 여인이 그의 옷을 잡고 이르되 나와 동침하자 그러나 요셉이 자기의 옷을 그 여인의 손에 버려두고 밖으로 나가매 ¹³그 여인이 요셉이 그의 옷을 자기 손에 버려두고 도망하여 나감을 보고 ¹⁴그 여인의 집 사람들을 불러서 그들에게 이르되 보라 주인이 히브리 사람을 우리에게 데려다가 우리를 희롱하게 하는도다 그가 나와 동침하고자 내게로 들어오므로 내가 크게 소리 질렀더니 ¹⁵그가 나의 소리 질러 부름을 듣고 그의 옷을 내게 버려두고 도망하여 나갔느니라 하고 ¹⁶그의 옷을 곁에 두고 자기 주인이 집으로 돌아오기를 기다려 ¹⁷이 말로 그에게 말하여 이르되 당신이 우리에게 데려온 히브리 종이 나를 희롱하려고 내게로 들어왔으므로 ¹⁸내가 소리 질러 불렀더니 그가 그의 옷을 내게 버려두고 밖으로 도망하여 나갔나이다 ¹⁹그의 주인이 자기 아내가 자기에게 이르기를 당신의 종이 내게 이같이 행하였다 하는 말을 듣고 심히 노한지라 ²⁰이에 요셉의 주인이 그를 잡아 옥에 가두니 그 옥은 왕의 죄수를 가두는 곳이었더라 요셉이 옥에 갇혔으나 ²¹여호와께서 요셉과 함께하시고 그에게 인자를 더하사 간수장에게 은혜를 받게 하시매 ²²간수장이 옥중 죄수를 다 요셉의 손에 맡기므로 그 제반 사무를 요셉이 처리하고 ²³간수장은 그의 손에 맡긴 것을 무엇이든지 살펴보지 아니하였으니 이는 여호와께서 요셉과 함께하심이라 여호와께서 그를 범사에 형통하게 하셨더라."

하나님이 요셉을 보디발에게 팔리게 하신 것을 통해 무엇을 알 수 있나?

사람이 하는 일이었지만 하나님은 우연처럼 자연스러운 가운데 장차 요셉의 장래를 이어가는 섭리로 나타나신다. 두 번째는, 요셉이 처한 황당한 상황, 곧 자신이 어떻게 할 수 없는 상황에서도 하나님은 여전히 이끄시고 있다는 것이다.

하나님은 아버지 집에서는 함께하신다는 말씀이 없으시다가 노예로 팔린 후에 왜 함께하셨을까?

요셉을 향한 하나님의 계획이 실제적으로 실현되는 시점이기 때문이다. 두 번째는, 요셉 자신이 하나님이 함께하실 만큼의 변화를 가져왔기 때문이다. 요셉에게 위급하고 불리한 상황이기에 도우시기 위해 함께하신 것이다.

하나님이 요셉과 함께하심으로 요셉에게 어떤 일이 일어났는가?

첫 번째는 요셉이 형통한 자가 되었다. 두 번째는 요셉이 하는 것마다 형통하게 하셨다. 세 번째는 요셉으로 인하여 보디발 가정의 형통함을 보게 하셨다.

하나님은 요셉이 가정총무가 된 후 어떻게 하셨는가?

하나님이 요셉을 위하여 보디발의 모든 소유에 복을 주셨다. 가정총무가 되고 나서 그 집에 축복이 있음은 가정총무라는 위치와 역할에 맞게 하나님이 역사하셨다는 것이다. 그러므로 그리스도인이 어떤 중요한 역할과 위치를 갖게 되면 거기에 맞는 축복을 여는 통로자가 된다. 이것을 믿고 움직이는 자는 요셉과 같이 축복하심을 보게 될 것이다.

하나님이 요셉과 함께하실 때 요셉은 어떤 태도를 보였는가?

첫 번째, 요셉은 주인 보디발에 눈에 들도록 최선을 다해 살았다. 두 번째, 요셉은 주인이 믿고 맡길 수 있도록 보디발에게 신임을 얻도록 살았다. 세 번째, 요셉은 하나님을 두려워하고 죄를 멀리하였다(9절).

하나님과 함께하는 요셉은 어떤 신앙을 가지고 있었는가?

첫 번째는, 하나님 앞에서 산다는 신앙을 가지고 살게 되었다. 하나님이 보고 계신다는 믿음을 가지고 살고 있었다. 두 번째는, 거룩하신 하나님에게 죄를 지어서는 안 된다는 거룩의 마음을 가지고 있었다. 그것이 보디발 아내의 유혹을 이기는 신앙이 된 것이다. 세 번째는, 결코 현실과 타협하지 않는 신앙을 가지게 되었다. 네 번째는, 보디발이 아닌 하나님이 우선인 신앙을 가지고 있었다. 근거로는 요셉은 9절에서 보디발이 아닌 "하나님께 죄를 지으리이까"라고 고백하는 데서 알 수 있다. 다섯 번째는, 요셉은 자기 주인인 보디발보다 죄를 두려워하는 마음을 가지고 있었다.

요셉이 감옥에 있을 때 하나님의 함께하심을 무엇으로 알 수 있는가?
첫 번째는, 간수장에게 은혜를 받게 했다. 두 번째는, 간수장이 요셉을 신임하여 모든 것을 맡겼다. 세 번째는, 감옥에서도 범사에 형통하게 하였다. 따라서 아무리 그리스도인이 이해할 수 없는 상황에 놓인다 해도 하나님이 함께하시면 그 속에서도 하나님의 은혜가 사람과 상황에 있음을 알고 감사하며 하나님이 구원하실 때까지 견디어야 한다.

본문에서 요셉을 향한 하나님의 섭리가 어떻게 나타나고 있는가?
첫 번째는, 사람을 통하여 나타나고 있다. 보디발과 보디발 아내, 간수장이 나오는데, 이들은 요셉에게 있어 긍정의 사람과 부정의 사람이 같이 존재함을 알려 준다. 또한 하나님이 요셉을 위해 선택한 사람과 사탄이 역사하는 사람으로 구별된다.

두 번째는 장소(현장)을 통하여 나타나고 있다. 요셉은 왕의 죄수를 가두는 곳에 있게 된다. 가만히 보면 요셉은 일반감옥에 있어야 하는데 왕에게 잘못한 사람만 가두는 곳에 있게 된 것이다. 어떻게 보면 요셉은 감옥에 잘못 들어온 것이다. 요셉이 이곳에 있게 된 것은 주인인 보디발이 왕의 대장이었기 때문이다. 결국 이것이 하나님의 섭리다.

나눔 질문

1. 하나님이 요셉을 보디발에게 팔리게 하신 것을 통해 무엇을 알 수 있나?(1절)

2. 하나님은 아버지 집에서는 함께하신다는 말씀이 없으시다가 노예로 팔린 후에 왜 함께하셨을까?(2절)

3. 하나님이 요셉과 함께하심으로 요셉에게 어떤 일이 일어났는가?(2~3절)

4. 하나님은 요셉이 가정총무가 된 후 어떻게 하셨는가?(4~5절)

5. 하나님이 요셉과 함께하실 때 요셉은 어떤 태도를 보였는가?(4~6절)

6. 하나님과 함께하는 요셉은 어떤 신앙을 가지고 있었는가?(9절)

7. 요셉이 감옥에 있을 때 하나님의 함께하심을 무엇으로 알 수 있는가?(21절)

8. 본문에서 요셉을 향한 하나님의 섭리가 어떻게 나타나고 있는가?

요셉과 꿈 풀이
창 40:1~23

¹그 후에 애굽 왕의 술 맡은 자와 떡 굽는 자가 그들의 주인 애굽 왕에게 범죄한지라 ²바로가 그 두 관원장 곧 술 맡은 관원장과 떡 굽는 관원장에게 노하여 ³그들을 친위대장의 집 안에 있는 옥에 가두니 곧 요셉이 갇힌 곳이라 ⁴친위대장이 요셉에게 그들을 수종들게 하매 요셉이 그들을 섬겼더라 그들이 갇힌 지 여러 날이라 ⁵옥에 갇힌 애굽 왕의 술 맡은 자와 떡 굽는 자 두 사람이 하룻밤에 꿈을 꾸니 각기 그 내용이 다르더라 ⁶아침에 요셉이 들어가 보니 그들에게 근심의 빛이 있는지라 ⁷요셉이 그 주인의 집에 자기와 함께 갇힌 바로의 신하들에게 묻되 어찌하여 오늘 당신들의 얼굴에 근심의 빛이 있나이까 ⁸그들이 그에게 이르되 우리가 꿈을 꾸었으나 이를 해석할 자가 없도다 요셉이 그들에게 이르되 해석은 하나님께 있지 아니하니이까 청하건대 내게 이르소서 ⁹술 맡은 관원장이 그의 꿈을 요셉에게 말하여 이르되 내가 꿈에 보니 내 앞에 포도나무가 있는데 ¹⁰그 나무에 세 가지가 있고 싹이 나서 꽃이 피고 포도송이가 익었고 ¹¹내 손에 바로의 잔이 있기로 내가 포도를 따서 그 즙을 바로의 잔에 짜서 그 잔을 바로의 손에 드렸노라 ¹²요셉이 그에게 이르되 그 해석이 이러하니 세 가지는 사흘이라 ¹³지금부터 사흘 안에 바로가 당신의 머리를 들고 당신의 전직을 회복시키리니 당신이 그 전에 술 맡은 자가 되었을 때에 하던 것같이 바로의 잔을 그의 손에 드리게 되리이다 ¹⁴당신이 잘 되시거든 나를 생각하고 내게 은혜를 베풀어서 내 사정을 바로에게 아뢰어

이 집에서 나를 건져 주소서 ¹⁵나는 히브리 땅에서 끌려온 자요 여기서도 옥에 갇힐 일은 행하지 아니하였나이다 ¹⁶떡 굽는 관원장이 그 해석이 좋은 것을 보고 요셉에게 이르되 나도 꿈에 보니 흰 떡 세 광주리가 내 머리에 있고 ¹⁷맨 윗광주리에 바로를 위하여 만든 각종 구운 음식이 있는데 새들이 내 머리의 광주리에서 그것을 먹더라 ¹⁸요셉이 대답하여 이르되 그 해석은 이러하니 세 광주리는 사흘이라 ¹⁹지금부터 사흘 안에 바로가 당신의 머리를 들고 당신을 나무에 달리니 새들이 당신의 고기를 뜯어 먹으리이다 하더니 ²⁰제삼일은 바로의 생일이라 바로가 그의 모든 신하를 위하여 잔치를 베풀 때에 술 맡은 관원장과 떡 굽는 관원장에게 그의 신하들 중에 머리를 들게 하니라 ²¹바로의 술 맡은 관원장은 전직을 회복하매 그가 잔을 바로의 손에 받들어 드렸고 ²²떡 굽는 관원장은 매달리니 요셉이 그들에게 해석함과 같이 되었으나 ²³술 맡은 관원장이 요셉을 기억하지 못하고 그를 잊었더라."

하나님은 요셉을 위해 어떻게 역사하시는가?

먼저, 왕의 술 맡은 관원과 떡 맡은 관원을 시기적으로 딱 맞게 만난다. 두 번째는, 보디발을 통해 요셉이 그들을 돕게 한다. 4절에서 "친위대장이 요셉에게 그들을 수종들게 하매"라고 하였다. 세 번째는, 하나님은 두 관원이 바로의 생일을 앞두고 꿈을 꾸게 한다. 하나님이 꿈을 꾸게 하셨다는 것은 요셉으로 하여금 해석하게 하고 그대로 되게 하시려는 하나님의 뜻이다. 네 번째는, 요셉에게 하나님은 요셉이 구하지도 않는 꿈을 푸는 능력을 주신다.

하나님은 6절, 7절의 요셉의 태도에서 무엇을 말씀하고 싶은 것일까?

하나님은 자신이 힘들수록 다른 사람 도울 것을 찾을 때 하나님이 예비하신 축복을 만날 수 있음을 알려 주시는 것이다. 많은 그리스도인이 자신이 힘들다고 자신에게만 집중하고 다른 사람을 생각지 않고 무시하고 오히려 다른 사람들이 자신을 돌아봐주기를 바란다면 그것은 하나님의 예비하신 축복을 만나지 못한다. 하나님은 우리 자신이 힘들 때 오히려 다른 사람의 힘든 것을 돌아보게 하시고, 자신이 할 수 있는 데까지 도울 때 그것이 결국은 자신의 문제를 돕는 것이 되어 축복이 되는 것을 알려 주신다.

14절, 15절의 요셉의 고백으로 하나님은 요셉을 어떻게 생각하시는가?

첫 번째는, 요셉은 하나님을 의식하는 신앙도 있지만 술 맡은 관원장과 바로라는 사람을 의지하는 신앙을 가지고 있음을 말씀하신다. 이것이 오늘날 많은 그리스도인들이 가지고 있는 신앙의 모습이다. 그러나 온전히 하나님만 신뢰하는 신앙을 가지는 것이 하나님의 뜻이다. 그런 온전한 신앙을 위해 계속적으로 사람을 의지하는 신앙을 뛰어넘는 신앙을 갖도록 연단시켜 가실 것이다.

두 번째는, 꿈을 푸는 능력은 하나님으로부터 온 것인데 자신의 유익을 위해 쓰고 있다는 것을 말씀하시는 것이다. 요셉은 하나님께서 주신 꿈 푸는 능력을 오로지 하나님만을 위해 사용하면 좋았을 것을, 정당할지라도 요셉은 자신의 신변을 위해 사용하는 것을 하나님은 기뻐하시지 않으셨다.

세 번째는, 요셉 자신이 잘못한 것이 없는데 감옥에 왔다는 것과 자신은 다른 사람에 의해 억울함을 당했다고 말하는 것이다. 요셉의 억울함은 자신을 억울하게 만든 사람에 대한 복수를 가져올 수 있는 위험한 생각을 갖게 한다. 요셉이 아직까지도 하나님이 이끄시는 상황을 수용하지 못하는 것이다.

네 번째는, 요셉은 하나님께도 기도했을 것이다. 그러나 자신의 억울함을 사람에게 호소하여 도움을 청하고 있는 것이다. 이것이 잘못된 것은 아니지만 여전히 하나님께 자신의 삶을 완전히 맡기지 못하여 사람의 도움과 이해를 구하는 것이다. 이런 속에서는 하나님이 요셉을 위하여 즉시로 일하실 수 없게 한 것이다. 그리스도인이 하나님께 완전히 맡김으로 아쉬울 것도, 억울할 것도, 화날 것도 없는 상태가 되는 것이 하나님이 바라시는 신앙이라 하겠다.

하나님은 왜 술 맡은 관원장이 요셉을 잊게 만들었을까?

하나님이 요셉에게 더 좋은 기회를 갖게 하시기 위해서 잊게 하신 것이다. 두 번째는, 기억하여 바로에게 말한다 해도 달라질 것은 없기에 잊게 하셨다. 세 번째는, 술 맡은 관원장에 의해 요셉의 억울함이 해결되면 하나님이 하신 것이 아니라 사람이 한 것으로 여겨 요셉이 하나님만을 의지하는 신앙을 잃을 수 있기에 하나님은 잊게 하신 것이다. 네 번째는 만약 요셉의 말대로 되었다면 결국 보디발에게 받은 은혜를 무시하게 되고 보디발의 아내는 거짓말로 인해 죽을 수도 있기에 하나님께서 잊게 하신 것이다. 다섯 번째는, 사람을 의지하는 요셉의 신앙을 버리게 하시기 위해(14~15절) 잊게 하신 것이다.

본문에서 하나님과 요셉이 교통되는 것은 무엇인가?

8절에서 "요셉이 그들에게 이르되 해석은 하나님께 있지 아니하니이까"라고 하였다. 요셉은 꿈을 꾸고 해석하게 하시는 분은 하나님이신 것을 고백하고 있다. 자기 스스로 만든 능력이 아니라 하나님이 그 해석의 능력을 주셔야 해석할 수 있다는 전적인 하나님의 도우심을 말하고 있는 것이다.

본문에서 요셉의 생각과 하나님의 생각이 다름을 알 수 있는 부분은 어느 구절인가?

14~15절의 요셉의 요청에 대해 23절에서 하나님은 술 맡은 관원장이

요셉을 잊게 만들었다. 하나님은 요셉의 사람을 의지하는 태도가 하나님이 원하시는 것이 아님을 나타내셨다.

나눔 질문

1. 하나님은 요셉을 위해 어떻게 역사하시는가?(1~4절)

2. 하나님은 6절, 7절의 요셉의 태도에서 무엇을 말씀하고 싶은 것일까?

3. 14절, 15절의 요셉의 고백으로 하나님은 요셉을 어떻게 생각하시는가?

4. 하나님은 왜 술 맡은 관원장이 요셉을 잊게 만들었을까?(23절)

5. 본문에서 하나님과 요셉이 교통되는 것은 무엇인가?

6. 본문에서 요셉의 생각과 하나님의 생각이 다름을 알 수 있는 부분은 어느 구절인가?

요셉과 바로
창 41:1~16, 37~45

"¹만 이 년 후에 바로가 꿈을 꾼즉 자기가 나일 강 가에 서 있는데 ²보니 아름답고 살진 일곱 암소가 강가에서 올라와 갈밭에서 뜯어먹고 ³그 뒤에 또 흉하고 파리한 다른 일곱 암소가 나일 강가에서 올라와 그 소와 함께 나일 강가에 서 있더니 ⁴그 흉하고 파리한 소가 그 아름답고 살진 일곱 소를 먹은지라 바로가 곧 깨었다가 ⁵다시 잠이 들어 꿈을 꾸니 한 줄기에 무성하고 충실한 일곱 이삭이 나오고 ⁶그 후에 또 가늘고 동풍에 마른 일곱 이삭이 나오더니 ⁷그 가는 일곱 이삭이 무성하고 충실한 일곱 이삭을 삼킨지라 바로가 깬즉 꿈이라 ⁸아침에 그의 마음이 번민하여 사람을 보내어 애굽의 점술가와 현인들을 모두 불러 그들에게 그의 꿈을 말하였으나 그것을 바로에게 해석하는 자가 없었더라 ⁹술 맡은 관원장이 바로에게 말하여 이르되 내가 오늘 내 죄를 기억하나이다 ¹⁰바로께서 종들에게 노하사 나와 떡 굽는 관원장을 친위대장의 집에 가두셨을 때에 ¹¹나와 그가 하룻밤에 꿈을 꾼즉 각기 뜻이 있는 꿈이라 ¹²그곳에 친위대장의 종 된 히브리 청년이 우리와 함께 있기로 우리가 그에게 말하매 그가 우리의 꿈을 풀되 그 꿈대로 각 사람에게 해석하더니 ¹³그 해석한 대로 되어 나는 복직되고 그는 매달렸나이다 ¹⁴이에 바로가 사람을 보내어 요셉을 부르매 그들이 급히 그를 옥에서 내놓은지라 요셉이 곧 수염을 깎고 그의 옷을 갈아 입고 바로에게 들어가니 ¹⁵바로가 요셉에게 이르되 내가 한 꿈을 꾸었으나 그것을 해석하는 자가 없

더니 들은즉 너는 꿈을 들으면 능히 푼다 하더라 ¹⁶요셉이 바로에게 대답하여 이르되 내가 아니라 하나님께서 바로에게 편안한 대답을 하시리이다……³⁷바로와 그의 모든 신하가 이 일을 좋게 여긴지라 ³⁸바로가 그의 신하들에게 이르되 이와 같이 하나님의 영에 감동된 사람을 우리가 어찌 찾을 수 있으리요 하고 ³⁹요셉에게 이르되 하나님이 이 모든 것을 네게 보이셨으니 너와 같이 명철하고 지혜 있는 자가 없도다 ⁴⁰너는 내 집을 다스리라 내 백성이 다 네 명령에 복종하리니 내가 너보다 높은 것은 내 왕좌뿐이니라 ⁴¹바로가 또 요셉에게 이르되 내가 너를 애굽 온 땅의 총리가 되게 하노라 하고 ⁴²자기의 인장 반지를 빼어 요셉의 손에 끼우고 그에게 세마포 옷을 입히고 금 사슬을 목에 걸고 ⁴³자기에게 있는 버금 수레에 그를 태우매 무리가 그의 앞에서 소리 지르기를 엎드리라 하더라 바로가 그에게 애굽 전국을 총리로 다스리게 하였더라 ⁴⁴바로가 요셉에게 이르되 나는 바로라 애굽 온 땅에서 네 허락이 없이는 수족을 놀릴 자가 없으리라 하고 ⁴⁵그가 요셉의 이름을 사브낫바네아라 하고 또 온의 제사장 보디베라의 딸 아스낫을 그에게 주어 아내로 삼게 하니라 요셉이 나가 애굽 온 땅을 순찰하니라."

본문에서 하나님이 요셉을 위하여 섭리하신 것은 무엇인가?

첫 번째는, 바로가 두 번의 꿈을 꾸게 하신 것이다. 두 번째는, 그 꿈을 푸는 자가 없게 하신 것이다. 세 번째는, 때에 맞게 술 맡은 관원장이 요셉을 기억나게 하신 것이다. 네 번째는, 하나님이 요셉에게 해석의 능력을 주셨다는 것이다. 다섯 번째는, 37절에서 요셉의 의견에 신하들이 좋게 여기게 하셨다. 여섯 번째는, 38절에서 요셉이 바로에게 신뢰받게 하셨다. 일곱 번째는, 41절에서 바로가 요셉을 총리로 삼게 하셨다. 여기서 하나님의 마음을 알 수 있는 것은, 아무리 천한 신분이라도 하나님이 함께하시는 자라면 그를 위하여 하나님이 나머지를 모두 그를 위한 도구로 쓰신다는 것이다.

하나님은 왜 이때 술 맡은 관원장이 요셉을 기억하게 했을까?

관원장이 좋은 사람이라 자신이 은혜 입은 것을 기억한 것이다. 그가 부정적이거나 나쁜 사람이었으면 자신의 좋은 일보다는 나쁜 일을 기억하고 있었을 것이다. 두 번째는, 그동안 그에게 꿈과 관련된 일이 없었기 때문일 것이다. 세 번째는, 요셉에게 중요한 사건이 되기에 요셉을 위해 술 맡은 관원장을 도구로 쓰시기 위함이었다.

하나님은 바로 앞에 선 요셉을 어떤 신앙을 가진 자로 소개하시는가?

첫 번째로, 16절의 고백 "하나님께서 바로에게 편안한 대답을 하시리이다"를 통하여, 요셉이 자신의 능력이 아닌 하나님의 능력이 바로의 꿈을 해석하게 해주실 것을 고백함으로 하나님이 해결자이심을 고백하는 것이다. 두 번째로, 25절에서 "하나님이 그가 하실 일을 바로에게 보이심이니이다" 하는 고백으로 요셉은 하나님이 살아 계시고 모든 것의 주관자이심을 고백하는 것이다. 세 번째는, 32절에서 "하나님이 이 일을 정하셨음이라 하나님이 속히 행하시리니"의 고백으로 하나님이 하시는 일은 사람이 막을 수 없고 그분의 뜻대로 된다는 것을 고백하고 있는 것이다.

하나님이 요셉을 바로의 총리로 세우시는 섭리는 무엇인가?

바로가 요셉을 한번 크게 상을 주는 것으로도 되는데 단 한 번의 꿈을 풀게 함으로 총리가 되었다는 것은 상식적으로 이해가 되지 않는다.

요셉이 40장의 관원장의 꿈을 풀어 준 것과 41장의 바로의 꿈을 풀어 주는 것의 차이는, 41장에서는 꿈을 풀어 준 것만이 아니라 그 대처 방법까지 알려 주었다는 것이다. 이것은 요셉이 꿈 푸는 영적 능력과 문제를 해결할 수 있는 지혜가 있다는 것을 의미한다. 요셉이 노예와 죄수로 있어도 거기에 매이지 않고 더 큰 것을 생각할 수 있기에 그 생각을 하나님이 쓰신 것이다. 그러므로 그리스도인은 생활에 얽매이지 않는 큰 생각을 늘 가지고 살아야 함을 말한다.

하나님과 요셉이 서로 교통되고 있음을 알 수 있는 것은 무엇인가?

요셉의 두 아들의 이름에서 나타난다. 첫째 아들은 므낫세로서 그 이름의 뜻은 '잊어버림'이다. 그가 바로의 총리로 있을 때 하나님께서 지난 날의 고난을 잊게 하셨다는 것만 아니라 하나님이 어릴 적 아버지와 집안까지도 잊게 하셨다는 말은, 요셉 자신이 애굽에서 노예와 죄수로 살기에도 괴로운데 아버지와 집안까지 생각하면 못 살 것 같아서 하나님이 그 마음을 잊게 하셨다고 고백함으로 자기 마음을 조정하신 분이 하나님이심을 섬세하게 고백한 것이다.

그리고 둘째 아들 에브라임의 뜻은 '창성함'이다. 이것은 하나님이 자신을 수고한 땅에서 번성하게 하셨다는 뜻이다. 요셉은 자신의 힘으로 인생을 살아온 것이 아니라 하나님의 도우심으로 살아왔음을 고백하는 것이다. 그리고 16절에서 "하나님께서 바로에게 편안한 대답을 하시리이다", 25절에서 "하나님이 그가 하실 일을 바로에게 보이심이니이다", 32절에서 "하나님이 이 일을 정하셨음이라 하나님이 속히 행하시리니" 등의 요셉의 고백들이 하나님이 하실 말씀을 요셉이 바로에게 담대하게 말하고 있는 것이다.

나·눔·질문

1. 본문에서 하나님이 요셉을 위하여 섭리하신 것은 무엇인가?

2. 하나님은 왜 이때 술 맡은 관원장이 요셉을 기억하게 했을까?(9절)

3. 하나님은 바로 앞에 선 요셉을 어떤 신앙을 가진 자로 소개하시는가?(16, 25, 32절)

4. 하나님이 요셉을 바로의 총리로 세우시는 섭리는 무엇인가?

5. 하나님과 요셉이 서로 교통하고 있음을 알 수 있는 것은 무엇인가?

요셉과 형들의 만남
창 45:1~15

¹요셉이 시종하는 자들 앞에서 그 정을 억제하지 못하여 소리 질러 모든 사람을 자기에게서 물러가라 하고 그 형제들에게 자기를 알리니 그때에 그와 함께한 다른 사람이 없었더라 ²요셉이 큰 소리로 우니 애굽 사람에게 들리며 바로의 궁중에 들리더라 ³요셉이 그 형들에게 이르되 나는 요셉이라 내 아버지께서 아직 살아 계시니이까 형들이 그 앞에서 놀라서 대답하지 못하더라 ⁴요셉이 형들에게 이르되 내게로 가까이 오소서 그들이 가까이 가니 이르되 나는 당신들의 아우 요셉이니 당신들이 애굽에 판 자라 ⁵당신들이 나를 이곳에 팔았다고 해서 근심하지 마소서 한탄하지 마소서 하나님이 생명을 구원하시려고 나를 당신들보다 먼저 보내셨나이다 ⁶이 땅에 이 년 동안 흉년이 들었으나 아직 오 년은 밭갈이도 못하고 추수도 못할지라 ⁷하나님이 큰 구원으로 당신들의 생명을 보존하고 당신들의 후손을 세상에 두시려고 나를 당신들보다 먼저 보내셨나니 ⁸그런즉 나를 이리로 보낸 이는 당신들이 아니요 하나님이시라 하나님이 나를 바로에게 아버지로 삼으시고 그 온 집의 주로 삼으시며 애굽 온 땅의 통치자로 삼으셨나이다 ⁹당신들은 속히 아버지께로 올라가서 아뢰기를 아버지의 아들 요셉의 말에 하나님이 나를 애굽 전국의 주로 세우셨으니 지체 말고 내게로 내려오사 ¹⁰아버지의 아들들과 아버지의 손자들과 아버지의 양과 소와 모든 소유가 고센 땅에 머물며 나와 가깝게 하소서 ¹¹흉년이 아직 다섯 해가 있으니 내가 거기서 아버지를 봉양하리이다 아

버지와 아버지의 가족과 아버지께 속한 모든 사람에게 부족함이 없도록 하겠나이다 하더라고 전하소서 [12]당신들의 눈과 내 아우 베냐민의 눈이 보는 바 당신들에게 이 말을 하는 것은 내 입이라 [13]당신들은 내가 애굽에서 누리는 영화와 당신들이 본 모든 것을 다 내 아버지께 아뢰고 속히 모시고 내려오소서 하며 [14]자기 아우 베냐민의 목을 안고 우니 베냐민도 요셉의 목을 안고 우니라 [15]요셉이 또 형들과 입맞추며 안고 우니 형들이 그제서야 요셉과 말하니라."

요셉이 하나님과 교통하였다고 하는 구절은 어디인가?

5절, 7절에서 요셉은 두 번 "하나님이 생명을 구원하시려고 나를 당신들보다 먼저 보내셨나이다"라고 고백한다. 이것은 요셉이 자신의 인생을 하나님이 정확하게 이끄셨음을 고백하는 것이다. 또한 5절, 7절에서 '생명'이라는 단어를 두 번 고백하는데, 이것은 생명을 귀히 여기시는 하나님과 같은 마음이다. 8절 전반부에서 "나를 이리로 보낸 이는 당신들이 아니요 하나님이시라"라고 한 말은 요셉이 자신의 인생의 주관자가 하나님임을 고백하고 있다. 그리고 자신의 불가항적인 일도 하나님이 이끄셨음을 담대하게 고백하는 것이다.

요셉은 4~5절에서 "나는 당신들의 아우 요셉이니 당신들이 애굽에 판 자라 당신들이 나를 이곳에 팔았다고 해서 근심하지 마소서 한탄하지 마소서"라고 말하는데, 이것은 하나님의 시각으로 분명한 사실을 말하고 있는 것이다. 그리고 8절에서 "하나님이 나를 바로에게 아버지로 삼으시고 그 온 집의 주로 삼으시며 애굽 온 땅의 통치자로 삼으셨나이다"라고 한 것은 요셉이 형들에게 자기자랑을 하는 것이 아니라 하나님이 자신을 출세하게 하나님이 하셨다고 고백하는 것이다.

9~11절에서 요셉이 자신의 축복이 다른 사람을 위한 축복의 통로가 되기를 바라며 말을 하는 것은 하나님이 요셉을 바로의 총리로 세우신 뜻과 같다.

하나님이 요셉이 우는 것을 기록하신 이유는 무엇인가?

첫 번째는, 요셉의 마음에 원망이나 복수심이 없다는 것을 의미한다. 두 번째는, 요셉은 기계적인 인간이 아니라 감성적인 사람인 것을 의미한다. 세 번째는, 하나님이 요셉에게 가족애를 가질 수 있는 마음을 주셨다는 것을 의미한다. 요셉이 노예와 죄수로 있을 때는 그런 기록이 없다. 오히려 자신이 어려울 때 집, 부모가 생각나고 눈물도 날 텐데 그런 마음이 없었다는 것은, 41장 51절에서 요셉의 첫째 아들의 이름 속에 있는 "하나님이 내게 내 모든 고난과 내 아버지의 온 집 일을 잊어버리게 하셨다 함이요"처럼, 그 가족애의 감정으로 하나님은 노예와 죄수로서 삶을 감당할 수 있게 잠시 잊게 하셨음을 뜻한다. 그리고 오랫동안 가족을 못 보거나 자신의 처해진 환경에 적응하다 보면 가족을 찾지도 않고 슬퍼하지도 않을 수 있는데, 하나님은 요셉에게 가족에 대한 사랑을 가지고 있게 하셨다. 네 번째는, 요셉의 울음은 육적인 울음이 아니라 하나님이 형들을 자신에게 이끌어주심에 대한 영적인 울음이었기 때문이다.

하나님은 본문의 요셉의 고백과 신앙을 통해 오늘을 사는 그리스도인에게 어떤 신앙을 원하고 계시는가?

첫 번째는, 사실을 인정하되 생각이 사실에 머물지 말고 더 높은 하나님의 섭리(주권)을 믿은 신앙으로 높아지라는 것이다(4~5절).

두 번째는, 잘되는 것은 하나님이 도우시기 때문이라는 것을 확신하라는 것이다(8a절).

세 번째는, 자신의 축복이 다른 사람의 축복의 통로로 쓰임 받아야 한다는 것을 말씀하신다(9~11절).

네 번째는, 자신이 잘되어 자신을 괴롭힌 사람에게 도움을 주는 것이 아름다운 복수라는 것을 말씀하신다. 요셉의 형들이 애굽에 한 것은 거기서 고생하다 죽으라는 뜻이었지만, 요셉은 살아서 형들을 환대하며 자신의 성공을 보여주고 도움을 주면서 아름다운 복수를 하고 있는 것이다.

다섯 번째는, 원수(형들)마저도 사랑하라고 말씀하신 것이다.

여섯 번째는, 남을 잘되게 하는 삶을 살라고 말씀하신 것이다.

일곱 번째는, 언제나 부모를 공양하는 마음을 가지라고 말씀하신다 (9~11절).

여덟 번째는, 요셉은 바로의 총리이지만 형들에게는 어린 동생의 모습을 보임으로 자신을 높이지 않는 겸손한 마음을 가지라고 말씀하신다.

아홉 번째는, 요셉처럼 세월이 갈수록 더 좋은 존재와 신앙을 가지라고 말씀하신다.

나눔 질문

1. 요셉이 하나님과 교통하였다고 하는 구절은 어디인가?

2. 하나님이 요셉이 우는 것을 기록하신 이유는 무엇인가?(1~2, 14~15절)

3. 하나님은 본문의 요셉의 고백과 신앙을 통해 오늘을 사는 그리스도인에게 어떤 신앙을 원하고 계시는가?

신 약

예수님과 가나안 여자
마 15:21~28

"²¹예수께서 거기서 나가사 두로와 시돈 지방으로 들어가시니 ²²가나안 여자 하나가 그 지경에서 나와서 소리 질러 이르되 주 다윗의 자손이여 나를 불쌍히 여기소서 내 딸이 흉악하게 귀신 들렸나이다 하되 ²³예수는 한 말씀도 대답하지 아니하시니 제자들이 와서 청하여 말하되 그 여자가 우리 뒤에서 소리를 지르오니 그를 보내소서 ²⁴예수께서 대답하여 이르시되 나는 이스라엘 집의 잃어버린 양 외에는 다른 데로 보내심을 받지 아니하였노라 하시니 ²⁵여자가 와서 예수께 절하며 이르되 주여 저를 도우소서 ²⁶대답하여 이르시되 자녀의 떡을 취하여 개들에게 던짐이 마땅하지 아니하니라 ²⁷여자가 이르되 주여 옳소이다마는 개들도 제 주인의 상에서 떨어지는 부스러기를 먹나이다 하니 ²⁸이에 예수께서 대답하여 이르시되 여자여 네 믿음이 크도다 네 소원대로 되리라 하시니 그때로부터 그의 딸이 나으니라."

예수님은 왜 무엇 때문에 이곳에 오셨는가?

두로와 시돈은 예수께서 처음 밟은 외국 땅이다. 예수님은 이 먼 거리를 이방인인 가나안 여인 하나를 위해 오셨다. 물론 성령의 인도하심이 있으셨지만 한 영혼을 사랑하시는 예수님의 마음이 작용하신 것이다.

예수님은 제자들에게조차도 말씀하시지 않고 가나안 여인에게도 내가 너를 만나려 여기까지 왔다고 알리지 않으셨다. 예수님은 한 영혼을 위한 수고를 알아주기를 바라며 말씀하시지 않고 당신이 하실 일을 아무도 모르게 하고 계셨다.

그리스도인이 예수님을 닮는다면 예수님처럼 영혼을 향한, 하나님의 기쁘신 뜻을 위해 일할 때 남들이 알도록 요란하게 하고 남이 자신의 수고를 안 알아주면 섭섭해 하는 태도는 버려야 한다. 예수님은 내가 원하지 않고 찾지 않아도 나의 문제를 알고 찾아오셔서 축복하기를 원하시는 주님이시다.

예수님은 왜 한 말씀도 하지 않으셨을까?

이 여인의 말을 듣지 못해서 말씀하시지 않은 것처럼 생각할 수 있다. 그러나 그것은 아니었다. 왜냐하면 가나안 여인은 소리를 지르고 있었고 (22-23절), 23절에서 "제자들이 와서 청하여" 한 말씀을 보면 제자들도 들을 수 있는 소리를 주님이 못 들으실 리가 없다는 것이다. 그러므로 예수님은 의도적으로 못 들으신 척하신 것이다. 이것은 예수님이 가나안 여인을 향한 테스트를 작정하신 것이다.

예수님은 이 여인에게서 무슨 테스트를 하신 것일까?

그것은 '침묵의 테스트'였다. 예수님이 한 말씀도 대답하지 않으시면서 가나안 여인이 그래도 계속 인내하며 예수님이 도우실 것을 믿고 가까이 오는지 알고 싶으셨던 것이다. 그리스도인이 자신의 문제가 있어 주님을 찾을 때, 내가 애를 쓰는데도 불구하고 주님의 침묵을 경험할 때 나는 어떤 반응을 보이는가? 포기, 실망, 두려움, 아니면 가나안 여인같이 그래도 끝까지 예수님을 기대할 것인가를 주님은 그리스도인에게 묻고 계신 것이다.

예수님이 여인을 테스트하신 것은 즉흥적인 것일까, 아니면 준비된 것일까?

분명한 것은 준비된 시험이라는 것이다. 왜냐하면 애초부터 이곳에서는 이 여인 한 사람만 치료하고 가셨기 때문이다. 어떤 사람이 외국을 가는데 아무런 준비, 이유도 없이 가겠는가? 예수님은 즉흥적이지 않으시며 항상 준비하고 움직이시는 분이다.

24절에서 예수님은 왜 이렇게 말씀하신 것일까?

첫 번째는, 그렇게 말해도 상처받거나 포기하지 않을 여인임을 아시기 때문이다. 두 번째는, 예수님을 끝없이 신뢰하는 여인임을 아셨기 때문이다.

24절의 예수님의 말씀은 맞는 것일까, 아니면 틀린 것일까?

이방 여인을 구하기 위해 외국 땅을 밟으신 주님이시기 때문에 행동으로 보면 틀리신 것이다. 그러나 말씀은 맞으시다. 왜냐하면 이 여인도 선택 받은 잃어버린 하나님의 양이기 때문이다.

예수님은 24절에서 이 여인에게 무슨 테스트를 하시는 것일까?

'차별의 테스트'를 하고 계신다. 간혹 그리스도인은 하나님이 불공평하신 것처럼 보일 때가 있다. 자신은 받은 것이 없는데 다른 사람은 받은 것이 많고, 자신은 안 되는데 다른 사람은 되고, 자신은 낮은데 다른 사람은 높을 때, 자신이 하나님께 차별을 받는 것 같은 느낌을 가질 수 있다. 그러나 그것은 자신이 얼마나 좋으신 예수님을 신뢰하는지 차별을 통하여 시험하시는 것이다. 그러므로 불평불만을 버리고 오히려 감사하며 더 좋은 것을 주실 주님을 의지한다면 결코 주님을 실망시키지 않을 것이다.

예수님은 모든 것을 공평하게 하시는 분이다. 낮았다면 높여 주시고, 없었다면 있게 하시고, 안 되면 되게 하시는 분이다.

예수님은 26절의 말씀을 왜 하신 것일까? 뜻은 무엇인가?

자녀의 떡을 개에게 주는 행위와 같은 바보 같은 행동은 안 한다는 뜻이다. 이 말씀은 '유대인이 먼저이다. 이방인인 네가 받은 혜택은 없다.

이방인인 너에게는 축복 받을 기회는 없다'라는 뜻이다.

예수님은 26절에서 이 여인에게 무슨 테스트를 하신 것일까?

'무시의 테스트'를 하고 계신다. 이 여인은 예수님으로부터 개 취급을 당하는 수모를 겪는다. 그럼에도 불구하고 좋으신 예수님을 신뢰하는 것을 멈추지 않는다. 이것은 지독한 신뢰이다. 주님을 언제나 의지하고 찾는데도 여전히 낮아짐을 당하고 산다면, 정말 끝까지 견디고 좋으신 주님을 끝까지 신뢰할 수 있는가 하고 주님은 모든 그리스도인들에게 물으신다.

예수님은 28절에서 여인에게 큰 믿음이라고 하시는데 무슨 이유로 큰 믿음이라고 말씀하신 것일까?

첫 번째로, 이 여인은 예수님을 감정과 자존심으로 상대하지 않고 믿음으로 상대하였기 때문이다. 두 번째는, 서러운 세 차례의 테스트를 통과한 믿음이기 때문이다.

예수님이 28절에서 이 여인에게 "믿음이 크도다"라고 말씀하시는데 여인의 믿음은 어떤 믿음인가?

딸이 낫는다는 믿음이 아니라 주를 끝없이 신뢰하는 믿음이다. 믿음의 초점은 주님이라는 것이다. 소원대로 되기 위해서는 예수님으로부터 믿음을 인정받는 것이 필요하다.

예수님은 이 여인을 테스트하시면서 무엇을 알고 싶으시고, 이 여인에게 무엇을 스스로 알게 하려 하신 것일까?

딸의 문제를 가지고 믿음으로 주께로 나온 것인지, 아니면 자존심이나 감정을 가지고 주께 나오는 것인지를 알고 싶으셨고, 그 여인도 스스로 알게 하려 하셨다. 많은 그리스도인들이 자신의 문제를 예수님 앞에 가지고 나오지만 얼마 못 가서 주님으로부터 등을 돌리고 멈춘다. 왜냐하면 주님이 인정하시고 축복하시는 순간까지 믿음으로 서 있는 것이 아니라 자신의 감정이나 생각, 환경에 치우쳐서 주를 향한 믿음이 사라졌기 때문이다.

예수님은 왜 이 여인을 테스트하신 것일까?

예수님은 이 여인의 믿음의 수준을 알고 계셨다. 테스트를 해도 성공할 수 있는 큰 믿음을 가진 자인 것을 아셨다. 마가복음 7장 29절에서는 예수님이 이 여인을 향해 "이 말을 하였으니" 하신다. 이것은 예수님을 향한 믿음의 말이 여인의 소원을 이루게 된다는 것을 알려 주시는 것이다.

그리스도인은 예수님 앞에서 말을 잘해야 한다. 말 한마디에 칭찬과 축복을 받지만 그렇지 않으면 예수님은 대꾸도 안 하시고 책망을 들을 수도 있다. 마태복음 16장 22~23절에서 "베드로가 예수를 붙들고 항변하여 이르되 주여 그리 마옵소서 이 일이 결코 주께 미치지 아니하리이다" 하고 충성어린 말을 하였으나 예수님은 "사탄아 내 뒤로 물러가라 너는 나를 넘어지게 하는 자로다" 하심으로 단호하게 말씀하신다.

반대로 베드로가 마태복음 16장 16절에서 예수님을 "주는 그리스도시요 살아 계신 하나님의 아들이시니이다"라고 하나님 아버지의 계시된 말을 하자 예수님은 이어 19절에서 "내가 천국 열쇠를 네게 주리니 네가 땅에서 무엇이든지 매면 하늘에서도 매일 것이요 네가 땅에서 무엇이든지 풀면 하늘에서도 풀리리라"고 복된 약속의 말씀을 주신다.

나·눔 질문

1. 예수님은 왜 무엇 때문에 이곳에 오셨는가?(21절)

2. 예수님이 왜 한 말씀도 하지 않으셨을까?(23절)

3. 예수님은 이 여인에게서 무슨 테스트를 하신 것일까?(23절)

4. 예수님이 이 여인을 테스트하신 것은 즉흥적일까 아니면 준비된 것일까?

5. 24절에서 예수님은 왜 이렇게 말씀하신 것일까?(24절)

6. 예수님의 말씀은 맞는 것일까, 아니면 틀린 것일까?(24절)

7. 예수님은 24절에서 이 여인에게 무슨 테스트를 하시는 것일까?

8. 예수님은 26절의 말씀을 왜 하신 것일까? 뜻은 무엇인가?

9. 예수님은 26절에서 이 여인에게 무슨 테스트를 하신 것일까?

10. 예수님은 28절에서 여인에게 큰 믿음이라고 하시는데 무슨 이유로 큰 믿음이라고 말씀하시는 것일까?

11. 예수님이 28절에서 이 여인에게 "믿음이 크도다"라고 말씀하시는데 여인의 믿음은 어떤 믿음인가?

12. 예수님은 이 여인을 테스트하시면서 무엇을 알고 싶으시고, 이 여인에게 무엇을 스스로 알게 하려 하신 것일까?

13. 예수님은 왜 이 여인을 테스트하신 것일까?

포도원 품꾼 비유
마 20:1~16

"¹천국은 마치 품꾼을 얻어 포도원에 들여보내려고 이른 아침에 나간 집 주인과 같으니 ²그가 하루 한 데나리온씩 품꾼들과 약속하여 포도원에 들여보내고 ³또 제삼시에 나가 보니 장터에 놀고 서 있는 사람들이 또 있는지라 ⁴그들에게 이르되 너희도 포도원에 들어가라 내가 너희에게 상당하게 주리라 하니 그들이 가고 ⁵제육시와 제구시에 또 나가 그와 같이 하고 ⁶제십일시에도 나가 보니 서 있는 사람들이 또 있는지라 이르되 너희는 어찌하여 종일토록 놀고 여기 서 있느냐 ⁷이르되 우리를 품꾼으로 쓰는 이가 없음이니이다 이르되 너희도 포도원에 들어가라 하니라 ⁸저물매 포도원 주인이 청지기에게 이르되 품꾼들을 불러 나중 온 자로부터 시작하여 먼저 온 자까지 삯을 주라 하니 ⁹제십일시에 온 자들이 와서 한 데나리온씩을 받거늘 ¹⁰먼저 온 자들이 와서 더 받을 줄 알았더니 그들도 한 데나리온씩 받은지라 ¹¹받은 후 집 주인을 원망하여 이르되 ¹²나중 온 이 사람들은 한 시간밖에 일하지 아니하였거늘 그들을 종일 수고하며 더위를 견딘 우리와 같게 하였나이다 ¹³주인이 그 중의 한 사람에게 대답하여 이르되 친구여 내가 네게 잘못한 것이 없노라 네가 나와 한 데나리온의 약속을 하지 아니하였느냐 ¹⁴네 것이나 가지고 가라 나중 온 이 사람에게 너와 같이 주는 것이 내 뜻이니라 ¹⁵내 것을 가지고 내 뜻대로 할 것이 아니냐 내가 선하므로 네가 악하게 보느냐 ¹⁶이와 같이 나중 된 자로서 먼저 되고 먼저 된 자로서 나중 되리라."

주인은 왜 품꾼을 한 번이 아닌 다섯 번에 걸쳐 불렀을까? 그것도 왜 일이 끝나는 한 시간을 앞두고 불렀나? 또 청지기에게(8절) 시켜도 되는 것을 주인이 직접 부른 이유는 무엇인가? 일이 종료되기까지 한 시간 앞둔 오후 5시에 온 사람들에게 하루 품삯을 주는 주인은 어떤 마음을 지녔는가?

보통 인력시장은 일꾼을 새벽에 한 번 부르면 그날은 더 이상 일꾼을 부르지 않는다. 그런 의미로 볼 때 다섯 번이나 일꾼을 부른다는 것은 첫 번째로, 주인은 돈이 많은 사람인 것을 의미한다. 두 번째는, 일보다 돈보다 사람을 소중하게 여기는 마음을 가진 것을 의미한다. 세 번째는, 주인은 일 때문에 사람을 부른 것이 아니라 사람 때문에 일을 시키려고 불렀다. 네 번째는, 주인은 가난하고 일거리가 없어 놀고 있는 품꾼을 불쌍히 여기는 긍휼의 마음을 가지고 있었다. 다섯 번째는 주인은 품꾼을 도우려는 마음(특히 5시에 온 품꾼)을 가지고 있었다.

그러므로 주인은 이성이 앞서고 계산적인 사람이 아니라 감성이 앞서고 무엇이 더 중요한지를 아는 사람이라 하겠다.

왜 주인은 먼저 온 사람부터 주지 않고 나중에 온 사람들부터 품삯을 주었을까?

첫 번째는, 먼저 온 자들부터 계산하면 나중에 온 자신들은 한 일이 없기에 미리 짐작해 그냥 집으로 갈 것 같아서 나중 온 자를 배려하기 위해 먼저 주었다. 두 번째는, 나중 된 자를 실망시키지 않으려는 배려 차원에서이다. 만약 먼저 된 자부터 받으면 자신들은 얼마 일하지 않았다는 것을 알기에 품삯을 적게 혹은 못 받을지도 모른다는 마음에서 미리 실망할 수 있기 때문이다. 세 번째는, 먼저 된 자들의 태도를 보기 위함이다.

왜 오후 5시에 온 사람들에게 하루 품삯을 주었을까? 주인의 기준은 무엇인가?

먼저 시간 개념을 정리할 필요가 있다. 이 당시 유대인의 시간에 여섯 시간을 더해야 현재 사용하는 시간이다. 그리고 오후 6시에 일을 끝낸다.

그러므로 5시에 온 사람들은 돈을 받을 기대감이나 돈을 목적으로 일한 것이 아니라 주인의 마음이 고마워서 일했을 것이다. 그 근거는 본문에서는 주인이 그들에게 품삯을 주겠다고 약속하지 않았다는 것이다. 그러나 먼저 온 자들은 2~5절에서 한 데나리온의 품삯을 약속하였다. 그래서 주인은 먼저 온 자들보다 마음 태도가 좋아서 나중 온 자들에게 한 데나리온을 준 것이다. 오후 5시에 온 사람들은 마음에 주인에 대한 고마움을 가지고 열심을 다 하였을 것이다. 주인이 일꾼에게 바라는 그 마음으로 말이다.

왜 주인은 먼저 온 자들을 더 주지 않았을까?

한 시간 일한 사람들도 하루 품삯을 줄 정도로 착한 마음도 있고 돈에 대한 여유가 있는 주인인데 말이다. 그것은 먼저 온 자들은 자신을 써준 주인에 대한 고마움보다는 주인에게 받을 돈에 마음이 더 컸기 때문이다. 그들은 주인보다는 돈이 우선이고 더 중요하게 여겼다. 또한 주인은 일의 양보다는 일하는 태도와 주인에 대한 태도에 따라 계산하는 기준을 가졌기 때문이다.

그리고 먼저 온 자들은 자신을 써준 주인의 은혜를 크게 본 것이 아니라 자신들이 무엇을 했는가를 더 강조하였다. 그들의 "그들을 종일 수고하며 더위를 견딘 우리와 같게 하였나이다"(12절)라는 고백에서 알 수 있다.

여기서 먼저 온 자들이 당연히 계약대로 자기 몫을 받았는데도 주인을 향해 원망을 한 것은, 첫 번째는, 나중에 들어온 자가 하루 품삯을 다 받는 것을 보고 더 받고 싶은 기대감과 욕심이 있었기 때문이다. 두 번째는, 놀고 있는 그들을 불쌍히 여겨 한 데나리온의 품삯을 받을 수 있도록 할 일을 준 것에 대하여 감사하지 않고 당연하게 여기는 태도 때문이다. 세 번째는, 마지막에 들어온 품꾼과 비교하여 자신들이 더 많이 일하였다는 공로자 의식이 있었기 때문이다. 네 번째는, 먼저 온 자들은 일하는 어느 순간부터 자신을 써준 주인의 은혜가 아니라 주인에게 받을 빚으로 여긴 것이다. 다섯 번째는, 정당한 품삯 외에 더 주고 안 주는 것은 주인의 권리인데, 더 주지 않는다고 원망하는 것은 품꾼으로서 월권 행위이기 때문이다. 곧 품꾼으로서 교만한 마음을 가진 것이다.

비유를 통하여, 예수님은 무엇을 처음 된 자가 나중 되고 나중 된 자가 처음 되게 하는 기준으로 보았는가?

첫 번째는, 일의 양이 아니라 일의 질, 즉 일의 내용을 기준으로 보신다. 두 번째는, 품꾼의 태도를 통해 어디에 목적을 두고 있는가를 기준으로 보신다. 세 번째는, 목적과 수단은 정확한가를 기준으로 보신다(돈, 일, 사람, 주인). 네 번째는, 마음 상태가 어떠한가를 기준으로 보신다(고마움/당연함, 변화/변질). 다섯 번째는, 주인을 어떤 관점에서 바라보는가를 기준으로 보신다(감사함/원망).

나눔 질문

1. 주인은 왜 품꾼을 한 번이 아닌 다섯 번에 걸쳐 불렀을까? 그것도 왜 일이 끝나는 한 시간을 앞두고 불렀나? 또한 청지기에게(8절) 시켜도 되는 일인데 주인이 직접 부른 이유는 무엇인가? 일이 종료되기까지 한 시간 앞둔 5시에 온 사람들에게 하루 품삯을 주는 주인은 어떤 마음을 지녔는가?

2. 왜 주인은 먼저 온 사람부터 주지 않고 나중에 온 사람들부터 품삯을 주었을까?(8절)

3. 왜 5시에 온 사람들에게 하루 품삯을 주었을까? 주인의 기준은 무엇인가?(9절)

4. 왜 주인은 먼저 온 자들을 더 주지 않았을까?(10절)

5. 비유를 통하여, 예수님은 무엇을 처음 된 자가 나중 되고 나중 된 자가 처음 되게 하는 기준으로 보았는가?(16절)

달란트 받은 종 비유
마 25:14~30

"¹⁴또 어떤 사람이 타국에 갈 때 그 종들을 불러 자기 소유를 맡김과 같으니 ¹⁵각각 그 재능대로 한 사람에게는 금 다섯 달란트를, 한 사람에게는 두 달란트를, 한 사람에게는 한 달란트를 주고 떠났더니 ¹⁶다섯 달란트 받은 자는 바로 가서 그것으로 장사하여 또 다섯 달란트를 남기고 ¹⁷두 달란트 받은 자도 그같이 하여 또 두 달란트를 남겼으되 ¹⁸한 달란트 받은 자는 가서 땅을 파고 그 주인의 돈을 감추어 두었더니 ¹⁹오랜 후에 그 종들의 주인이 돌아와 그들과 결산할새 ²⁰다섯 달란트 받았던 자는 다섯 달란트를 더 가지고 와서 이르되 주인이여 내게 다섯 달란트를 주셨는데 보소서 내가 또 다섯 달란트를 남겼나이다 ²¹그 주인이 이르되 잘하였도다 착하고 충성된 종아 네가 적은 일에 충성하였으매 내가 많은 것을 네게 맡기리니 네 주인의 즐거움에 참여할지어다 하고 ²²두 달란트 받았던 자도 와서 이르되 주인이여 내게 두 달란트를 주셨는데 보소서 내가 또 두 달란트를 남겼나이다 ²³그 주인이 이르되 잘하였도다 착하고 충성된 종아 네가 적은 일에 충성하였으매 내가 많은 것을 네게 맡기리니 네 주인의 즐거움에 참여할지어다 하고 ²⁴한 달란트 받았던 자는 와서 이르되 주인이여 당신은 굳은 사람이라 심지 않은 데서 거두고 헤치지 않은 데서 모으는 줄 내가 알았으므로 ²⁵두려워하여 나가서 당신의 달란트를 땅에 감추어 두었나이다 보소서 당신의 것을 가지셨나이다 ²⁶그 주인이 대답하여 이르되 악하고 게으른 종아 나는 심지 않은 데서 거두고 헤

치지 않은 데서 모으는 줄로 네가 알았느냐 ²⁷그러면 네가 마땅히 내 돈을 취리하는 자들에게나 맡겼다가 내가 돌아와서 내 원금과 이자를 받게 하였을 것이니라 하고 ²⁸그에게서 그 한 달란트를 빼앗아 열 달란트 가진 자에게 주라 ²⁹무릇 있는 자는 받아 풍족하게 되고 없는 자는 그 있는 것까지 빼앗기리라 ³⁰이 무익한 종을 바깥 어두운 데로 내쫓으라 거기서 슬피 울며 이를 갈리라 하니라."

주인은 어떤 사람인가?

첫째로, 종을 잘 알고 있다. 주인은 종이 각각 어느 정도의 능력이 있는지를 잘 알고 거기에 맞게 차등을 두고 소유를 맡겼다. 두 번째, 주인은 종에게 공평하고 역량에 맞게 주었다. 주인은 '재능대로' 차등을 두어 준 것이지 다른 기준으로 차등을 두지 않았다. 세 번째, 주인은 종을 믿고 있었다.

한 달란트는 6,000데나리온이고, 한 데나리온은 노동자의 하루 품삯이다. 하루 품삯을 10만 원으로 계산한다면 대략 6억 원 정도가 된다. 주인은 세 명에게 여덟 달란트, 자그마치 48억을 맡기고 먼 길을 간 것이다. 주인이 없는 사이에 종들이 그 돈을 가지고 도망갈 수도 있는데 주인이 맡겼다는 것은 종들을 엄청 신뢰하고 있음을 말한다.

그리스도인은 주님의 제자이며 종으로 부르심을 받아 사는 자인데, 주님은 본문의 주인처럼 그리스도인 각자를 잘 아셔서 어떤 능력이 있고 무슨 사명이 있는지에 따라 맡기심이 있다. 그러므로 그리스도인 각자는 그것을 알고 믿음으로 감사하며, 본문의 주인이 감당할 줄 믿고 맡긴 것처럼 우리에게 맡겨 주신 주님을 실망시키지 않고 최선을 다해 주님의 기대대로 이루어내야 할 것이다.

주인은 능력대로, 지혜대로, 열심대로, 주인이 좋아하는 대로, 선한 대로 나누어주지 않고 왜 하필이면 재능대로 나누어주었는가?

주인은 맡은 업무에 따라 준 것이다. 그 재능이라는 것은 주인이 종에게 각자 맡겨 준 일에 대한 감당하는 능력을 의미한다. 모든 그리스도인은 구원받으면 누구나 다 주님의 일꾼이 되어 각자 평생 이루어야 할 주님의 일이 있다. 그것을 이루도록 주님은 능력과 모든 것을 제공하시는 것이다.

무엇 때문에 주인은 결산하는 것일까?

종은 당연히 주인 것을 내놓아 평가를 받아야 한다. 종은 자기 것이 아니기에 주인에게 돌려줄 의무가 있다. 주인은 책망하기보다는 칭찬을 주기 위해 결산한 것이다. 왜냐하면 각 종들에게 그 큰 액수를 맡길 정도면 주인은 이미 종을 신뢰하고 종들을 긍정적으로 평가한 것이기 때문이다. 그러므로 주인은 종을 긍정적으로 평가하고 그 결과에 대해 즐거운 마음으로 기대했다.

주인이 종에게 소유를 맡긴 것은 주인 없는 동안에 집안 운영에 지출해야 하는 것을 계산하라는 것이지 장사하라고 맡긴 것은 아닌 것이다. 그러니 그 돈을 가지고 목적대로 집안을 잘 운영하고 지출했는가를 보고, 그에 따라 칭찬해 주기 위함이다. 그 당시 주인이 종에게 그렇게 큰 돈을 맡기고 종더러 장사하라고 하는 주인은 없었을 것이다. 그러므로 장사를 하지 않아도 책망하지 않을 주인이었다.

한 달란트 받은 자도 그대로 남겨도 잘못된 것은 아니었다. 주인이 돈의 액수에 관심이 없음을 알 수 있는 것은, 종은 일한 것에 대한 결과를 돈의 숫자로 말하는데, 주인은 돈의 숫자로 칭찬하지 않는다는 것이다.

그러면 주인은 무엇을 칭찬한 것일까?

주인의 "착하고 충성된 종아"라는 칭찬 속에서 볼 수 있듯 일의 양을 본 것이 아니라 종의 성품과 태도를 보고 말한 것이다.

주인이 종에게 한 축복은 어떤 의미인가?

"내가 많은 것을 네게 맡기리니"라는 말은, 양보다는 그 종에 대한 주인의 무한한 신뢰를 의미한다. 만약 주인이 결과에 대한 숫자를 중요시했다면 다섯 달란트 종과 두 달란트 종이 숫자를 얘기할 때 주인도 숫자로 말했어야 했다. 그렇다면 "네가 다섯 달란트를 남겼구나"라고 말해야 맞다. 그런데 그렇게 하지 않고 "네 주인의 즐거움에 참여할지어다"라고 했다. 곧 '주인의 즐거움을 맛보게 할 것이다'라는 의미이다. 잔치에서 종은 시중 드는 일을 하는 존재지만 여기에서는 친구로 여긴다는 것을 의미한다. 이것은 존재의 격상을 의미한다.

주인은 왜 다섯 달란트 받은 종과 두 달란트 받은 종에게 똑같은 칭찬을 했는가? 그 기준은 무엇이며 그 마음은 어떤 마음인가?

양과 결과를 중요시한 주인이라면 칭찬이 달라야 한다. 이것은 주인이 다섯 달란트 종과 두 달란트 종을 결과와 상관없이 신뢰하고 차별이 없이 그전부터 대하였음을 의미한다. 그 이유는 그들이 최선을 다했기 때문이다. 그것은 양의 문제가 아니라 태도의 문제인 것이다.

왜 주인은 다섯 달란트 받은 종과 두 달란트 받은 종 둘 다 '적은 일'이라고 말하는가? 그 주인의 마음은 무엇인가?

종은 큰일이라 생각해도 주인 입장에서는 작은 일이다. 곧 그 어떤 일도 주인 입장에서 생각해야 한다는 것을 의미한다. 이 말은 결코 종은 서로 비교하여 우월감이나 열등감을 가져서는 안 된다는 의미로 종에게 말하는 것이다.

한 달란트 받은 자에게 악하고 게으른 종이라고 한 주인의 말의 의미와 그 마음은 무엇인가?

먼저 24~25절에서 한 달란트 받은 종이 예의 없이 주인에게 잘못된 생각과 말을 한 다음에 주인이 이 말을 했다는 것이 중요하다. 왜냐하면 주인이 악하다 한 것은 주인을 잘못 알고 말하는 것이므로 문제가 있다는 것이다. 그리고 게으른 것은 단지 일하지 않는 것에 대한 책망이 아니라, 두 달란트 받은 자가 두 달란트를 남길 수 있었다면 한 달란트도 분명히 일하면 한 달란트를 남길 수 있었다. 곧 그 기회를 사용하지 않는 것에 대한 책망인 것이다.

한 달란트 받은 자의 24절, 25절이 없었다고 하면 주인의 26절의 책망이 있었다고 생각하는가?

절대 없었다. 왜냐하면 주인은 결코 일의 양이나 결과를 가지고 평가하지 않았기 때문이다. 종이 일한 양이나 결과를 이야기할 때 주인은 종의 성품과 태도를 말하고, 다섯 달란트 종과 두 달란트 종의 칭찬이 같은 것을 통해 알 수 있다. 그리고 주인은 종에게 장사해서 이윤을 남기라고 말한 적이 없다.

주인은 왜 한 달란트 받은 자를 책망하였는가? 징계하는 이유는 무엇인가?

첫 번째는, 심은 대로 거둔 것이다. 주인은 주인에 대한 종의 잘못된 태도 그대로 종을 대하고 있다. 주인을 야박하게 생각하니까 주인도 27절에서 이자를 생각하였다. 원래 이런 주인이 아닌 것은 다섯 달란트 받은 종과 두 달란트 받은 종에 대한 주인의 태도를 통해 알 수 있다.

> "자비로운 자에게는 주의 자비로우심을 나타내시며 완전한 자에게는 주의 완전하심을 보이시며 깨끗한 자에게는 주의 깨끗하심을 보이시며 사악한 자에게는 주의 거스르심을 보이시리니 주께서 곤고한 백성은 구원하시고 교만한 눈은 낮추시리이다"(시 18:25~27).

두 번째는, 한 달란트를 맡긴 주인의 마음을 상하게 한 것이다. 주인은 일의 결과를 말하는 것이 아니라 태도가 잘못된 한 달란트 종을 책망하였다.

주인은 왜 한 달란트를 두 달란트 받은 종에게 주지 않고 많이 남긴 다섯 달란트 받은 종에게 주었는가?

열 달란트를 가진 종은 네 달란트를 가진 것에 상대적으로 많으니 네 달란트 가진 종에게 주는 것이 맞지 않겠는가? 그러나 열 달란트에 비해 한 달란트의 비율은 10%이지만 네 달란트 가진 종에게 한 달란트는 25% 비율이다. 그러므로 한 달란트 받은 자가 가볍게 여긴 한 달란트를, 한 달란트를 가볍게 가질 수 있는 열 달란트 가진 종에게 준 것이다.

한 달란트를 빼앗아 주인이 가지면 되지 굳이 열 달란트 가진 종에게 주는 이유는 무엇인가?

분명 처음에는 주인이 자기 소유를 맡겼다고 했다(14절). 그러면 주인은 맡긴 달란트를 종에게서 되돌려 받으면 되는데 주인은 되돌려 받지 않았다. 그것은 종들이 계속 가지고 있으면서 사용하라고 한 종들에게 반 소유로 갖게 한 것이다. 주인의 소유가 종 자신의 소유처럼 사용되는 것이다. 이것은 주인이 종을 신뢰함에서 나온 것이며, 종의 입장에서 주인의 것을 자기 소유처럼 쓸 수 있으니 큰 영광인 것이다.

이것은 그리스도인이 주님이 주신 것을 잘 사용하여 주님을 기쁘시게 하고 주님께 유익을 드리면, 주님의 것이 나에게도 더욱 많이 머물게 되어 주님의 것을 내 것처럼 풍성히 드러내게 하신다는 것이다.

29절에서 주인이 말한 의미는 무엇인가?

'주다', '빼앗다'라는 동사를 쓸 수 있는 사람은 주인이다. 종의 태도에 따라 주인의 태도가 달라짐을 말한다. 그러므로 그리스도인은 있는 것을 감사하고 자랑하며 최선을 다하면 더 있게 하시고, 없다고 하는 자는 있는 것도 사라지는 비극을 맛보게 된다.

한 달란트 받은 종에 대한 주인의 책망은 무엇인가?

첫 번째는, 무익한 종이라 책망을 받았다. 이 말은 주인에 대하여 존재의 무가치(존재)를 의미하는 것이다. 한 달란트 받은 종은 주인에게 세 가지의 모습의 존재로 인식되고 있다(악한 자, 게으른 자, 무익한 자). 무익하다는 것은 가장 치욕스럽고 가장 절망적인 평가이다. 그래서 끝에서 주인이 말한 것이다. 두 번째는, 한 달란트를 빼앗는다. 이것은 빈털터리(소유)가 되었음을 의미한다. 세 번째는, 주인의 집에서 내어쫓김을 당한다. 이 말은 주인집보다 못한 현장으로 떠나게 된다는 것을 의미한다.

그리스도인이 잘못된 심령으로 주님이 인정하지 못할 삶을 산다면, 어쩌면 주님으로부터 한 달란트 받은 종과 같은 책망을 들을 수 있다는 것을 명심해야 할 것이다.

나눔 질문

1. 주인은 어떤 사람인가?(14~15절)

2. 주인은 능력대로, 지혜대로, 열심대로, 주인이 좋아하는 대로, 선한 대로 나누어주지 않고 왜 하필이면 재능대로 나누어주었는가?(15절)

3. 무엇 때문에 주인은 결산하는 것일까?(19절)

4. 그러면 주인은 무엇을 칭찬한 것일까?(21, 23절)

5. 주인이 종에게 한 축복은 어떤 의미인가?(21, 23절)

6. 주인은 왜 다섯 달란트 받은 종과 두 달란트 받은 종에게 똑같은 칭찬을 했는가? 그 기준은 무엇이며 그 마음은 어떤 마음인가?(21, 23절)

7. 왜 주인은 다섯 달란트 받은 종과 두 달란트 받은 종 둘 다 '적은 일'이라 말하는가? 그 주인의 마음은 무엇인가?(21, 23절)

8. 한 달란트 받은 자에게 악하고 게으른 종이라고 한 주인이 말의 의미와 그 마음은 무엇인가?(26절)

9. 한 달란트 받은 자의 24절, 25절이 없었다고 하면 주인의 26절의 책망이 있었다고 생각하는가?

10. 주인은 왜 한 달란트 받은 자를 책망하였는가? 징계하는 이유는 무엇인가?(26절)

11. 주인은 왜 한 달란트를 두 달란트 받은 종에게 주지 않고 많이 남긴 다섯 달란트 받은 종에게 주었는가?(28절)

12. 한 달란트를 빼앗아 주인이 가지면 되지 굳이 열 달란트 가진 종에게 주는 이유는 무엇인가?(28절)

13. 29절에서 주인이 말한 의미는 무엇인가?

14. 한 달란트 받은 종에 대한 주인의 책망은 무엇인가?(30절)

예수님과 옥합을 깬 여자
마 26:6~13

"⁶예수께서 베다니 나병환자 시몬의 집에 계실 때에 ⁷한 여자가 매우 귀한 향유 한 옥합을 가지고 나아와서 식사하시는 예수의 머리에 부으니 ⁸제자들이 보고 분개하여 이르되 무슨 의도로 이것을 허비하느냐 ⁹이것을 비싼 값에 팔아 가난한 자들에게 줄 수 있었겠도다 하거늘 ¹⁰예수께서 아시고 그들에게 이르시되 너희가 어찌하여 이 여자를 괴롭게 하느냐 그가 내게 좋은 일을 하였느니라 ¹¹가난한 자들은 항상 너희와 함께 있거니와 나는 항상 함께 있지 아니하리라 ¹²이 여자가 내 몸에 이 향유를 부은 것은 내 장례를 위하여 함이니라 ¹³내가 진실로 너희에게 이르노니 온 천하에 어디서든지 이 복음이 전파되는 곳에서는 이 여자가 행한 일도 말하여 그를 기억하리라 하시니라."

10절에서 예수님은 왜 향유를 부은 여인에게 좋은 일을 하였다고 말씀하시는가?

이 여인의 값진 헌신이기 때문이다. 향유옥합은 적어도 300데나리온으로 노동자 1년치 임금과 같다. 이 향유옥합은 여자들의 가장 큰 재산이며 시집밑천이기도 했다. 그런데 예수님이 여인의 행위를 칭찬하신 것은 그 헌신의 양도 컸지만 마음으로 하는 헌신이기 때문이다.

두 번째는, 사람들의 오해와 편견을 받을 헌신임을 알면서도 그것에 개의치 않고 공개적으로 예수님 머리에 향유를 부었기 때문이다.

세 번째는, 이 여자의 헌신은 예수님의 장례를 위한 것으로 지극히 예언적인 헌신의 행위였기 때문이다. 기회를 놓치지 않는 헌신이었다. 더 이상 예수님을 볼 수 없기에 자신이 할 수 있는 최고의 헌신을 타이밍에 맞춰 한 것이다.

머리에 향유를 붓는다는 것은 그 사람을 영화롭게 하는 행위이다. 그러므로 향유보다, 돈보다, 다른 사람보다, 자기 자신의 자존심보다 높임을 받으셔야 할 분이 예수님이신 것을 이 여자는 신앙고백 한 것이다.

예수님과 제자들의 생각의 차이는 무엇인가?

예수님은 옥합을 깨고 향유를 붓는 여자의 마음을 더 중요하게 여긴 반면에 제자들은 향유에 대한 값어치를 생각하였다. 예수님은 예수님을 위한 사역을 우선으로 여기시는데, 제자들은 가난한 자를 돕는 것을 우선으로 여긴 것이다.

11절에서 예수님이 하신 말씀의 뜻은 무엇인가?

예수님은 '나를 돕는 것은 항상 기회가 있는 것이 아니다. 그러니 기회 있을 때 나에게 헌신하라'고 말씀하시는 것이다. 가난한 자를 돕는 것보다 예수님을 위한 헌신이 우선이고 중요하다는 말씀이다.

13절에서 예수님은 이 여자에게 어떤 영광을 주시었는가?

어린아이, 노인, 여자는 사람 숫자에 들어가지 않는 시대에 예수님은 이 여자에게 큰 영광을 주셨다. 예수님은 "온 천하에 어디서든지 이 복음이 전파되는 곳에서는 이 여자가 행한 일도 말하여 그를 기억하리라"(마 26:13)고 말씀하신다. 그 당시 여자로서는 이런 축복을 받을 수 없었다. 그러므로 예수님은 물질보다 더 큰 영광을 주신 것이다. 예수님은 자신의 가장 귀한 것을 드리는 여인에게 세상이 줄 수 없는 영광을 주셨다. 곧 심은 대로 거둔 것이다.

나·눔·질문

1. 10절에서 예수님은 왜 향유를 부은 여인에게 좋은 일을 하였다고 말씀하시는가?

2. 예수님과 제자들의 생각의 차이는 무엇인가?(8~10절)

3. 11절에서 예수님이 하신 말씀의 뜻은 무엇인가?

4. 13절에서 예수님은 이 여자에게 어떤 영광을 주시었는가?

예수님의 겟세마네 기도
마 26:36~46

"³⁶이에 예수께서 제자들과 함께 겟세마네라 하는 곳에 이르러 제자들에게 이르시되 내가 저기 가서 기도할 동안에 너희는 여기 앉아 있으라 하시고 ³⁷베드로와 세베대의 두 아들을 데리고 가실새 고민하고 슬퍼하사 ³⁸이에 말씀하시되 내 마음이 매우 고민하여 죽게 되었으니 너희는 여기 머물러 나와 함께 깨어 있으라 하시고 ³⁹조금 나아가사 얼굴을 땅에 대시고 엎드려 기도하여 이르시되 내 아버지여 만일 할 만하시거든 이 잔을 내게서 지나가게 하옵소서 그러나 나의 원대로 마시옵고 아버지의 원대로 하옵소서 하시고 ⁴⁰제자들에게 오사 그 자는 것을 보시고 베드로에게 말씀하시되 너희가 나와 함께 한 시간도 이렇게 깨어 있을 수 없더냐 ⁴¹시험에 들지 않게 깨어 기도하라 마음에는 원이로되 육신이 약하도다 하시고 ⁴²다시 두 번째 나아가 기도하여 이르시되 내 아버지여 만일 내가 마시지 않고는 이 잔이 내게서 지나갈 수 없거든 아버지의 원대로 되기를 원하나이다 하시고 ⁴³다시 오사 보신즉 그들이 자니 이는 그들의 눈이 피곤함일러라 ⁴⁴또 그들을 두시고 나아가 세 번째 같은 말씀으로 기도하신 후 ⁴⁵이에 제자들에게 오사 이르시되 이제는 자고 쉬라 보라 때가 가까이 왔으니 인자가 죄인의 손에 팔리느니라 ⁴⁶일어나라 함께 가자 보라 나를 파는 자가 가까이 왔느니라."

예수님은 왜 기도하시려는 것일까? 왜 이때 기도하시려는 것일까? 그리고 왜 이 장소일까?

　첫 번째는, 예수님은 십자가를 지시는 중요한 문제를 앞두고 계셨기 때문이다. 기도는 일이 일어난 후에 뒤치다꺼리로 하는 것이 아니라 예방과 준비로서 해야 함을 예수님이 알려 주신 것이다. 두 번째는, 예수님은 하나님 아버지의 답을 얻고 감당할 능력을 얻고자 기도하신 것이다. 세 번째는, 예수님께서 이 시간대에 늘 기도하셨기 때문이다. "습관을 따라"(눅 22:39) 기도하셨다는 것은 규칙적으로 기도를 하셨다는 것이다.

> "예수께서 낮에는 성전에서 가르치시고 밤에는 나가 감람원이라 하는 산에서 쉬시니"(눅 21:37).

　네 번째는, 예수님은 이곳이 늘 기도하시던 익숙한 곳이기 때문이다.

> "그곳은 가끔 예수께서 제자들과 모이시는 곳이므로"(요 18:2).

　다섯 번째는, 겟세마네라는 지명의 뜻과 관계가 있다. 겟세마네의 원래 뜻은 '기름 짜는 틀'로 예수께서 땀방울이 핏방울이 되도록 기도하신 것과 유사한 의미를 가진다.

예수님은 왜 베드로와 요한과 야고보를 따로 기도의 현장에 데려가셨는가?

　첫 번째는, 예수님은 그들을 변화산에도 데려가셨다.

> "엿새 후에 예수께서 베드로와 야고보와 그 형제 요한을 데리시고 따로 높은 산에 올라가셨더니 그들 앞에서 변형되사 그 얼굴이 해같이 빛나며 옷이 빛과 같이 희어졌더라"(마 17:1~2).

예수님이 가장 신임하는 제자들이기에 가능했던 것이다. 두 번째는, 예수님은 그들을 회당장의 죽은 딸을 살릴 때 있게 하였다.

> "그 집에 이르러 베드로와 요한과 야고보와 아이의 부모 외에는 함께 들 어가기를 허락하지 아니하시니라"(눅 8:51).

세 번째는, 예수님이 가지신 고통을 보여주심으로 주님의 진정한 모습을 알게 하시기 위해서이다. 네 번째는, 예수님은 친밀한 자에게 비밀을 보여주시기 위함이다. 다섯 번째는, 훗날에 제자들도 가장 중요하고 힘든 일을 앞두고 당신과 같이 기도하기를 원하셨기 때문이다.

예수님은 무엇을 고민하고 왜 슬퍼하신 것일까?

예수님이 고민하셨다는 것은 원어로 **'뤼페이스다이'**인데, 그 뜻은 **'극심한 불안과 근심'**이다. 그리고 슬퍼하셨다는 것은 원어로 **'아데모네인'**인데, 그 뜻은 **'마음의 갈피를 잡을 수 없을 만큼의 깊은 슬픔'**이다. 이 두 단어는 '시작하다'는 동사와 연결되어 **'말로 표현할 수 없는 엄청난 슬픔과 고민을 시작하였다'**를 의미한다.

첫 번째는, 자신의 존재가 저주받은 죄인으로 죽어야 하는 것에 대해 고민하고 슬퍼하신 것이다. 두 번째는, 이때부터 예수님의 십자가의 고통이 시작되었다. 세 번째는, 인류가 가진 고민과 슬픔을 대속하시기 시작한 시점이다. 네 번째는, 예수님의 인성을 가지신 적나라한 모습이시다.

예수님은 왜 혼자 기도하셔도 되는데 굳이 세 명의 제자에게 함께 깨어 있으라고 말씀하신 것일까?

첫 번째는, 예수님은 "내 마음이 매우 고민하여 죽게 되었으니"라고 표현하시는데, '죽을 정도로 마음이 괴롭다'는 뜻으로 고통스러운 마음이지만 제자들이 함께 있음으로 말미암아 위로와 힘을 얻고 싶으신 것이다. 예수님은 제자들에게 예수님 자신과 같은 공감이 있기를 원하셨다. 그것으로 예수님은 마음의 안정감을 갖고 싶으셨다. 두 번째는, 예수님이 제자들에게 깨어 있으라고 하신 말씀은 **'영적 각성 상태를 유지하라'**는 뜻으로, 앞으로 닥칠 영적 위기에 기도로 준비하고 있기를 원하신 것이다. 세 번째는, 예수님은 제자들과 중요한 것을 함께 나누기를 원하셨다.

예수님은 왜 같은 기도를 세 번씩이나 반복하여 하신 것일까?

첫 번째는, 아버지의 뜻을 더욱 확인하기 위해서이다. 두 번째는, 예수님의 소원이 아버지 앞에서 사라지기 위해서이다. 세 번째는, 예수님이 아버지의 소원에 온전히 순복되기 위해서이다. 네 번째는, 반복되는 기도는 믿음을 증가시키기 때문이다. 그러므로 아버지의 원함에 믿음을 갖기 위해서이다.

예수님은 왜 세 번 이상 기도하지 않으셨나?

첫 번째는, 더 이상 기도하지 않아도 감당할 능력이 왔기 때문이다. 두 번째는, 기도의 타이밍이 끝났기 때문이다. 세 번째는, 예수님이 기도하신 것을 아버지가 받으신 것을 아셨기 때문이다.

> "그는 육체에 계실 때에 자기를 죽음에서 능히 구원하실 이에게 심한 통곡과 눈물로 간구와 소원을 올렸고 그의 경건하심으로 말미암아 들으심을 얻었느니라"(히 5:7).

예수님은 왜 얼굴을 땅에 대고 엎드린 자세로 기도하신 것일까?

첫 번째로, 누가복음 22장 41절에서는 **"무릎 꿇고"**라고 표현하였다. 이것은 예수님이 처음에는 무릎 꿇고 기도하시다가 기도가 깊어질수록 자세를 바꾸셨다는 것이다. 기도하는 자세를 통하여 기도가 점점 깊어진 것을 알 수 있다. 두 번째로, 예수님의 이 모습은 겸손(종)과 비움의 모습이다.

41절에서 예수님이 하신 말씀의 의미는 무엇인가?

첫 번째는, 시험(사탄의 역사)은 기도하지 않을 때 온다는 것을 알려 주시는 것이다. 두 번째는, 마음과 육신이 다른 상태인 것을 알려 주시는 것이다. 세 번째는, 기도하지 않으면 이중성을 보이게 된다는 것이다. 네 번째는, 기도하는 것이 영적으로 깨어 있는 것임을 알려 주시는 것이다. 다섯 번째는, 영의 능력이 약해 육신의 힘을 이기지 못하고 있음을 알려 주시는 것이다. 여섯 번째는, 영의 소원을 이룰 수 있는 육신의 능력이 없음을 알려 주시는 것이다.

45절에서 하신 예수님의 말씀은 무슨 뜻인가?

첫 번째로, 예수님이 제자들에게 "자고 쉬라"고 하신 말씀은 '깨어 기도할 시간이 지나갔다, 나와 함께할 시간이 지나갔다, 좋은 기회가 사라졌다, 지금 기도해 봐야 소용없다, 너희가 무엇을 하든 나는 상관하지 않겠다, 영적인 기회가 사라졌으니 육적인 상태로 돌아가라, 너희 육신이 원하는 대로 하라'는 등의 다양한 뜻이 포함되어 있다. 이 말씀은 예수님이 제자들에게 슬픔과 안타까움으로 하신 말씀이다.

두 번째는, 예수님은 때를 아시고 때를 따라 사신다는 것을 말씀하시는 것이다.

예수님은 좋은 일도 아닌데 왜 미리 가룟 유다를 기다리고 계셨을까?

첫 번째는, 예수님은 포기와 절망의 마음이 아니라 담담하게, 상황을 초월한 마음으로 기다리신 것이다. 두 번째는, 억지로 끌려가는 것도 아니고 어쩔 수 없이 잡히는 것도 아니라 예수님의 자원하심이라는 것을 강조하시기 위해서이다. 세 번째는, 여기서도 주님은 제자들과 두려움의 현장에 함께하시기를 원하신 것이다. 네 번째는, 예수님은 갑자기 일을 당하여 당황하시는 것이 아니라 고통과 슬픔의 일을 미리 준비하시는 모습을 보여주시는 것이다.

38절, 40절, 46절에서 예수님이 '함께'라는 단어를 쓰신 이유는 무엇일까?

첫 번째는, 제자들을 향한 예수님의 사랑과 친밀함을 나타내시기 위해서다. 두 번째는, 예수님의 고통에 함께 있기를 바라시기 때문이다. 세 번째는, 제자들의 도움이 필요하심을 나타내시기 위해서이다. 네 번째는, 예수님의 모든 것을 제자들과 나누시기 위해서이다.

나눔 질문

1. 예수님은 왜 기도하시려는 것일까? 왜 이때 기도하시려는 것일까? 그리고 왜 이 장소일까?(36절)

2. 예수님은 왜 베드로와 요한과 야고보를 따로 기도의 현장에 데려가셨는가?(37절)

3. 예수님은 무엇을 고민하고 왜 슬퍼하신 것일까?(37절)

4. 예수님은 왜 혼자 기도하셔도 되는데 굳이 세 명의 제자에게 함께 깨어 있으라고 말씀하신 것일까?(38, 40, 41절)

5. 예수님은 왜 같은 기도를 세 번씩이나 반복하여 하신 것일까?(39, 43, 44절)

6. 예수님은 왜 세 번 이상 기도하지 않으셨나?(44절)

7. 예수님은 왜 얼굴을 땅에 대고 엎드린 자세로 기도하신 것일까?(39절)

8. 41절에서 예수님이 하신 말씀의 의미는 무엇인가?

9. 45절에서 하신 예수님의 말씀은 무슨 뜻인가?

10. 예수님은 좋은 일도 아닌데 왜 미리 가룟 유다를 기다리고 계셨을까?(46절)

11. 38절, 40절, 46절에서 예수님이 '함께'라는 단어를 쓰신 이유는 무엇일까?

예수님과 중풍병자
막 2:1~12

"¹수일 후에 예수께서 다시 가버나움에 들어가시니 집에 계시다는 소문이 들린지라 ²많은 사람이 모여서 문 앞까지도 들어설 자리가 없게 되었는데 예수께서 그들에게 도를 말씀하시더니 ³사람들이 한 중풍병자를 네 사람에게 메워 가지고 예수께로 올새 ⁴무리들 때문에 예수께 데려갈 수 없으므로 그 계신 곳의 지붕을 뜯어 구멍을 내고 중풍병자가 누운 상을 달아 내리니 ⁵예수께서 그들의 믿음을 보시고 중풍병자에게 이르시되 작은 자야 네 죄 사함을 받았느니라 하시니 ⁶어떤 서기관들이 거기 앉아서 마음에 생각하기를 ⁷이 사람이 어찌 이렇게 말하는가 신성 모독이로다 오직 하나님 한 분 외에는 누가 능히 죄를 사하겠느냐 ⁸그들이 속으로 이렇게 생각하는 줄을 예수께서 곧 중심에 아시고 이르시되 어찌하여 이것을 마음에 생각하느냐 ⁹중풍병자에게 네 죄 사함을 받았느니라 하는 말과 일어나 네 상을 가지고 걸어가라 하는 말 중에서 어느 것이 쉽겠느냐 ¹⁰그러나 인자가 땅에서 죄를 사하는 권세가 있는 줄을 너희로 알게 하려 하노라 하시고 중풍병자에게 말씀하시되 ¹¹내가 네게 이르노니 일어나 네 상을 가지고 집으로 가라 하시니 ¹²그가 일어나 곧 상을 가지고 모든 사람 앞에서 나가거늘 그들이 다 놀라 하나님께 영광을 돌리며 이르되 우리가 이런 일을 도무지 보지 못하였다 하더라."

예수님은 무엇을 중요하게 여기시는가? 무엇이 예수님께서 역사하게 하시는가?

예수님은 행위를 보시지 않고 믿음을 보시고 그들을 축복하셨다. 오늘날 교회 안의 그리스도인 중에서도 본문에 나타난 것처럼 예수님을 보기 위해 일부러 애쓰고 시간을 내서 오는 군중과 같이 열심 있는 사람이 있는가 하면, 겉은 그럴싸한데 정작 그 마음 안에는 세상이 살아있고 하나님과 말씀의 흔적이 없는 심령으로 신앙의 열심만 내는 그리스도인들도 많다. 아무리 열심을 내도 하나님과 말씀을 의지하는 믿음으로 하는 것이 아니면 역사하는 신앙을 가질 수 없다.

예수님은 누구의 믿음에 축복하시는 것일까?

'그들의 믿음'은 중풍병자와 그를 데려온 네 사람의 믿음을 말한다. 여기서 네 명만 믿음이 있고 중풍병자는 믿음이 없었다면 중풍병자의 병이 나을 수 있었을까? 나을 수 없다. 정작 당사자가 믿음이 없다면 결코 나을 수 없다. 그런데 만약 반대로 중풍병자만 믿음이 있고 네 명의 믿음이 없었다면 병이 나을 수 있었을까? 나을 수 있다. 예수님의 축복의 대상은 중풍병자이기에 그의 믿음이 중요한 것이기 때문이다.

그러나 예수님은 '그들의 믿음'이라고 말씀하셨으니 중풍병자 혼자만의 믿음이 아니라 다른 사람의 믿음도 같이 있었음을 말한다.

예수님이 보신 믿음은 무엇인가?

주님이 보신 믿음은 두 가지였다. 그것은 마음속에 있는 믿음과 표현된 믿음(언어, 행동)이다. 중풍병자와 네 사람은 예수님께 나아가면 나을 것이라는 내적 믿음을 가지고 있었다. 그리고 나서 낫게 하시는 예수님 앞에 가는 길에 있는 환경적 장애(많은 사람, 지붕 문제, 지붕 수리비)를 이기고 표현하는 행위로 믿음을 나타냄으로 예수님께서 역사하신 것이다.

예수님은 왜 죄 사함을 먼저 주셨는가?

예수님이 죄를 사할 수 있는 하나님인 것을 알려 주시기 위해서이다.

두 번째는, 원어에서는 '죄들' 곧 복수로 쓰임으로 중풍병자의 병은 많은 죄가 만들었다는 것을 알려 주시기 위해서이다. 세 번째는, 육적인 것 곧 중풍병은 영적인 죄에서 시작됨을 알려 주시기 위함이다. 네 번째는, 육적인 병을 고침 받으려면 영적인 죄를 먼저 해결해야 함을 알려 주시기 위함이다. 다섯 번째는, 죄가 육적인 병보다 무섭다는 것을 알려 주시기 위함이다.

예수님은 무엇이 쉽다고 말씀하시는가?

예수님이 둘 다 쉬운데 어느 것이 더 쉬운가를 말씀하시는지, 아니면 하나는 어렵고 하나는 쉬운데 그중 쉬운 것을 말씀하시는지 알 수 없지만, 하나님 입장에서는 둘 다 쉬운 것이다. 그러나 인간적 측면에서는 무엇이 쉬운지를 질문하신 것이다.

10절의 '그러나'를 통해 죄 사함을 받는 것이 어려운 일임을 말씀하신다. 결국 병 고침 받는 것이 쉽다는 것이다. 왜 그럴까? 병 고침은 병 고치는 능력만 있으면 사람도 할 수 있지만, 죄 사함은 하나님의 권한이고 인간 스스로가 할 수 없는 것이기 때문이다. 인간은 죄, 하나님과의 관계, 말씀 불순종, 영적 세계 등 영적인 것을 가볍고 쉽게 보는 경향이 있다. 인간의 눈에 죄 사함은 보이지 않고 육적인 병 고침은 보이기 때문에 눈에 보이는 병 고침을 어렵게 생각한다.

5절, 10절의 예수님은 어떤 분이신가?

먼저, 근본적인 축복을 주시는 분이다. 중풍병자에게 중풍병이 오게 한 죄를 먼저 사해 주신다. 두 번째는, 예수님은 더 큰 축복을 주시는 분이다. 예수님은 중풍병자에게 죄 사함이라는 축복을 주셨다. 이것은 병 고침보다 더 큰 축복이다. 세 번째는, 예수님은 온전한 축복을 주시는 분이다.

그러나 오늘날 그리스도인들은 영적인 축복을 육적인 축복보다 소홀히 여긴다. 영적 축복을 가볍고 쉽게 생각해서 그렇다. 예수님은 중풍병자에게 중풍병이 오게 한 죄를 사하시고 그를 실제적으로 괴롭힌 중풍병을 고쳐 주심으로 새로운 존재로 만들어 주셨다.

11절을 통하여 어떤 예수님의 모습이 보이는가?

모든 것을 쉽게 이루어 주시는 주님을 볼 수 있다. 다 나은 중풍병자에게 일어나 상을 가지고 집에 가라는 말은 너무나 쉬운 일이다. 예수님은 한마디 말씀으로 인간에게 오랫동안 고통을 주었던 문제를 해결하여 주신다. 가장 쉽게 문제를 해결해 주시는 분이 주님이시다. 주님은 그리스도인의 문제를 어렵게 풀어 주시지 않는다. 그리스도인 자신에게 어려운 것도 주님은 쉽게 해결해 주시는 것이다. 중풍병자는 사람이 너무 많아서 네 사람의 도움을 받아 지붕을 뜯어 내렸지만 주님은 쉽게 해결해 주셨다.

그러므로 모든 그리스도인은 낙심하지 않고 주님이 쉽게 해결해 주실 것을 믿고 기다릴 줄 알아야 한다. 이런 주님을 나는 끝까지 믿어야 한다. 따라서 주님께서 한 말씀을 주실 때까지 중풍병자처럼 수고와 애씀을 포기해서는 안 된다.

그리스도인은 상식을 버려야 한다. 인간적, 시간적, 금전적 손해도 볼 줄 알아야 한다. 모든 그리스도인은 주님의 위대한 한 말씀의 권세를 삶에서 경험해야 한다.

1. 예수님은 무엇을 중요하게 여기시는가? 무엇이 예수님께서 역사하게 만드는가?(5절)

2. 예수님은 누구의 믿음에 축복하시는 것일까?(5절)

3. 예수님이 보신 믿음은 무엇인가?(5절)

4. 예수님은 왜 죄 사함을 먼저 주셨는가?(5절)

5. 예수님은 무엇이 쉽다고 말씀하시는가?(9절)

6. 5절, 10절의 예수님은 어떤 분이신가?

7. 11절을 통하여 어떤 예수님의 모습이 보이는가?

예수님과 믿음 없는 제자들
막 4:35~41

"³⁵그날 저물 때에 제자들에게 이르시되 우리가 저편으로 건너가자 하시니 ³⁶그들이 무리를 떠나 예수를 배에 계신 그대로 모시고 가매 다른 배들도 함께하더니 ³⁷큰 광풍이 일어나며 물결이 배에 부딪쳐 들어와 배에 가득하게 되었더라 ³⁸예수께서는 고물에서 베개를 베고 주무시더니 제자들이 깨우며 이르되 선생님이여 우리가 죽게 된 것을 돌보지 아니하시나이까 하니 ³⁹예수께서 깨어 바람을 꾸짖으시며 바다더러 이르시되 잠잠하라 고요하라 하시니 바람이 그치고 아주 잔잔하여지더라 ⁴⁰이에 제자들에게 이르시되 어찌하여 이렇게 무서워하느냐 너희가 어찌 믿음이 없느냐 하시니 ⁴¹그들이 심히 두려워하여 서로 말하되 그가 누구이기에 바람과 바다도 순종하는가 하였더라."

예수님은 광풍을 만나실 것을 미리 아셨을까?

예수님은 모르셨다. 왜냐하면 배에서 주무셨기 때문이다(38절). 보통은 문제가 앞에 있을 것을 알면 긴장하거나 기다리지 않는가! 그리고 만약 광풍을 아셨다면 제자들에게 미리 알리시고 준비시키셨을 것이다.

예수님이 제자들에게 건너편으로 가자고 말씀하시고 제자들과 함께 가고 계셨는데 왜 광풍이 오는가?

주님은 광풍이 없을 것이라고 말씀하신 적이 없고, 광풍이 없을 것이라는 생각은 그리스도인의 잘못된 착각이다. 주님과 함께 있으면 결코 문제가 없다는 것은 잘못된 생각이다. 이것은 그리스도인의 잘못된 고정관념이다.

또한 광풍은 이상한 일이 아니다. 자연적인 현상으로 사탄이 역사한 것이다. 근거는 예수님이 바람을 꾸짖었을 때 하신 말씀은 악한 영을 내쫓을 때도 사용하시는 말씀이라는 것이다. 예수님과 함께한다고 사탄이 역사하지 않는다는 것은 잘못된 생각이다.

38절에서 예수님은 정말 주무셨는가?

그렇다. 왜냐하면 38절에 "주무시더니", 39절에 "예수께서 깨어"라고 기록하고 있기 때문이다.

예수님은 왜 주무셨는가?

예수님은 정말 피곤하여서 주무셨을 것이다. 두 번째는, 제자들과의 대화 단절로 인하여 주무셨을 것이다. 세 번째는, 예수님은 당신이 하신 말씀 "우리가 저편으로 건너가자"를 철저하게 믿고 계셨기에 풍랑이 일어도 배에 물이 들어와도 주무실 수 있었다. 예수님은, 문제는 상식이나 과거 경험이나 자신의 지혜로 해결하는 것이 아니라 믿음으로 해결해야 한다는 것을 제시하신다.

예수님은 제자들의 문제를 어떻게 풀어 주셨나?

예수님은 바람을 꾸짖고 파도를 잔잔하게 하셨다.

예수님은 왜 바람은 꾸짖고 파도는 명령만 하여 다르게 말씀하셨나?

이것은 사탄의 역사로 인하여 바람을 일으키는 것으로 보고 계신 것이다. 마가복음 1장 25절에, 예수님께서 회당에서 더러운 귀신 들린 사람을 고치실 때에는 꾸짖으셨다. 예수님은 사탄의 역사에는 꾸짖으셨다. 반면에 바다의 단순한 자연현상에 대해서는 '잠잠하라, 고요하라'고 말씀하며 명령하신 것이다.

예수님은 무엇으로 이런 역사를 가져오게 하셨나?
믿음이다. 예수님도 믿음으로 모든 역사를 일으키셨다.

> "내가 진실로 너희에게 이르노니 누구든지 이 산더러 들리어 바다에 던져지라 하며 그 말하는 것이 이루어질 줄 믿고 마음에 의심하지 아니하면 그대로 되리라 그러므로 내가 너희에게 말하노니 무엇이든지 기도하고 구하는 것은 받은 줄로 믿으라 그리하면 너희에게 그대로 되리라"(막 11:23~24).

예수님은 왜 이 시점에 영적인 믿음을 지적하시는가?
상식적으로 어부 출신의 제자들이 두려워할 정도면 제자들에게 이제 괜찮다고 말씀하신 것이 맞는데 예수님은 책망하신다. 왜 그러실까? 제자들은 파도가 사라지는 것이 목적(초점)이었지만 예수님은 그것보다 마음의 능력(믿음, 담대함)을 중요하게 여기셨기 때문이다. 좋은 믿음의 마음을 지키는 것이 주님이 바라시는 것임을 알려 주시는 것이다.

누가복음 22장 31~32절에서도 예수님은 베드로의 다른 것이 아닌 믿음을 기도해 주심으로 믿음의 마음이 그 어떤 것보다 귀하다는 것을 알려 주셨다.

> "시몬아, 시몬아, 보라 사탄이 너희를 밀 까부르듯 하려고 요구하였으나 그러나 내가 너를 위하여 네 믿음이 떨어지지 않기를 기도하였노니 너는 돌이킨 후에 네 형제를 굳게 하라"(눅 22:31~32).

예수님은 제자들에게 무슨 믿음이 없다고 하시는가?
예수님이 35절에서 하신 "우리가 저편으로 건너가자"라는 주님의 말씀에 대한 믿음을 지키지 못한 것이다.

　예수님이 제자들에게 믿음이 없다고 책망하신 것은 처음부터 믿음이 없어서일까, 아니면 처음에는 믿음이 있었는데 풍랑 때문에 믿음이 없어진 것을 책망하신 것일까?

　후자이다. 처음부터 믿음이 없었다면 믿음 없는 것을 책망하시는 것은 맞지 않는다.

　예수님은 처음에 제자들이 당신의 말씀에 믿음을 가졌음을 아셨다. 그러나 풍랑으로 인하여 믿음이 사라진 것을 아셨다. 그러면 무엇으로 어떻게 아셨나?

　첫 번째는, 제자들이 주님과 그 말씀을 믿었다면 주님을 깨우지 않고도 풍랑을 믿음으로 이겼을 것이다. 그러나 주님을 깨웠다는 것이 믿음 없는 것을 증명한 것이다. 두 번째는, 제자들은 두려움에 차서 예수님을 향한 고백을 한다(38절). 죽게 되었다고 말한다는 것은 상황과 느낌을 더 믿고 있음을 스스로 말하고 있는 것이다. 세 번째는, 예수님을 선생님이라고 말하고 있다. 제자들에게 예수님은 단지 좋은 선생인 것이다. 믿음의 주로 보지 않았다. 마태복음과 누가복음에서는 "**주여**"라고 말한다. 이것은 아마 선생님이라고 말한 다음, 뒤에 가서 믿음이 발동되어 한 말일 것이다. 처음에는 주님이라고 부르고 나중에 선생님이라고 말하지는 않았을 것이다.

나눔 질문

1. 예수님이 광풍을 만나실 것을 미리 아셨을까?(36절)

2. 예수님이 제자들에게 건너편으로 가자고 말씀하시고 제자들과 함께 가고 계셨는데 왜 광풍이 오는가?(37절)

3. 38절에서 예수님은 정말 주무셨는가?

4. 예수님은 왜 주무셨는가?(38절)

5. 예수님은 제자들의 문제를 어떻게 풀어 주셨나?(39절)

6. 예수님은 왜 바람은 꾸짖고 파도는 명령만 하여 다르게 말씀하셨나?(39절)

7. 예수님은 무엇으로 이런 역사를 가져오게 하셨나?(39절)

8. 예수님은 왜 이 시점에 영적인 믿음을 지적하시는가?(40절)

9. 예수님은 제자들에게 무슨 믿음이 없다고 하시는가?(40절)

10. 예수님이 제자들에게 믿음이 없다고 책망하신 것은 처음부터 믿음이 없었기 때문에 책망하신 것일까, 아니면 처음에는 믿음이 있었는데 풍랑 때문에 믿음이 없어진 것을 책망하신 것일까?(40절)

11. 예수님은 처음에 제자들이 당신의 말씀에 믿음을 가졌음을 아셨다. 그러나 풍랑으로 인하여 믿음이 사라진 것을 아셨다. 그러면 무엇으로 어떻게 아셨나?(40절)

예수님과 달리다굼
막 5:21~24, 35~43

"²¹예수께서 배를 타시고 다시 맞은편으로 건너가시니 큰 무리가 그에게로 모이거늘 이에 바닷가에 계시더니 ²²회당장 중의 하나인 야이로라 하는 이가 와서 예수를 보고 발 아래 엎드리어 ²³간곡히 구하여 이르되 내 어린 딸이 죽게 되었사오니 오셔서 그 위에 손을 얹으사 그로 구원을 받아 살게 하소서 하거늘 ²⁴이에 그와 함께 가실새 큰 무리가 따라가며 에워싸 밀더라……³⁵아직 예수께서 말씀하실 때에 회당장의 집에서 사람들이 와서 회당장에게 이르되 당신의 딸이 죽었나이다 어찌하여 선생을 더 괴롭게 하나이까 ³⁶예수께서 그 하는 말을 곁에서 들으시고 회당장에게 이르시되 두려워하지 말고 믿기만 하라 하시고 ³⁷베드로와 야고보와 야고보의 형제 요한 외에 아무도 따라옴을 허락하지 아니하시고 ³⁸회당장의 집에 함께 가사 떠드는 것과 사람들이 울며 심히 통곡함을 보시고 ³⁹들어가서 그들에게 이르시되 너희가 어찌하여 떠들며 우느냐 이 아이가 죽은 것이 아니라 잔다 하시니 ⁴⁰그들이 비웃더라 예수께서 그들을 다 내보내신 후에 아이의 부모와 또 자기와 함께한 자들을 데리시고 아이 있는 곳에 들어가사 ⁴¹그 아이의 손을 잡고 이르시되 달리다굼 하시니 번역하면 곧 내가 네게 말하노니 소녀야 일어나라 하심이라 ⁴²소녀가 곧 일어나서 걸으니 나이가 열두 살이라 사람들이 곧 크게 놀라고 놀라거늘 ⁴³예수께서 이 일을 아무도 알지 못하게 하라고 그들을 많이 경계하시고 이에 소녀에게 먹을 것을 주라 하시니라."

예수님은 회당장 야이로가 간구할 때 그 자리에서 말씀으로 고치시지 않고 왜 집에까지 가셨는가?

예수님은 어린아이를 사랑하시기에 직접 가서 고쳐 주시기를 원하셨다. 마태복음 18장에서 예수님은 어린아이를 통하여 어린아이 같지 아니하면 천국에 들어갈 수 없고, 어린아이와 같이 자기를 낮추는 자가 천국에서 큰 자라 말씀하셨다.

마태복음 19장에서는 사람들이 어린아이에게 안수하고 기도해 주시기를 바라고 데려오자 제자들은 그들을 야단쳤으나, 예수님은 어린아이들이 내게로 오는 것을 막지 말라고 말씀하시고 어린아이들을 안수하셨다.

36절에서 예수님은 회당장에게 왜 이런 말씀을 하셨는가?

회당장은 어린 딸이 죽었다는 소식에 절망감과 함께 두려운 마음이 생겼을 것이다. 어린 딸이 죽었으니 더 이상 어쩔 수 없음을 알고 예수님에 대한 믿음도 사라진 것이다. 그러기에 예수님은 그를 격려하기 위해 말씀하신 것이다.

비록 회당장은 딸이 죽었으니 더 이상 예수님이 하실 수 있는 일이 없다고 생각했지만 예수님은 하실 일이 아직 끝나지 않았음을 말씀하셨다. 예수님은 그리스도인이 말하지 않아도 그 심령을 깊이 감찰하시기에 적절한 때에 위로와 힘이 되는 필요한 말씀을 주시는 분이다.

37절에서 예수님은 왜 베드로, 야고보, 요한만 데리고 회당장 집에 들어가셨나?

예수님을 따라오던 사람들이나 회당장과 관계된 사람들이 회당장 집에 들어가는 것을 허락하지 않으신 것은, 사람들이 많으면 예수님이 역사를 일으키는 데 방해가 되고, 특히 예수님을 반신반의하는 사람들이 있을 때는 예수님이 하시는 일에 제한을 받으며, 사람들의 불신의 소리가 있을 때는 더 문제가 되기 때문이다.

그런데 아홉 명을 두고 세 명의 제자만 데리고 회당장 집에 들어가셨다는 것은 세 명의 제자가 다른 제자보다 뛰어나거나 특별해서가 아니라 예수님이 일하실 때에 곁에서 도울 최소한의 제자가 필요했기 때문이다. 예수님이 죽은 자를 살리는, 큰 믿음이 필요하신 사역에서는 최대한의 집중이 필요하시기에 최대한의 단순한 환경이 필요하셨다.

39절에서 예수님은 왜 이 말씀을 하셨는가?

예수님이 굳이 하지 않으셔도 될 것 같은 말씀을 하신 것은, 예수님의 시각에서는 소녀가 죽은 것이 아니었기 때문이다. 사람이 죽었다고 해도 예수님의 믿음으로 볼 때 죽지 않았다면 죽지 않은 것이다. 그러니 예수님의 믿음에서 반대되는 사람들의 모습에 마음이 불편하신 것이다. 소녀의 죽음을 슬퍼하는 사람들에게는 예수님의 말씀이 이해할 수 없는 황당한 이야기일 수밖에 없다.

그리스도인들도 자신의 문제를 사실 그대로 말하고 믿는 것이 아니라 긍정적이고 소망적으로 생각하고 말하는 것이 예수님을 닮아가는 일임을 기억해야 한다.

예수님은, 소녀는 죽지 않았다고 말씀하셔도 되는데 왜 잔다고 표현하셨을까?

죽은 모습과 자는 모습은 외관상 같아 보인다. 예수님은 현재를 보시며 말씀하신 것이 아니라 살아나서 일어나기 전 자는 모습을 미리 믿음으로 보시고 현재를 말씀하신 것이다. 그래서 사람들은 이 표현을 이해하지 못했다. 없는 것을 있는 것처럼, 안 되어도 되는 것처럼 바라보며 말하는 것이 믿음이다.

"기록된 바 내가 너를 많은 민족의 조상으로 세웠다 하심과 같으니 그가 믿은 바 하나님은 죽은 자를 살리시며 없는 것을 있는 것으로 부르시는 이시니라 아브라함이 바랄 수 없는 중에 바라고 믿었으니 이는 네 후손이 이 같으리라 하신 말씀대로 많은 민족의 조상이 되게 하려 하심이라"
(롬 4:17~18).

41절에서 예수님은 말씀만 해도 되는데 왜 손을 잡고 말씀하셨을까?

소녀가 살았음을 다른 사람들에게 보여주시기 위해서이다. 예수님의 살게 하는 생명을 터치로 넣어주시기 위함이다.

41절에서 예수님은 왜 '달리다굼'이라는 아람어를 쓰신 것일까?

예수님이 아람어로 '달리다굼'을 말씀하신 것은 특별하고도 극적인 경우에서만이다. 마가복음 7장에서도 예수님이 귀먹고 말 더듬는 사람을 고치실 때 "에바다"라는 아람어를 쓰셨다. 마가복음 14장에서는 예수님께서 겟세마네 동산에서 "아바"라는 말을 쓰신다. 마태복음 27장에서 십자가상에서도 "엘리 엘리 라마 사박다니"라는 아람어를 사용하셨다.

이것은, 갈릴리 중심의 유대인에게는 그 당시 언어인 헬라어보다 아람어가 더 친숙한 모국어 같은 언어였기 때문일 것이다. 그리고 예수님 주변에 있는 유대인들을 위해 친숙한 아람어로 말씀하심으로 더 강력한 감동을 주기 위함이다. 아마 예수님 자신도 익숙한 언어를 사용하시는 것이 당신 마음에 더 와닿았을 것이다.

43절에서 왜 예수님은 소녀에게 먹을 것을 주라 하셨는가?

이 소녀는 살아났지만 그동안 죽을병에 걸려 먹지도 못하여 빈약한 모습을 가졌을 것이다. 그래서 예수님은 기운을 차리게 먹을 것을 주라 하셨다. 온전한 모습, 온전한 건강을 갖게 하시는 것이 예수님의 마음이다. 무엇인가 부족한 상태로 끝내시는 예수님이 결코 아니다. 이것은 하나님께서 천지창조를 하실 때 육 일 동안 완벽한 세상을 만드시고 안식하신 모습을 연상시킨다.

나·눔·질문

1. 예수님은 회당장 야이로가 간구할 때 그 자리에서 말씀으로 고치시지 않고 왜 집에까지 가셨는가?(24절)

2. 36절에서 예수님은 회당장에게 왜 이런 말씀을 하셨는가?

3. 37절에서 예수님은 왜 베드로, 야고보, 요한만 데리고 회당장 집에 들어가셨나?

4. 39절에서 예수님은 왜 이 말씀을 하셨는가?

5. 예수님은, 소녀는 죽지 않았다고 말씀하셔도 되는데 왜 잔다고 표현하셨을까?

6. 41절에서 예수님은 말씀만 하셔도 되는데 왜 손을 잡고 말씀하셨을까?

7. 41절에서 예수님은 왜 달리다굼이라는 아람어를 쓰신 것일까?

8. 43절에서 왜 예수님은 소녀에게 먹을 것을 주라 하셨는가?

예수님도 어쩔 수 없는 것
막 6:1~6

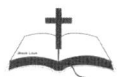

"¹예수께서 거기를 떠나사 고향으로 가시니 제자들도 따르니라 ²안식일이 되어 회당에서 가르치시니 많은 사람이 듣고 놀라 이르되 이 사람이 어디서 이런 것을 얻었느냐 이 사람이 받은 지혜와 그 손으로 이루어지는 이런 권능이 어찌됨이냐 ³이 사람이 마리아의 아들 목수가 아니냐 야고보와 요셉과 유다와 시몬의 형제가 아니냐 그 누이들이 우리와 함께 여기 있지 아니하냐 하고 예수를 배척한지라 ⁴예수께서 그들에게 이르시되 선지자가 자기 고향과 자기 친척과 자기 집 외에서는 존경을 받지 못함이 없느니라 하시며 ⁵거기서는 아무 권능도 행하실 수 없어 다만 소수의 병자에게 안수하여 고치실 뿐이었고 ⁶그들이 믿지 않음을 이상히 여기셨더라 이에 모든 촌에 두루 다니시며 가르치시더라."

예수님은 왜 고향으로 돌아오셨는가?

첫 번째는, 안식일이 되어 회당에서 가르치시기 위해서이다. 두 번째는, 나사렛 사람들을 축복하시기 위해서이다. 세 번째는 성령의 이끄심이 있었기 때문이다. 예수님은 당신 스스로는 아무것도 할 수 없다고 말씀하셨다.

"내가 아무것도 스스로 할 수 없노라"(요 5:30).

이 말씀은 스스로 시간과 현장을 정하시지 않음을 말씀하시는 것이다. 예수님은 오로지 성령이 이끄시는 대로 움직이셨다.

많은 그리스도인이 자기가 정한 시간과 현장을 다니기에 하나님의 예비하심과 도우심을 경험하지 못한다. 예수님처럼 성령의 이끄심에 따라 산다면 자신의 능력과 힘으로 인생이 가는 것이 아니라 하나님의 도우심으로 가게 되므로 더욱 풍성한 삶을 경험할 것이다.

예수님은 왜 4절의 말씀을 하시는 것일까?

첫 번째는, 나사렛 사람들의 현재를 보지 않고 과거만을 기억하는 태도 때문이다. 많은 그리스도인이 하나님의 축복을 받지 못하는 이유 중 하나가 과거지향적인 생각을 가지는 것이다. 그러므로 하나님은 그리스도인이라면 과거와 현재가 어떻든 미래지향적인 생각과 언어와 삶을 가지고 살기를 원하신다.

두 번째는, 예수님을 인간적인 관점에서 보기 때문이다. 나사렛 사람들은 예수님을 과거의 천박한 목수 직업을 가지고 많은 동생을 데리고 있던, 가난하고 배우지 못하였으며 아버지도 없는 불쌍한 청년으로 기억하고 있는 것이다. 이것이 예수님을 권위 있는 영적 존재로서 보기가 힘들었을 것이다. 오늘날도 많은 그리스도인들이 삶이나 관계를 인간적으로만 해석함으로 영적으로 이끄시는 하나님의 의도를 모르고 산다.

세 번째는, 예수님의 새로운 변화를 인정하지 않기 때문이다. 나사렛 사람들은 회당에서 예수님이 말씀하신 것이 권위 있고 지혜로운 것임을 인정하면서도, 과거의 예수님이 아니라 새로운 존재와 삶과 사역의 예수님으로 받아들이지 않는 것이다. 어쩌면 나사렛 사람들은 과거의 예수님으로 기억하고 현재도 그런 예수님으로 기억하고 싶었을 것이다.

네 번째는, 예수님을 무시하기 때문이다. 나사렛 사람들이 예수님의 어머니 마리아를 말하고 목수라는 직업과 많은 동생을 말하고 있는 것은, 인간적으로 가까운 이웃을 안다는 의미에서 말한 것이 아니라 자신들보다 가난하고 불쌍한 사람이라는 의미에서 말한 것이다. 이것은 '가난하고 불쌍한 네가 너보다 나은 우리에게 무엇을 가르치려 하느냐'는 태도이다. 예수님은 겉으로 사람을 판단하는 나사렛 사람들의 태도에 실망하셨다.

다섯 번째는, 예수님을 정확하게 보지 못했기 때문이다. 예수님은 인류를 구원할 메시아로서 새로운 존재로서의 삶을 사는 분이신데, 나사렛 사람들이 메시아임을 모른다 해도 적어도 그들 수준에서 예수님을 선지자 정도로도 인정하지 않는 것이다. 이것은 예수님이 어떤 분인지를 모르고 있다는 증거이다. 예수님을 모르는 무지가 다시 오지 못할 축복을 놓치게 만들었다. 말씀으로나 삶으로 주님을 모르고 사는 것만큼 위험하고 불안한 삶은 없는 것이다.

예수님은 왜 많은 능력을 행하지 못하셨나?

그들이 예수님의 존재를 믿지 않았기 때문에 능력을 행사하지 않으신 것이 아니라 못하신 것이다. 아무리 예수님이 모든 일을 하실 수 있는 분이라도 인간이 예수님의 존재와 말씀을 믿지 않으면 안 된다는 것을 말씀하고 있다. 믿음이 예수님이 일하시는 중요한 도구라는 것이다. 그러므로 예수님을 마음껏 일하시게 하는 비결은 더 많은 믿음을 가지는 것이고, 믿음으로 예수님께 나아오는 것이다.

예수님은 왜 나사렛 사람들이 예수님을 믿지 아니함을 이상하게 여기셨을까?

예수님도 예상치 못한 일이 벌어진 것을 의미한다. 적어도 예수님도 인간적으로 가까웠던 사람들이므로 다른 곳에 있는 사람들보다 쉽고 부드럽게 예수님의 존재와 말씀을 받아들일 줄 아신 것이다. 그러나 전혀 반대의 반응을 보이니 예수님도 당황하신 것이다. 하나님은 이것을 통해 인간적으로 가까운 것이 영적으로도 가까운 것이 아님을 알려 주시는 것이다.

나눔 질문

1. 예수님은 왜 고향으로 돌아오셨는가?(1절)

2. 예수님은 왜 4절의 말씀을 하시는 것일까?

3. 예수님은 왜 많은 능력을 행하지 못하셨나?(5절)

4. 예수님은 왜 나사렛 사람들이 예수님을 믿지 아니함을 이상하게 여기셨을까?(6절)

예수님과 귀신 들린 아이의 아버지
막 9:14~29

¹⁴이에 그들이 제자들에게 와서 보니 큰 무리가 그들을 둘러싸고 서기관들이 그들과 더불어 변론하고 있더라 ¹⁵온 무리가 곧 예수를 보고 매우 놀라며 달려와 문안하거늘 ¹⁶예수께서 물으시되 너희가 무엇을 그들과 변론하느냐 ¹⁷무리 중의 하나가 대답하되 선생님 말 못하게 귀신 들린 내 아들을 선생님께 데려왔나이다 ¹⁸귀신이 어디서든지 그를 잡으면 거꾸러져 거품을 흘리며 이를 갈며 그리고 파리해지는지라 내가 선생님의 제자들에게 내쫓아 달라 하였으나 그들이 능히 하지 못하더이다 ¹⁹대답하여 이르시되 믿음이 없는 세대여 내가 얼마나 너희와 함께 있으며 얼마나 너희에게 참으리요 그를 내게로 데려오라 하시매 ²⁰이에 데리고 오니 귀신이 예수를 보고 곧 그 아이로 심히 경련을 일으키게 하는지라 그가 땅에 엎드러져 구르며 거품을 흘리더라 ²¹예수께서 그 아버지에게 물으시되 언제부터 이렇게 되었느냐 하시니 이르되 어릴 때부터니이다 ²²귀신이 그를 죽이려고 불과 물에 자주 던졌나이다 그러나 무엇을 하실 수 있거든 우리를 불쌍히 여기사 도와주옵소서 ²³예수께서 이르시되 할 수 있거든이 무슨 말이냐 믿는 자에게는 능히 하지 못할 일이 없느니라 하시니 ²⁴곧 그 아이의 아버지가 소리를 질러 이르되 내가 믿나이다 나의 믿음 없는 것을 도와주소서 하더라 ²⁵예수께서 무리가 달려와 모이는 것을 보시고 그 더러운 귀신을 꾸짖어 이르시되 말 못하고 못 듣는 귀신아 내가 네게 명하노니 그 아이에게서 나오고 다시 들어가지 말라 하

시매 ^{26}귀신이 소리 지르며 아이로 심히 경련을 일으키게 하고 나가니 그 아이가 죽은 것같이 되어 많은 사람이 말하기를 죽었다 하나 ^{27}예수께서 그 손을 잡아 일으키시니 이에 일어서니라 ^{28}집에 들어가시매 제자들이 조용히 묻자오되 우리는 어찌하여 능히 그 귀신을 쫓아내지 못하였나이까 ^{29}이르시되 기도 외에 다른 것으로는 이런 종류가 나갈 수 없느니라 하시니라."

16절에서 예수님은 왜 물어 보신 것일까? 예수님은 귀신 쫓는 문제인 줄 모르셨는가?

예수님이 "변론하느냐" 하시는 것으로 봐서 진리의 논쟁으로 아셨을 것이다. 그러나 진리의 문제가 아니라 믿음으로 귀신 쫓는 능력의 문제임을 아시고 실망하셨을 것이다. 귀신 들린 아이를 제자들이 믿음이 없어 못 고쳤다는 것에 실망하셨으며, 그들이 논쟁만 하고 있었다는 사실에 더욱 실망하셨을 것이다.

"하나님의 나라는 말에 있지 아니하고 오직 능력에 있음이라"(고전 4:20).

이 말씀은 예수님이 좋은 마음으로 말씀하신 것은 아니다. 진리에 대한 논쟁이었다면 주님의 말씀이 달라지셨을 것이다.

19절의 말씀을 하시는 예수님의 심정은 무엇인가?

예수님은 믿음이 없는 것이 예수님과 함께 있지 못하게 하며 견디기 힘들게 하는 것임을 말씀하신 것이다. 좁은 의미로는 아홉 명의 제자들이 논쟁만 하고 믿음이 없음을 탄식하시는 것이며, 넓은 의미로는 믿음 없이 살고 있는 모든 그리스도인들을 향하여 말씀하시는 것이다.

예수님은 왜 믿음이 없는 것에 피로워하셨을까?

첫 번째는, 믿음을 가질 자들이 믿음이 부족하여 영적 자격을 갖추지 못한 것에 대하여 말씀하시는 것이다. 두 번째는, 제자들이 믿음으로 문제를 풀지 못하는 것이며 세 번째는, 믿음이 없어 애매한 고난을 계속 당하는 것을 안타깝게 여기시는 것이며 네 번째는, 믿음으로 고쳐 주어야 할 아이가 고침 받지 못하여 계속 고통을 받는 것에 대하여 말씀하시는 것이다.

21절에서 예수님이 질문하시는 이유는 무엇인가?

"언제부터 이렇게 되었느냐" 하고 질문하시는 예수님의 본뜻은 '얼마 동안 고생하였느냐?'라는 말이다. 아이에 대한 안타까운 마음 때문에 이렇게 물어 보신 것이다. 요한복음 6장에서 예수님은 38년 된 병자의 병이 오랜 줄 아셨다는 것은, 그만큼 예수님은 38년 된 병자가 고생한 것을 아셨다는 것이다. 이 말을 통해 예수님은 어떤 문제이든 그리스도인이 자신이 만난 문제로 인해 고생한 기간이 길수록 예수님의 마음을 움직이게 한다는 것을 알 수 있다. 곧 예수님의 손길이 더하신다는 것이다.

예수님은 왜 23절에서 이렇게 말씀하신 것일까?

"할 수 있거든이 무슨 말이냐" 하는 말씀은 가정으로, 희망사항으로 말하는 아비를 향하여 '가정이나 희망사항으로 말하지 말라'며 반쪽 믿음의 태도를 책망하시는 것이다. 예수님은 가정이나 희망사항이 아닌, 역사를 가져올 온전한 믿음을 원하시고 온전한 믿음만이 역사를 가져온다는 것을 강조하신다.

23절에서 보여주시는 예수님의 마음은 무엇인가?

첫 번째는, 예수님은 아비의 믿음 없음을 책망하신다. 어느 정도 믿음이 있는 것 때문이 아니라 의심이 있다는 것이 중요한 문제라는 것을 지적하시는 것이다. 두 번째는, 예수님은 인간적인 호소로는 역사가 오지 않음을 말씀하시는 것이다. 오로지 믿음만이 하나님의 역사가 나타남을 강조하신 것이다. 세 번째는, 예수님은 그 무엇보다도 믿음의 불가능을 없게 하신다는 강조하신 것이다.

왜 25절 이전에는 예수님이 귀신을 쫓아주시지 않다가 25절에서 쫓아주신 것일까?

첫 번째로, 이전에는 그 아비의 믿음이 반신반의하는 믿음 때문이다. 완벽한 믿음만이 주님이 역사하게 하신다. 두 번째는, 24절에 "내가 믿나이다 나의 믿음 없는 것을 도와주소서 하더라"는 아비의 솔직한 태도에 예수님이 역사하셨다. 세 번째는, 예수님은 사람과 조화와 동역을 이루어 역사하시는 분임을 강조하신 것이다. 네 번째는, 아이는 아비의 권위 안에 있기에 아비의 태도가 중요하다는 것을 권위의 원리로 강조하신다. 결국 아이가 아비의 믿음으로 고침 받는 것을 볼 때, 아버지라는 긍정적 권위 사용이 자녀를 축복하고 있음을 강조하신 것이다.

25절의 예수님의 축귀에서 그리스도인에게 가르쳐 주시는 것은 무엇인가?

첫 번째는, 예수님은 악한 영을 명령형의 언어로 고쳐 주심으로 믿음의 역사는 명령형 언어로 사용하라고 가르쳐 주신다. 두 번째는, 정확한 현상을 먼저 말씀하시고 그 배후에 역사하는 악한 영을 쫓아내신다. 세 번째는, 악한 영이 다시 들어갈 수 있음을 알려 주시는 것이다. 네 번째는, 모든 것이 그렇지는 않지만 불치병은 악한 영의 역사로 오는 것임을 알려 주시고 있다.

27절에서 왜 예수님은 그냥 놔두어도 되는데 아이의 손을 잡아 일으키셨나?

첫 번째는, 아이가 죽지 않았음을 알려 주시기 위해서이다. 두 번째는, 20절에서 경련을 일으키고 땅에 엎드려져 구르고 거품을 흘리는 상태로 늘 넘어져 있었기에 그런 현상에서 이겼으며 회복되었음을 알리기 위해 일으키신 것이다.

　마가복음 5장 41~42절에서도 예수님은 죽은 회당장의 딸의 손을 잡고 '달리다굼'이라 말씀하심으로 소녀가 살아났음을 알리기 위해 일어나서 걸었다고 하였다.

　29절에서 예수님은 왜 기도를 귀신 쫓는 능력이라고 말씀하신 것일까?

　예수님이 귀신을 쫓아내시는 것은 믿음이고, 역사하는 믿음은 기도가 기본임을 말씀하신 것이다. 기도는 믿음을 훈련시킨다.

> "그러므로 내가 너희에게 말하노니 무엇이든지 기도하고 구하는 것은 받은 줄로 믿으라 그리하면 너희에게 그대로 되리라"(막 11:24).

나눔 질문

1. 16절에서 예수님은 왜 물어 보신 것일까? 예수님은 귀신 쫓는 문제인 줄 모르셨는가?

2. 19절의 말씀을 하시는 예수님의 심정은 무엇인가?

3. 예수님이 왜 믿음이 없는 것에 괴로워하셨을까?(19절)

4. 21절에서 예수님이 질문하시는 이유는 무엇인가?

5. 예수님은 왜 23절에서 이렇게 말씀하신 것일까?

6. 23절에서 보여주시는 예수님의 마음은 무엇인가?

7. 25절 이전에는 예수님이 귀신을 쫓아주지 않다가 25절에서 쫓아주신 이유는 무엇인가?

8. 왜 25절의 예수님의 축귀에서 그리스도인에게 가르쳐 주시는 것은 무엇인가?

9. 27절에서 왜 예수님은 그냥 놔두어도 되는데 아이의 손을 잡아 일으키셨나?

10. 29절에서 예수님은 왜 기도를 귀신 쫓는 능력이라고 말씀하신 것일까?

헌금을 보시는 예수님
막 12:41~44

"⁴¹예수께서 헌금함을 대하여 앉으사 무리가 어떻게 헌금함에 돈 넣는가를 보실새 여러 부자는 많이 넣는데 ⁴²한 가난한 과부는 와서 두 렙돈 곧 한 고드란트를 넣는지라 ⁴³예수께서 제자들을 불러다가 이르시되 내가 진실로 너희에게 이르노니 이 가난한 과부는 헌금함에 넣는 모든 사람보다 많이 넣었도다 ⁴⁴그들은 다 그 풍족한 중에서 넣었거니와 이 과부는 그 가난한 중에서 자기의 모든 소유 곧 생활비 전부를 넣었느니라 하시니라."

41절에서 예수님은 왜 헌금함에 돈을 넣는 것을 보셨는가?
물질은 사람에게 중요한 것이기에 중요한 것을 기꺼이 하나님께 드리는 것은 중요하다. 그런 의미에서 예수님이 헌금하시는 것을 보신 것이다. 예수님은 헌금의 양을 보신 것이 아니라 어떤 태도로 헌금을 하는가를 보셨다. 예수님은 헌금을 드리는 자들의 마음 상태를 보신 것이다. 예수님은 헌금을 드리는 자가 소유하고 있는 것 중에 헌금액의 비율이 어느 정도인가를 보셨다. 예수님은 결과보다도 과정을 더 중요하게 여기는 분이다.

43절, 44절에서 예수님은 무슨 근거로 과부가 헌금을 많이 하였다

고 말씀하시는가?

첫 번째는 자신의 소유와 헌금의 비율을 보시고 말씀하신 것이다. 예수님의 이 말씀은 과부의 생활 전반을 알고 계시기에 하신 말씀이다. 곧 예수님은 헌금만을 보신 것이 아니라 과부의 금전적인 상황까지 이미 알고 계신다는 뜻이다. 그리스도인이 주님께 드리는 것만을 하나님이 아시는 것이 아니라 그 외에도 금전적인 상황까지 알고 계신다는 것이다. 그러므로 그리스도인은 수입과 지출 부분을 주님이 보시기에 부끄럽지 않게 해야 할 것이다.

예수님은 헌금 액수가 중요한 것이 아니라 비율과 하나님께 드려지는 마음(하나님에게 간절하게 바쳐졌을 것이다)을 중요하게 여기셨다. 그래서 과부를 칭찬하신 것이다. 누구보다도 더 귀한 마음으로 드렸기 때문이다. 과부가 생활비 전부를 드렸다는 것은 자신의 것 전부를 드렸다는 것을 의미한다.

예수님께서 제자들에게 헌금을 말씀하신 이유는 무엇인가?

하나님은 진정한 헌금 자세를 말씀하신 것이다. 예수님이 알아 주시고 인정하시고 축복하시는 헌금을 해야 함을 강조하고 있다. 하나님은 헌금의 양보다 헌금 드리는 태도를 중요하게 여기신다.

"이것이 곧 적게 심는 자는 적게 거두고 많이 심는 자는 많이 거둔다 하는 말이로다 각각 그 마음에 정한 대로 할 것이요 인색함으로나 억지로 하지 말지니 하나님은 즐겨 내는 자를 사랑하시느니라"(고후 9:6~7).

1. 41절에서 예수님은 왜 헌금함에 돈을 넣는 것을 보셨는가?

2. 43절, 44절에서 예수님은 무슨 근거로 과부가 헌금을 많이 하였다는 것을 말씀하시는가?

3. 예수님 제자들에게 헌금을 말씀하신 이유가 무엇인가?

4. 오늘날 크리스천의 헌금 태도는 어떠한가?

예수님의 세 가지 시험

눅 4:1~13

"¹예수께서 성령의 충만함을 입어 요단 강에서 돌아오사 광야에서 사십 일 동안 성령에게 이끌리시며 ²마귀에게 시험을 받으시더라 이 모든 날에 아무것도 잡수시지 아니하시니 날 수가 다하매 주리신지라 ³마귀가 이르되 네가 만일 하나님의 아들이어든 이 돌들에게 명하여 떡이 되게 하라 ⁴예수께서 대답하시되 기록된 바 사람이 떡으로만 살 것이 아니라 하였느니라 ⁵마귀가 또 예수를 이끌고 올라가서 순식간에 천하 만국을 보이며 ⁶이르되 이 모든 권위와 그 영광을 내가 네게 주리라 이것은 내게 넘겨 준 것이므로 내가 원하는 자에게 주노라 ⁷그러므로 네가 만일 내게 절하면 다 네 것이 되리라 ⁸예수께서 대답하여 이르시되 기록된 바 주 너의 하나님께 경배하고 다만 그를 섬기라 하였느니라 ⁹또 이끌고 예루살렘으로 가서 성전 꼭대기에 세우고 이르되 네가 만일 하나님의 아들이어든 여기서 뛰어내리라 ¹⁰기록되었으되 하나님이 너를 위하여 그 사자들을 명하사 너를 지키게 하시리라 하였고 ¹¹또한 그들이 손으로 너를 받들어 네 발이 돌에 부딪치지 않게 하시리라 하였느니라 ¹²예수께서 대답하여 이르시되 주 너의 하나님을 시험하지 말라 하였느니라 ¹³마귀가 모든 시험을 다 한 후에 얼마 동안 떠나니라."

1절에서 예수님은 어떻게 성령충만을 받으실 수 있었나?
누가복음 3장 21~22절의 예수님을 통하여 알 수 있다.

> "백성이 다 세례를 받을새 예수도 세례를 받으시고 기도하실 때에 하늘이 열리며 성령이 비둘기 같은 형체로 그의 위에 강림하시더니 하늘로부터 소리가 나기를 너는 내 사랑하는 아들이라 내가 너를 기뻐하노라 하시니라."

먼저 예수님은 하나님의 뜻을 따라 공생애를 시작하면서 세례를 받으실 때 성령충만이 시작되었다. 그리고 예수님이 기도하신 것이 두 번째 성령충만으로 가는 과정이며, 성령이 예수님께 임재할 때 성령충만이 나타난 것이다. 그리고 하나님이 기뻐하시는 자에게는 성령충만이 있음을 알려 주신다.

예수님은 어떻게 사탄의 시험을 받게 되었는가?
먼저 예수님의 성령의 충만함은 성령의 이끌림을 받은 것이다. 예수님이 독단적으로 하신 것이 아니다. 그러므로 성령충만 받은 자는 성령에 이끌리는 것이 정상이다.

그런데 성령충만과 성령에 이끌림은 사탄에게 시험 받으시는 것으로 나타났다. 예수님의 이 모습을 볼 때, 성령의 이끌림이 언제나 좋은 일만을 만나게 하는 것이 아니라, 예수님처럼 신앙의 연단을 위해 사탄의 시험을 받게 하기도 한다는 것을 알 수 있다. 그래서 부흥회나 집회를 통해 은혜를 많이 받아 자신이 성령충만해졌다고 생각되면, 지금까지 없었던 어려움이 곧이어 생기거나 기존에 있던 문제가 더 커지는 경우가 많다. 그럴 때 상심하고 이상하게 생각하지 말아야 한다. 그것은 하나님의 허락하심 속에서 일어나는 것으로, 우리에게 능히 감당할 힘과 능력과 은혜를 주시고 나중에는 하나님께서 영광을 받으시기 위해 허락하신 것이다. 자신이 문제가 많아서가 아니라는 것이다.

그리고 꼭 성령충만할 때 좋은 일이 생겨야 한다는 것은 그리스도인의 입장에서 잘못된 고정관념이다. 이런 생각으로 좋으신 하나님을 오해해서는 안 된다. 그러므로 좋은 일만 만나야 한다는 고정관념을 버리고 사탄의 시험이 올 때 낙심하지 말아야 한다. 예수님처럼 감당할 수 있기에 허락하신 것이다. 그리고 그것을 이길 수 있는 성령의 능력을 주신다 (14절).

> "사람이 감당할 시험밖에는 너희가 당한 것이 없나니 오직 하나님은 미쁘사 너희가 감당하지 못할 시험 당함을 허락하지 아니하시고 시험 당할 즈음에 또한 피할 길을 내사 너희로 능히 감당하게 하시느니라"(고전 10:13).

그리스도인들을 더욱 영적으로 세워 주시기 위해 하나님이 시험을 허락하셨는데, 자신이 잘못하여 사탄에게 시험받는 것으로 오해해서는 안 된다는 말씀이다.

예수님은 언제 마귀의 시험을 받으셨는가?

예수님이 40일 금식을 마친 후 배고프실 때 사탄의 시험이 왔다. 이것은 무엇인가 부족하고 모자라고 외로울 때 마귀는 그 틈을 이용하여 역사한다는 것을 보여준다. 그러므로 그리스도인들은 자신의 빈틈, 약점이 무엇인지를 알고 있어야 한다. 왜냐하면 사탄은 그곳을 통하여 역사하기 때문이다.

예수님의 첫 번째 시험은 무엇이며 그 의미는 무엇인가?

마귀는 예수님의 배고픔을 가지고 역사하였다. 이것은 마귀가 인간의 본능을 건드리면서 역사하는 것이다. 이것은 가장 기초적인 먹는 것, 생존의 문제를 가지고 역사하는 것이다. 인간의 본능 중에 하나인 먹는 것을 통하여 마귀는 역사한다.

마귀는 최초의 인간인 하와도 먹는 것으로 유혹하고 승리하여 인류를 망하게 했다.

"너희가 그것을 먹는 날에는 너희 눈이 밝아져 하나님과 같이 되어 선악을 알 줄 하나님이 아심이니라"(창 3:5).

최초의 인간 하와는 실패하였지만 예수님은 승리하셨다. 오늘날 많은 사람들이 먹는 것 때문에 죄짓고, 먹는 것 때문에 병들고 죽는 것을 볼 때, 마귀의 이 전략은 여전히 성공하고 있음을 알 수 있다.

그리스도인들이 가장 많이 사탄의 유혹에 넘어가는 것은 본능에 관한 것, 생존에 관한 것으로 마귀가 역사할 때이다. 제자들도 3년 넘도록 예수님을 따라다니며 예수님의 말씀을 배우고 하나님의 능력도 경험하였지만, 겟세마네 동산에서 결국 예수님을 버리고 도망간 것도 죽고 사는 생존의 문제이기 때문이다.

예수님은 무엇으로 사탄의 시험을 이기셨나?

예수님은 즉시로 기록된 말씀으로 그 유혹을 이기셨다. 그것은 하나님의 말씀이 머리에 이해된 채 있는 것이 아니라 마음에 늘 있으셨다는 뜻이다. 그것은 말씀이 예수님의 마음을 지배하셨음을 알려 주고 있다. 머리에 있는 말씀으로는 마음으로 오는 유혹을 이길 수 없다. 마음에 새겨진 말씀만이 승리를 준다.

예수님은 40일 금식 중이라 모든 것이 약해진 상태에 있었다. 그런데도 적절한 말씀을 기억하고 말씀하셨다는 것은 언제나 마음속에 말씀을 기억하셨다는 것을 의미한다. 그리스도인은 예수님처럼 어떤 순간, 어떤 현장에서도 하나님의 말씀이 즉시로 기억나고 그 말씀에 지배당하여 말씀대로의 말과 행동이 나와야 한다. 그런 사람이 말씀을 가진 자라 할 수 있다.

말씀을 머리로 이해하고, 하나님 말씀과 반대되는 세상에서는 아무런 능력도 발휘하지 못하고 교회에서나 사용한다면, 진정한 의미에서 하나님 말씀을 가진 자가 아니다. 가볍게 말씀을 빌린 자에 지나지 않는다. 말씀을 소유한 자가 말씀의 능력을 경험하고 말씀을 주신 하나님을 높이는 것이다.

사람이 떡으로만 살지 않고 말씀으로 산다는 말씀의 뜻은 무엇인가?

그리스도인도 떡으로 산다. 그러나 떡으로만 사는 자가 아님을 말씀하신다. 이것은 육신의 힘을 주는 떡으로만 사는 것이 아니고 육신의 힘을 주는 떡을 위해 사는 것이 아님을 강조하신 것이다.

그리스도인은 말씀으로 산다고 말씀하신다. 이 말씀은 하나님의 말씀이 그리스도인을 존재하게 하는 동기요, 이유요, 힘이요, 능력이요, 근원이라는 뜻이다.

마귀의 두 번째 유혹은 무엇이며, 그 의미는 무엇이고, 예수님의 대답은 무엇인가?

마귀는 두 번째로 인간의 욕심에 의한 소유욕으로 예수님을 건든다. 인간의 소유욕 중에 물질, 권세와 명예를 가지라고 한다. 마귀는 이런 것들을 가지도록 힘을 주고 지혜도 주고 능력도 준다.

그러나 예수님은 하나님을 경배하고 섬기는 것이 인간이 가질 수 있는 소유권임을 말씀하신다. 인간이 소유욕으로 가질 수 있는 것은 모두 죽음으로 끝나는 허무한 것이기에 진정한 소유가 될 수 없고, 오직 하나님을 경배하고 하나님을 섬기는 것만이 영원하며 하나님이 인정하시는 복된 소유이기 때문이다.

마귀는 에덴동산에 많은 열매가 있지만 하나님이 먹지 말라는 선악과마저 먹음으로써 모두 소유하라고 유혹했다. 선악과를 먹음으로 하나님

같이 되라고 하고, 하나님 자리를 소유하라고 유혹한 것이다. 첫 인류는 선악과를 먹음으로 실패하였지만 예수님은 하나님의 말씀으로 승리하셨다.

마귀의 세 번째 유혹은 무엇이며, 그 의미는 무엇이고, 예수님의 대답은 무엇인가?

마귀는 기록된 말씀을 왜곡하여 유혹한다. 하나님 말씀을 자신을 위한 시험 대상으로 삼기 원하는 것이다. 그리고 이것은 인간이 가지고 있는 본성인 교만을 건드리는 것이다.

그러나 예수님은 결코 인간이 우습게 여겨도 되는 분이 아니심을 알려 주신다. 예수님이 하나님을 시험하지 말라 하시는 말씀은, 하나님을 인간의 종으로 낮추어 보지 말라는 말씀이다. 곧 인간이 원하면 하나님은 무조건 어떤 것이든 무엇이든지 도와주는 분이라고 생각하지 말라는 것이다. 내가 하는 것은 무조건 하나님이 도우신다는 것도 하나님을 시험하는 태도이다.

13절에서 예수님에게서 마귀가 얼마 동안 떠난 것은 무엇을 의미하나?

마귀가 예수님을 시험하였으나 세 번 실패하여 더 이상 이길 수 없기에 떠나가는 것이지만, 완전히 떠나지 않는 것은 언젠가는 또다시 예수님에게 빈틈이 생기고 기회가 오면 다시 찾아오겠다는 뜻이다.

오늘을 사는 그리스도인도 마귀의 유혹에서 이기는 신앙이 되어야 하지만, 이겼다고 언제나 이기는 것은 아니다. 그리스도인에게 빈틈이 보이고 약점이 드러나면 또다시 유혹하여 그리스도인을 넘어뜨려 하나님의 은혜와 축복에서 멀어지게 할 것이다. 그러므로 죽는 날까지 영적 긴장을 놓으면 안 되고, 항상 영적 분별을 하며 살아야 한다.

나눔 질문

1. 1절에서 예수님은 어떻게 성령충만을 받으실 수 있었나?

2. 예수님은 어떻게 사탄의 시험을 받게 되었는가?(1절)

3. 예수님은 언제 마귀의 시험을 받으셨는가?(2절)

4. 예수님의 첫 번째 시험은 무엇이며 그 의미는 무엇인가?(3절)

5. 예수님은 무엇으로 사탄의 시험을 이기셨나?(4, 8, 12절)

6. 사람이 떡으로만 살지 않고 말씀으로 산다는 말씀의 뜻은 무엇인가?(4절, 마 4:4)

7. 마귀의 두 번째 유혹은 무엇이며, 그 의미는 무엇이고, 예수님의 대답은 무엇인가?(5~8절)

8. 마귀의 세 번째 유혹은 무엇이며, 그 의미는 무엇이고, 예수님의 대답은 무엇인가?(9~12절)

9. 13절에서 예수님에게서 마귀가 얼마 동안 떠난 것은 무엇을 의미하나?

예수님과 베드로의 배

눅 5:1~11

"¹무리가 몰려와서 하나님의 말씀을 들을새 예수는 게네사렛 호숫가에 서서 ²호숫가에 배 두 척이 있는 것을 보시니 어부들은 배에서 나와서 그물을 씻는지라 ³예수께서 한 배에 오르시니 그 배는 시몬의 배라 육지에서 조금 떼기를 청하시고 앉으사 배에서 무리를 가르치시더니 ⁴말씀을 마치시고 시몬에게 이르시되 깊은 데로 가서 그물을 내려 고기를 잡으라 ⁵시몬이 대답하여 이르되 선생님 우리들이 밤이 새도록 수고하였으되 잡은 것이 없지마는 말씀에 의지하여 내가 그물을 내리리이다 하고 ⁶그렇게 하니 고기를 잡은 것이 심히 많아 그물이 찢어지는지라 ⁷이에 다른 배에 있는 동무들에게 손짓하여 와서 도와 달라 하니 그들이 와서 두 배에 채우매 잠기게 되었더라 ⁸시몬 베드로가 이를 보고 예수의 무릎 아래에 엎드려 이르되 주여 나를 떠나소서 나는 죄인이로소이다 하니 ⁹이는 자기 및 자기와 함께 있는 모든 사람이 고기 잡힌 것으로 말미암아 놀라고 ¹⁰세베대의 아들로서 시몬의 동업자인 야고보와 요한도 놀랐음이라 예수께서 시몬에게 이르시되 무서워하지 말라 이제 후로는 네가 사람을 취하리라 하시니 ¹¹그들이 배들을 육지에 대고 모든 것을 버려두고 예수를 따르니라."

예수님은 왜 베드로 배에 타셨는가?

그것은 우연이 아니라 예수님의 의도적인 접근이었다. 요한복음 13장 1절에서 예수님은 "세상에 있는 자기 사람들을 사랑하시되 끝까지 사랑하시니라"고 말씀하셨는데, 이 말씀은 예수님이 자기 사람에게 관심을 갖고 계시고, 포기하지 않는 분이라는 뜻으로 이해할 수 있다.

예수님은 요한복음 1장 40~42절에서 "요한의 말을 듣고 예수를 따르는 두 사람 중의 하나는 시몬 베드로의 형제 안드레라 그가 먼저 자기의 형제 시몬을 찾아 말하되 우리가 메시아를 만났다 하고(메시아는 번역하면 그리스도라) 데리고 예수께로 오니 예수께서 보시고 이르시되 네가 요한의 아들 시몬이니 장차 게바라 하리라 하시니라(게바는 번역하면 베드로라)"고 말씀하심을 볼 때, 예수님은 베드로를 처음부터 특별하게 생각하셨으며, 그를 포기하지 않고 여기까지 찾아오신 것을 알 수 있다. 처음에는 베드로가 동생 안드레에 의해 예수님께 찾아왔지만, 그다음에는 예수님이 베드로의 삶의 현장까지 찾아오셨다.

모든 그리스도인은 자신에게 맡겨 준 영혼을 끝까지 책임지고 포기하지 않고 찾아가서 결국은 구원시키는, 예수님 같은 영혼 사랑이 있어야 한다. 비록 그 영혼이 자신의 수고에 반응하지 않거나 거부할지라도 예수님처럼 구원받을 때까지 찾아가는 열심이 있어야 한다.

예수님은 베드로에게 전하실 메시지가 있고 축복하실 것이 있기에 베드로의 배에 타신 것이다.

예수님은 어떻게 베드로의 배인 줄 아셨는가?

배 두 척이 있는 것을 보셨고, 어부들이 배에서 나오는 것을 보시고 베드로의 배를 알 수 있었다. 예수님은 전에 한 번 베드로를 만난 적이 있으셔서 베드로를 금세 알아볼 수 있으셨다.

예수님은 베드로의 배에 고기가 없는 줄 어떻게 아셨는가?

베드로가 그물 씻는 것을 보시고 시몬의 배에 오르셨기 때문에 알 수 있었다.

예수님은 왜 베드로가 요청도 하지 않았는데 깊은 데로 가서 그물을 내리게 하셨나?

단지 베드로가 물고기를 못 잡아서 물고기를 채워 주시려고 하신 것이다. 두 번째는, 베드로가 예수님을 도와주었는데 예수님도 절대 빚지는 분이 아니시기에 그를 도와주시려는 것이다. 배를 빌려준 것에 대한 수고의 상을 예수님께서 베드로에게 주고 계신 것이다. 또한 예수님은 상황이 안 좋은(부족한 상황) 곳에 오셔서 축복하기를 원하시는 분인 것을 보여준다. 그리스도인들도 예수님이 원하시고 기뻐하시는 일을 하고 예수님의 일을 도와드리면 예수님은 그리스도인의 문제를 도우신다.

예수님은 왜 4절에서 "깊은 데로 가서"라는 말씀을 하셨는가?

베드로에게 두 가지를 가르치시기 위해서이다.

첫 번째는, 낮에는 고기가 안 잡힌다는 어부의 고정관념을 깨뜨리고 주님의 존재와 말씀이면 다 된다는 믿음을 갖게 하시기 위해서이다. 두 번째는, 베드로가 밤새 깊은 곳에서 그물질을 했으나 실패했던 현장이 성공하는 현장이 되게 하시기 위해 말씀하신 것이다. 예수님은 베드로가 실패한 현장에서 다시 시작하게 하신 것이다.

베드로를 기적으로 축복하신 예수님의 목적은 무엇인가?

결국 사람이 목적이었다. 예수님에게는 기적 자체가 목적이 아니다. 많은 그리스도인들이 주님보다는 기적과 축복이 목적이 되고 예수님을 수단으로 여기는 잘못된 신앙으로 인해 예수님의 마음을 아프게 하는 것을 종종 보게 된다. 이런 사람은 예수님이 주신 축복이 오히려 자신에게 불행을 준다는 것을 알아야 한다. 예수님처럼 기적과 축복이 목적이 아니라 존재를 목적으로 삼은 변질되지 않는 신앙이라면 언제나 축복을 경험할 것이다.

예수님은 기적을 통해 베드로가 무엇을 알기 원하셨나?

베드로가 자신의 무능력을 발견하기를 원하셨다. 베드로는 예수님에게 "밤이 새도록 수고하였으되" 하고 말함으로 자신의 무능력을 고백하였다. 두 번째는, 베드로 자신이 죄인 됨을 발견하기를 원하셨다(8절). 베드로는 자기 앞에 서 있는 분이 사람이 아니라 거룩하신 하나님임을 발견하고 자신이 죄인임을 깨달아 고백하고 있다. 세 번째는, 자신에 대해 더 높은 정체성(사람을 낚는 어부)과 삶을 알기 원하셨다. 예수님이 베드로를 어부가 아니라 더 높은 차원의 사람을 취하는 어부가 될 것을 말씀하실 때 베드로는 이에 절실히 공감하면서 예수님을 따른다.

네 번째는 예수님이 모든 것 되신다는 것을 알기 원하셨다. 예수님은 베드로가 예수님이 아니면 안 되는 존재와 인생이라는 것을 물고기를 잡게 하심으로 발견하게 하신 것이다. 다섯 번째는, 물고기를 쫓는 인생이 아니라 모든 것 되시는 예수님 뒤를 따르는 제자가 되기를 원하셨다.

베드로는 예수님이 원하셨던 것을 알았기에 **"모든 것을 버려두고"**(11절) 예수님을 따랐다. 모든 그리스도인은 예수님이 자신을 향해 알기 원하시는 것을 발견하고 예수님이 원하시는 존재와 삶과 신앙을 위해 힘써야 한다.

1. 예수님은 왜 베드로 배에 타셨는가?(3절)

2. 예수님은 어떻게 베드로의 배인 줄 아셨는가?(3절)

3. 예수님은 베드로의 배에 고기가 없는 줄 어떻게 아셨는가?(4절)

4. 예수님은 왜 베드로가 요청도 하지 않았는데 깊은 데로 가서 그물을 내리게 하셨나?(4절)

5. 예수님은 왜 4절에서 "깊은 데로 가서"라는 말씀을 하셨는가?

6. 베드로를 기적으로 축복하신 예수님의 목적은 무엇인가?(10절)

7. 예수님은 기적을 통해 베드로가 무엇을 알기 원하셨나?

나·눔·질문

예수님과 마르다, 마리아
눅 10:38~42

"³⁸그들이 길 갈 때에 예수께서 한 마을에 들어가시매 마르다라 이름하는 한 여자가 자기 집으로 영접하더라 ³⁹그에게 마리아라 하는 동생이 있어 주의 발치에 앉아 그의 말씀을 듣더니 ⁴⁰마르다는 준비하는 일이 많아 마음이 분주한지라 예수께 나아가 이르되 주여 내 동생이 나 혼자 일하게 두는 것을 생각하지 아니하시나이까 그를 명하사 나를 도와 주라 하소서 ⁴¹주께서 대답하여 이르시되 마르다야 마르다야 네가 많은 일로 염려하고 근심하나 ⁴²몇 가지만 하든지 혹은 한 가지만이라도 족하니라 마리아는 이 좋은 편을 택하였으니 빼앗기지 아니하리라 하시니라."

예수님이 마르다와 마리아의 집에 오신 목적은 무엇일까?

단순히 마르다가 자신의 집에 오시기를 요청했기 때문에 가신 것은 아니다. 그리고 단순히 쉬거나 음식을 잡수시기 위해 가신 것만은 아니다. 39절에서 예수님이 말씀을 전하셨다는 것으로 이 집에 오신 이유를 알 수 있다.

그런데 마르다는 예수님을 대접하는 것 때문에 분주하여 마음이 상해 있는 것으로 볼 때 예수님의 목적에 맞지 않게 있었고, 마리아는 다른 일을 다 멈추고 예수님 발아래에서 예수님 말씀을 듣는 것을 볼 때 예수님의 목적에 맞게 있었다고 하겠다. 예수님이 마리아가 좋은 편을 택하였다고 말씀하신 것은 예수님의 목적과 같기 때문이다.

예수님이 마르다에게 알려 주고 싶은 것은 무엇인가?

먼저, 예수님은 아무리 좋은 일이라도 마음의 상태가 일보다 중요하다는 것을 알려 주시는 것이다. 안 좋은 마음으로 좋은 일 하는 자는 그 수고를 인정받을 수 없다는 것이다.

오늘날 교회 안에서 많은 그리스도인이 주님의 일을 한다고 하지만 마음이 안 좋은 상태로 좋은 일 하는 사람이 얼마나 많은가!

두 번째는, 마음의 근심, 염려는 결코 좋은 것이 아님을 말씀하시는 것이다. 마르다는 예수님과 일행을 대접하는 것을 더 중요하게 여겨 마음에 염려와 근심이 있었고, 나중에는 동생과 주님에 대한 불만으로 발전되었다. 결국 예수님께 좋은 일을 하며 즐거운 시간을 가지려 했던 마르다의 계획은 자신의 잘못된 마음으로 스스로 깨지고 말았다. 이것만큼 안타깝고 난감한 일은 없다. 차라리 하지 않은 일보다 못한 결과가 된 것이다.

마르다는 언니로서의 책임감, 자신이 원한 일이기에 책임을 져야 한다는 생각, 예수님과 일행을 잘 대접해야 한다는 부담감, 일이 많음으로 인해 힘든 자신을 가까운 사람과 주위가 안 알아 주는 것에 대한 섭섭한 마음이 섞여 있었다. 오늘날 그리스도인들도 어떤 일에 마음의 상태가 나빠진다면 그 일을 고려해야 한다. 마음의 염려와 근심을 갖게 하는 일은 하지 말아야 한다. 어차피 해야 할 일이면 마음이 부정적으로 돌아가지 않도록 해야 할 것이다.

세 번째는, 예수님은 많은 일을 하는 것이 좋지 않음을 말씀하고 계신다. 마음을 부정적으로 돌아가게 하는 많은 일은 결코 좋은 일이 아니라는 것이다. 예수님은 마음의 축복을 가져올 한두 가지 일이 좋다고 말씀하신다. 마음이 부정적으로 돌아가게 하는 많은 일은 결코 하나님의 뜻이 아니라는 것이다.

그리스도인들은 스스로 '나는 좋은 일을 하면서도 마음이 얼만큼 좋았나, 아니면 반대로 나빴나?'를 물어 보아야 하고, 또한 '나는 많은 일을 하면서 스스로 마음의 문제를 일으킨 것이 있는가?'를 질문해 보아야 한다. 그래서 마르다 같은 모습을 가지고 있다면 그것은 주님이 기뻐할 수 없는 모습이기에 지혜로운 대책을 세워야 한다.

예수님이 "몇 가지나 한 가지로 족하다"라고 말씀하신 이유는 무엇인가?

여기서 몇 가지나 한 가지는 음식을 가리키거나 음식을 차리기 위한 여러 가지 준비물, 상황들을 의미할 것이다. 이 말씀은 '**대접하는**(음식, 기타) **것은 중요한 것이 아니다. 그런 것에 마음을 빼앗기지 말라', '마음이 부정적으로 돌아가지 않을 정도의 육적인 일을 하라', '더 중요한 것은 나와 함께하고 나의 말을 듣는 것이다**'라는 뜻이다.

예수님은 무슨 이유로 마리아가 좋은 쪽을 선택했다고 칭찬하신 것일까?

첫 번째는, 예수님과 맞대고 말씀을 듣는 것을 의미한다. 그것은 예수님과 마음의 친밀함, 주님과 교통, 영적 만족, 기쁨, 행복을 말씀하는 것이다. 두 번째는, 마리아가 선택한 것이 우선순위에 맞다는 것이다. 마리아는 예수님이 먼저였던 것이다. 그러나 마르다는 일이 먼저였다. 세 번째는, 마리아는 모든 것을 잊을 만큼 예수님과 말씀에 가까이 집중해 있었다. 그러나 마르다는 예수님께 집중하기보다는 일 때문에 예수님과 거리상으로 먼 주방에서 머리가 복잡해진 것이다.

네 번째는 마리아는 예수님과 말씀을 다른 것에 빼앗기지 않겠다는 확고한 마음을 가지고 있었다. 그러나 마르다는 일에 온통 마음을 빼앗기고 있었다. 다섯 번째는, 마리아는 주님과 말씀을 더 중요하게 여기고 있었다. 그러나 마르다는 일을 더 중요하게 여겼다. 여섯 번째는, 마리아는 자주 오시는 주님을 인간적으로 보는 것이 아닌 늘 영적으로 바라보는 태도를 가졌다. 일곱 번째는, 마리아는 육적(그리 중요하지 않는 일)인 일에 마음을 빼앗기지 않는 태도를 가졌다. 그러나 마르다는 예수님이 보실 때 그리 중요하지 않은 일에 마음을 빼앗기고 있었다.

교회 안에서 주님의 일을 하는 그리스도인 중에도 마리아와 마르다 같은 신앙과 헌신과 봉사를 하는 이들이 많다. 우리의 신앙이 마리아 신앙인지 마르다 신앙인지 스스로 점검해 보아야 할 것이다.

예수님은 마리아가 좋은 편을 택하였다고 말씀하심으로 마르다가 나쁜 편을 택하였다고 암시적으로 말씀하신 것일까, 아니면 마르다가 덜 좋은 편을 선택했다고 말씀하시는 것일까? 무슨 이유로 그렇게 말씀하신 것일까?

예수님은 일의 성격이나 일의 문제가 아니라 심령 상태 때문에 나쁜 편을 선택한 것이라고 말씀하신 것이다.

나눔 질문

1. 예수님이 마르다와 마리아의 집에 오신 목적은 무엇일까?(38절)

2. 예수님이 마르다에게 알려 주고 싶은 것은 무엇인가?

3. 예수님이 "몇 가지나 한 가지로 족하다"라고 말씀하신 이유는 무엇인가?(42절)

4. 예수님은 무슨 이유로 마리아가 좋은 쪽을 선택했다고 칭찬하신 것일까?(42절)

5. 예수님은 마리아가 좋은 편을 택하였다고 말씀하심으로 마르다가 나쁜 편을 택하였다고 암시적으로 말씀하신 것일까, 아니면 마르다가 덜 좋은 편을 선택했다고 말씀하시는 것일까? 무슨 이유로 그렇게 말씀하신 것일까?

어리석은 부자 비유
눅 12:13~21

"¹³무리 중에 한 사람이 이르되 선생님 내 형을 명하여 유산을 나와 나누게 하소서 하니 ¹⁴이르시되 이 사람아 누가 나를 너희의 재판장이나 물건 나누는 자로 세웠느냐 하시고 ¹⁵그들에게 이르시되 삼가 모든 탐심을 물리치라 사람의 생명이 그 소유의 넉넉한 데 있지 아니하니라 하시고 ¹⁶또 비유로 그들에게 말하여 이르시되 한 부자가 그 밭에 소출이 풍성하매 ¹⁷심중에 생각하여 이르되 내가 곡식 쌓아 둘 곳이 없으니 어찌할까 하고 ¹⁸또 이르되 내가 이렇게 하리라 내 곳간을 헐고 더 크게 짓고 내 모든 곡식과 물건을 거기 쌓아 두리라 ¹⁹또 내가 내 영혼에게 이르되 영혼아 여러 해 쓸 물건을 많이 쌓아 두었으니 평안히 쉬고 먹고 마시고 즐거워하자 하리라 하되 ²⁰하나님은 이르시되 어리석은 자여 오늘 밤에 네 영혼을 도로 찾으리니 그러면 네 준비한 것이 누구의 것이 되겠느냐 하셨으니 ²¹자기를 위하여 재물을 쌓아 두고 하나님께 대하여 부요하지 못한 자가 이와 같으니라."

예수님은 왜 모든 탐심을 물리치라고 말씀하시는가?

탐심의 뜻은 '좀더 가지려고 하는 갈망이나 욕망, 집착'을 의미한다. 그런데 예수님은 선한 것이든 악한 것이든 탐심은 버리라고 말씀하신다.

첫 번째로, 그것은 죄를 가져오기 때문이다.

"욕심이 잉태한즉 죄를 낳고 죄가 장성한즉 사망을 낳느니라"(약 1:15).

두 번째는, 탐욕은 우상숭배라고 하나님은 말씀하신다. 그리고 하나님의 나라를 유업으로 받지 못한다고 하신다.

"탐하는 자 곧 우상숭배자는 다 그리스도와 하나님의 나라에서 기업을 얻지 못하리니"(엡 5:5).
"탐심은 우상숭배니라"(골 3:5).

우상숭배는 큰 죄악이며 십계명 가운데 제1, 2계명에 위배되는 것이다. 결국은 죽음이며 하나님과 원수가 되는 것이다.

예수님이 "사람의 생명이 소유의 넉넉함에 있지 아니하니라"고 하신 말씀의 뜻은 무엇인가?
사람의 생명, 즉 세부적으로 사람의 존재와 존재 이유, 살게 하는 것(목표), 하나님이 주신 생명은 세상 소유의 넉넉함이 아니라 하나님 앞에 부요함이라고 말씀하시는 것이다. 하나님이 주신 생명은 영적이며 영원한 것이기에 사라지는 세상 것으로 대신할 수 없고 영적인 것이어야 한다. 이 말씀은 하나님이 인정하시는 것을 하나님 앞에 쌓아놓는 것을 의미한다.

왜 하나님은 부자에게 어리석다고 하실까?
부자가 불법도 아닌 자기 수고로 부자가 되어서 그것을 관리하고 즐기겠다는데 하나님은 왜 그런 부자가 어리석다고 말씀하시는가?

첫 번째는, 부자는 자기만을 위한 것이다.

"자기를 위하여"(21절).

이것은 자기(안일, 소유)만 생각하고 자기 즐거움에만 취하는 것이기 때문이다. 본문에는 '나'가 여섯 번이나 나온다. 사람은 하나님의 형상으로 지음 받은 자로서 하나님같이 이타적인 존재가 되는 것이 창조의 목적이고 축복이다. 그러므로 하나님과 같은 생각을 가지고 그런 삶을 사는 것을 지혜롭다고 말씀하신다.

두 번째는, 부자는 생명의 주권자가 자기가 아니라 하나님이라는 것을 모르기 때문이다.

"오늘 밤에 네 영혼을 도로 찾으리니"(20절).

모든 인간이 하나님의 존재를 믿든 안 믿든 하나님은 살아 계시고, 모든 생명은 하나님으로부터 오며, 하나님이 그 생명을 취하신다.

세 번째는, 부자는 죽음 너머까지 가져갈 것을 위해 살아야 하는데 죽으면 끝나는 것(가질 수 없는)에 열심을 냈기 때문이다. 네 번째는, 부자는 하나님 앞에서 자기 인생을 책임지고 심판받을, 죽지 않는 자기 영혼이 있음을 모르기 때문이다. 다섯 번째는, 부자는 자기 인생이(생명을 포함하여 시간, 몸, 재산) 다 하나님이 빌려 주신 것이라는 것을 모르기 때문이다.

"도로 찾으리니."

부자는 하나님이 잠시 빌려 주신 것을 자기 소유로 여겼다.

여섯 번째는, 부자는 하나님 앞에서 영원하고 하나님이 인정하는 것에 대하여 부요하지 못했기 때문이다. 일곱 번째는, 부자가 자기 스스로의 판단보다 더 결정적이고 중요한 판단은 하나님이 하시는 것임을 모르기 때문이다. 세상적 측면에서 보면 이 부자는 지혜로우나 인생의 결정적인 판단은 하나님이 하시는 것이다.

17절에서 "심중에 생각하여"라는 구절에서 볼 수 있듯이 부자는 생각만 했다. 아직 행동을 취하지 않았다. 여기에서 주님이 강조하고 싶은 것은 무엇일까?

첫 번째는, 이 비유는 사실보다 사실에 대한 태도가 중요하다는 말씀이다. 두 번째는, 행동도 하기 전에 하나님은 우리 생각을 알고 판단하신다는 것이다. 세 번째는, 생각을 통해 그 사람의 존재가치를 정하신다는 것이다. 이미 생각에서 결정 난다는 것이다.

"어리석은 자여."

네 번째는, 그 생각을 따라 사람의 생명의 기한이 결정된다는 것이다.

"오늘밤에 네 영혼을 도로 찾으리니."

다섯 번째는, 생명은 하나님이 잠시 인간에게 빌려 주신 것이다. **"도로 찾으리니"**라고 성경은 분명하게 말씀하고 있다. 그렇다면 나머지도 하나님께로부터 다 빌린 것이 아니겠는가를 말씀하시는 것이다. 모든 그리스도인이 이 진리를 믿는다면 빌려 쓴다는 청지기 신앙과 빌려 쓴 것에 대한 책임을 물으실 것이라는 심판의식이 있어야 한다.

여섯 번째는, 자기를 위해 사는 자는 하나님께 부요치 못한 자이기에 일찍 생명을 거둬 가신다는 것이다.

"오늘밤에."

이 말씀은 반대로 하나님께 부요한 자는 이 땅에서 하나님께 더 부요하도록 생명을 주신다는 것을 암시한다.

나눔질문

1. 예수님은 왜 모든 탐심을 물리치라고 말씀하시는가?(15절)

2. 예수님이 "사람의 생명이 소유의 넉넉함에 있지 아니하니라"고 하신 말씀의 뜻은 무엇인가?(15절)

3. 왜 하나님은 부자에게 어리석다고 하실까?(20절)

4. 17절에서 "심중에 생각하여"라는 구절에서 볼 수 있듯이 부자는 생각만 했다. 아직 행동을 취하지 않았다. 여기에서 주님이 강조하고 싶은 것은 무엇일까?

포도원의 무화과나무 비유

눅 13:1~9

"¹그때 마침 두어 사람이 와서 빌라도가 어떤 갈릴리 사람들의 피를 그들의 제물에 섞은 일로 예수께 아뢰니 ²대답하여 이르시되 너희는 이 갈릴리 사람들이 이같이 해 받으므로 다른 모든 갈릴리 사람보다 죄가 더 있는 줄 아느냐 ³너희에게 이르노니 아니라 너희도 만일 회개하지 아니하면 다 이와 같이 망하리라 ⁴또 실로암에서 망대가 무너져 치어 죽은 열여덟 사람이 예루살렘에 거한 다른 모든 사람보다 죄가 더 있는 줄 아느냐 ⁵너희에게 이르노니 아니라 너희도 만일 회개하지 아니하면 다 이와 같이 망하리라 ⁶이에 비유로 말씀하시되 한 사람이 포도원에 무화과나무를 심은 것이 있더니 와서 그 열매를 구하였으나 얻지 못한지라 ⁷포도원지기에게 이르되 내가 삼 년을 와서 이 무화과나무에서 열매를 구하되 얻지 못하니 찍어버리라 어찌 땅만 버리게 하겠느냐 ⁸대답하여 이르되 주인이여 금년에도 그대로 두소서 내가 두루 파고 거름을 주리니 ⁹이 후에 만일 열매가 열면 좋거니와 그렇지 않으면 찍어버리소서 하였다 하시니라."

예수님은 그 당시 불행한 사건을 통하여 무엇을 말씀하고 계시는가?

두 사람이 예수님께 와서 갈릴리 사람이 빌라도의 칼에 죽임을 당해 그들의 피를 제물에 섞는 일에 대하여 정치적인 답변을 원했으나 예수님은 근본적인 문제를 다루고 계신다. 인간의 불행이 죄로 말미암아 생기고 죄의 대가로 사망이 온 것을, 예수님은 그 당시의 뉴스거리를 통해 영적인 답을 주신다.

"죄의 삯은 사망이요"(롬 6:23).

사람의 불행은 죄로 말미암아 오기 때문에 회개하지 않으면 어느 순간에 죽음이 온다는 것을 말씀하신다. 그것은 죄에 대한 하나님의 심판을 의미한다.

"사람이 회개하지 아니하면 그가 그의 칼을 가심이여 그의 활을 이미 당기어 예비하셨도다"(시 7:12).

비유를 통하여 예수님은 어떤 하나님을 보여주시는가?

첫 번째는, 열매를 구하시는 하나님을 나타내신다. 포도원 주인은 포도원에 무화과나무를 심었다. 이것은 포도원의 포도나무에게 갈 영양분을 무화과나무에게 주어 좋은 환경 속에서 열매를 더 많이 잘 맺기를 바라는 포도원 주인의 마음인 것이다. 그리고 삼 년 동안 포도원 주인이 열매를 기다렸다는 것은 열매를 얼마나 간절히 원했는지를 알려주는 것이다. 포도원 주인 입장에서는 열매를 찾는 것은 너무나 당연한 일이다. 열매는 포도원 주인의 기쁨이며 동시에 열매를 맺은 무화과나무 입장에서는 포도원 주인에게 존귀함과 사랑을 받을 수 있는 것이다.

그 열매는 본문의 문맥으로 볼 때 영적으로 회개에 합당한 열매를 의미한다. 죄로부터 돌아서서 거룩한 모습을 갖는 것이다. 또 열매는 뿌리에서 줄기로 오는 보이지 않는 영양분을 먹고 가지에서 나타나는 결정체이기에 결국 보이지 않는 영양분을 먹어야 함을 강조하는 것이다.

이처럼 그리스도인은 예수님으로부터 생명을 공급받아 예수님과의 친밀한 교통을 통하여 열매 맺게 되는 것이다. 그러므로 포도원 주인이 무화과나무를 심은 것은 다른 열매가 아니라 무화과나무의 열매를 얻기 위함이니, 그리스도인은 예수님에게 접붙임 받은 자들로서 예수님의 열매를 맺어야 한다.

두 번째는, 기한 끝까지 기다려 보고 소망하시는 하나님을 보여주시고 있다. 원래 3년이 지나도 열매를 맺지 못한다면 무화과는 그 뒤로도 영영 열매를 맺지 못한다. 따라서 삼 년은 포도원 주인의 인내의 한계이며 무화과나무가 열매를 맺을 수 있는 기한이다. 그러므로 포도원 주인이 무자비한 것이 아니라 충분한 시간과 인내와 돌봄을 주었어도 열매를 맺지 못하고 열매를 맺을 수 있는 기한인 삼 년 끝에도 열매를 맺지 못하니 더 이상 열매를 맺어야 할 무화과나무로서의 존재가치가 없는 것이다. 특히 포도원 주인이 또다시 인내하며 무화과나무를 돌보아준다는 것은 무의미하기에 어쩔 수 없어 없애라는 것이다. 하나님도 언제까지나 참고 기다려 주시고 소망을 갖고 계시지는 않는다. 하나님 앞에서 죄의 문제라면 빨리 회개하여 합당한 열매를 맺기를 원하신다.

세 번째는, 손해를 보기를 원하지 않으시고 쉼 없이 열심이신 하나님을 나타낸다. 포도원 주인의 "땅만 버리겠느냐"라는 말 속에는 결코 열매를 맺지 못하는 것이 땅(환경)의 문제가 아니라는 것을 말한다. 땅은 무화과나무가 열매를 맺도록 각종 영양분을 공급하고 있다. 무화과나무가 열매를 맺지 못하는 것은 결국 열매 맺게 하는 땅으로부터 영양분을 빨아들이지 못하는 힘의 부족이며, 영양분을 땅으로부터 받는다 해도 줄기에서 가지 끝까지 영양분이 갈 수 없는 무기력함, 가지 자체의 병 때문에 열매를 맺지 못하는 것이다. 그러므로 주인은 어차피 열매를 맺지 못하는 무화과나무라면 다른 나무를 심어 열매를 보겠다고 한다. 이것은 포도원 주인의 계속된 열심을 의미한다. 그리스도인이라면 하나님에게 합당한 회개의 거룩한 열매를 맺고 어떠한 일에도 실망하지 않고 계속된 열심을 갖는 것이 하나님을 닮아가는 것이다.

본문에서 예수님은 어떤 모습을 나타내시는가?

첫 번째는, 다시 한 번의 기회와 은혜를 주시고 도와주시는 모습을 보이고 계신다. "두루 파고 거름을 주리니"라는 말은 열매를 맺기 위한 특별하고도 급격한 도움을 말한다. 다시 한 번 하나님 앞에서 잘못된 것을 바로 인식하고 회개하여 열매를 맺을 수 있는 분명한 손길을 나타내 주시겠다는 뜻이다. 그리고 다른 측면에서 열매를 맺게 하기 위해 더욱 필요한 것을 최대한 공급하겠다는 뜻이다. 예수님은 그리스도인이 안 되는 것에 대해 쉽게 포기하지 않으시며 다른 방면으로 열매를 맺게 하시기 위해 힘쓰시는 분이다.

두 번째는, 예수님이 하시는 일에 절대 믿음을 가지시는 예수님을 나타내신다. 9절의 포도원지기의 말은 열매를 맺을 수 있다는 확실한 자신감, 기대감의 고백이다. 이것은 단순히 말만이 아니라 포도원지기의 경험에서 나온 확신이다. 예수님은 예수님이 하시는 일은 절대로 실패하시지 않고 손해 보지도 않으신다고 확신하셨다. 제자들은 삼 년 넘게 예수님과 같이 있으면서도 끝내는 배신하고 도망하고 예수님을 팔아먹었다. 그래도 예수님은 부활한 후 그들을 다시 찾아가셔서 끝없이 그들을 믿어주시고 성령이 그들에게 불같이 임하심으로 결국 예수님의 믿음대로 된 것이다. 그러므로 반드시 해피엔딩으로 끝내시는 하나님을 바라보아야 한다.

1. 예수님은 그 당시 불행한 사건을 통하여 무엇을 말씀하고 계시는가?(1~5절)

2. 비유를 통하여 예수님은 어떤 하나님을 보여주시는가?

3. 본문에서 예수님은 어떤 모습을 나타내시는가?

나·눔 질문

예수님과 열 명의 나병환자
눅 17:11~19

"¹¹예수께서 예루살렘으로 가실 때에 사마리아와 갈릴리 사이로 지나가시다가 ¹²한 마을에 들어가시니 나병환자 열 명이 예수를 만나 멀리 서서 ¹³소리를 높여 이르되 예수 선생님이여 우리를 불쌍히 여기소서 하거늘 ¹⁴보시고 이르시되 가서 제사장들에게 너희 몸을 보이라 하셨더니 그들이 가다가 깨끗함을 받은지라 ¹⁵그중의 한 사람이 자기가 나은 것을 보고 큰 소리로 하나님께 영광을 돌리며 돌아와 ¹⁶예수의 발 아래에 엎드리어 감사하니 그는 사마리아 사람이라 ¹⁷예수께서 대답하여 이르시되 열 사람이 다 깨끗함을 받지 아니하였느냐 그 아홉은 어디 있느냐 ¹⁸이 이방인 외에는 하나님께 영광을 돌리러 돌아온 자가 없느냐 하시고 ¹⁹그에게 이르시되 일어나 가라 네 믿음이 너를 구원하였느니라 하시더라."

14절에서 예수님이 열 명의 나병환자를 "보시고"라고 했는데 어떻게 보셨다는 것인가?

 복음서에서 '예수님이 보셨다'는 말씀은 50번 정도 나오는데, 그것은 모두 치유 받을 자들을 대상으로 보셨다고 기록되었다. 그것은 치유하기 위한 집중적인 관심을 의미하고 치유 받을 자들의 태도를 의미 있게 보셨다는 것을 뜻한다.

14절에서 예수님은 직접 현장에서 고쳐 주실 수 있는데 왜 이렇게 말씀을 하셨을까?

첫 번째는, 예수님도 성령의 지시를 따라 하시기 때문이다. 두 번째는, 예수님은 열 명의 나병환자가 이렇게 말씀하셔도 믿는 믿음이 있음을 아셨기 때문이다. 예수님은 열 명의 나병환자를 주의 깊게 '보시고' 계셨다. 이것은 단순히 육체의 눈으로만 보신 것이 아니라 마음 깊은 곳을 보시고 하신 말씀이었다.

14절에서 예수님이 "제사장에게 몸을 보이라"라고 하신 말씀의 뜻은 무엇인가?

나병환자가 나병이 나았을 때는 제사장에게 가서 자신의 나은 몸을 보임으로 제사장에게 병이 다 나았음을 인정받은 후에야 사회와 가정으로 복귀할 수 있었다. 그런데 여기서는 환자의 병이 아직 낫지 않은 상태에서 나은 것처럼 제사장에게 보이라고 말씀하신다. 예수님의 이 말씀은 어쩌면 그들에게 황당한 기분 나쁜 말씀일 수 있다. 그러나 열 명의 환자는 아직 낫지 않는 자신의 몸을 본 것이 아니라 나은 것으로 여기시는 예수님의 말씀을 현실보다 더 믿었으며, 예수님은 그들의 믿음을 아셨기 때문에 그렇게 말씀하신 것이다.

17절에서 예수님이 이렇게 말씀하신 이유는 무엇인가? 주님의 마음은 무엇인가?

먼저, 예수님은 이미 믿음의 행동을 한 열 명의 나병환자가 깨끗함을 받은 줄 아셨다. 두 번째는, 예수님은 열 명의 나병환자가 하나님께 영광을 돌리고 그들에게서 감사를 받기 원하셨다. 세 번째는, 감사하지 않는 아홉 명에 대한 소재지를 찾고 계셨다. 예수님 앞에 와야 할 아홉 명의 나병환자는 어디로 간 것일까? 어쩌면 나병이 나은 아홉 명의 나병환자는 나병에서 깨끗함을 받아서 그동안 떨어져 지낸 가족에게 알리기 위해 가족에게 먼저 달려갔을지도 모른다. 그런 상황이라면 예수님은 가족보다 더 중요한 것은 예수님 앞에, 하나님 앞에 나와 감사하는 것임을 알려 주시는 것이다. 그리고 그들이 자기 행위로 고침 받았다고 생각하기에 굳이 예수님에게까지 올 필요를 느끼지 못했는지도 모른다.

오늘날 많은 그리스도인들이 자기 수고로 당연히 받을 축복을 받았다고 생각해서 감사하지 않는다. 그것은 도우신 주님의 손길보다 자신의 수고를 더 크고 중요하게 여겨서 그런 것이 아닌가? 이것 역시 그리스도인의 잘못된 고정관념이다. 주님이 직접 손을 대거나 직접 축복해 주시는 것은 주님이 해주셔서 감사하고, 말씀만 하시거나 다른 사역자를 통해 고쳐 주신 것은 아무것도 아닌 것으로 여긴다. 그리고 당연히 될 일이 되었기에, 예수님께 감사할 필요를 느끼지 않아서 감사하지 않았을지도 모른다. 나쁜 일은 저절로 되어도 좋은 일은 저절로 되는 것은 없다. 거기에 나쁜 일에서 좋은 일로 전환되는 것은 저절로 되는 법이 더욱 없다. 좋은 일이 일어나도록 애쓰고 힘쓰지 않으면 안 되는 것이다. 많은 그리스도인이 자연스럽게 자신에게 좋은 일이 생기면 당연하게 여겨 감사조차 하지 않는 것이다. 이런 태도가 하나님 앞에서 얼마나 잘못된 것인지를 알아야 한다.

네 번째는, 축복 받으면 먼저 있어야 할 곳이 어디인 것과 누구에게 먼저 감사해야 하는가를 알려 주시는 것이다. 다섯 번째는, 하나님이 하신 일은 하나님이 영광 받으시길 원하신다는 것을 알려 주시는 것이다. 여섯 번째는, 예수님은 감사하지 않은 것에 불편한 마음을 표현하신 것이다. 일곱 번째는, 예수님은 예수님 앞에 감사하는 한 명의 사마리아인과 같이 축복받은 아홉 명에 대한 공동체의식을 강조하신 것이다. 그리고 같이 나병이 나은 아홉 명에 대한 책임을 묻고 계신다.

18절에서 예수님은 왜 '이 사람'이라고 하시지 않고 '이 이방인'으로 표현하셨을까?

나병이 나은 아홉 명은 유대인인 것을 알려 주시는 것이다. 이것은 유대인의 입장에서 볼 때 축복에서 제외된 이방인도 하나님께 영광 돌리는데, 당연히 영광을 돌려야 할 자들이 왜 영광을 돌리지 않는가를 지적하시는 것이다. 이 말씀은 당연히 하나님께 감사하고 영광을 돌려야 할 자들이 오지 않음에 대한 불편한 마음을 나타내신 것이다. 오늘날 그리스도인들 가운데서도 분명 주님이 도우심으로 되는 일들이 수없이 많은데도 당연시 여기거나 마음이 강퍅하여 알면서도 감사하지 않고 지나가는 일들이 얼마나 많은지를 생각해야 한다.

19절에서 예수님은 왜 이 말씀을 다시 하셨을까?
첫 번째는, 무엇이 그를 고쳤는지를 말씀하신 것이다. 그것은 예수님의 존재와 예수님의 말씀을 믿는 믿음이라는 것을 강조하셨다. 예수님은 열 명의 나병환자가 나은 것은 단순한 그들의 행동에 있지 않고 예수님께 집중된 믿음의 마음이 역사하였음을 알려 주시는 것이다. 더 나아가서 예수님이 자신을 낫게 하였다는 것을 알고 예수님 앞에 와서 감사하는 데까지 이르는 믿음을 말씀하신 것이다.

19절에서 예수님이 나병이 나은 사마리아인에게 "너를 구원하였느니라"고 말씀하신 이유는 무엇인가?
이미 나병에서 고침이라는 구원을 받았는데 다시 이 말씀을 하신 것은 첫 번째는, 나머지 아홉 명은 잠시 나병이 나았을지라도 결국은 나병으로부터 구원을 받지 못하였음을 밝히시는 것이 아닐까 싶다. 비록 예수님의 말씀을 믿고 행함으로 잠시 나병은 나았지만 그 뒤에 감사로 하나님께 영광을 돌리는 믿음이 없기에 나병으로부터 구원받지 못한 것을 의미할 것이다. 그러므로 믿음은 예수님의 축복 끝에서 감사하고 하나님께 영광을 돌리는 데까지 가야 믿음이 인정받고 축복이 인정받는다는 것을 의미한다. 그래서 감사하지 않는 축복은 언제라도 다시 원점으로 돌아갈 수 있다는 것을 말씀하고 있다. 두 번째는 나병이라는 질병에서 구원받은 것은 '믿음'이라고 예수님은 강조하시는 것이다.

나눔 질문

1. 14절에서 예수님이 열 명의 나병환자를 "보시고"라고 했는데 어떻게 보셨다는 것인가?

2. 14절에서 예수님은 직접 현장에서 고쳐 주실 수 있는데 왜 이렇게 말씀을 하셨을까?

3. 14절에서 예수님이 "제사장에게 몸을 보이라"라고 하신 말씀의 뜻은 무엇인가?

4. 17절에서 예수님이 이렇게 말씀하신 이유는 무엇인가? 주님의 마음은 무엇인가?

5. 18절에서 주님은 왜 '이 사람'이라고 하시지 않고 '이 이방인'으로 표현하셨을까?

6. 19절에서 예수님은 왜 이 말씀을 다시 하셨을까?

7. 19절에서 예수님이 나병이 나은 사마리아인에게 "너를 구원하였느니라"고 말씀하신 이유는 무엇인가?

낙심하지 않는 과부 비유
눅 18:1~8

"¹예수께서 그들에게 항상 기도하고 낙심하지 말아야 할 것을 비유로 말씀하여 ²이르시되 어떤 도시에 하나님을 두려워하지 않고 사람을 무시하는 한 재판장이 있는데 ³그 도시에 한 과부가 있어 자주 그에게 가서 내 원수에 대한 나의 원한을 풀어 주소서 하되 ⁴그가 얼마 동안 듣지 아니하다가 후에 속으로 생각하되 내가 하나님을 두려워하지 않고 사람을 무시하나 ⁵이 과부가 나를 번거롭게 하니 내가 그 원한을 풀어 주리라 그렇지 않으면 늘 와서 나를 괴롭게 하리라 하였느니라 ⁶주께서 또 이르시되 불의한 재판장이 말한 것을 들으라 ⁷하물며 하나님께서 그 밤낮 부르짖는 택하신 자들의 원한을 풀어 주지 아니하시겠느냐 그들에게 오래 참으시겠느냐 ⁸내가 너희에게 이르노니 속히 그 원한을 풀어 주시리라 그러나 인자가 올 때에 세상에서 믿음을 보겠느냐 하시니라."

예수님께서 기도에 대한 비유를 말씀하신 이유는 무엇인가?

첫 번째는, 신앙에 기도가 중요하기 때문이다. 예수님은 최후의 만찬 이후로 겟세마네 동산에서 친히 기도의 중요함을 보여주시고, 제자들에게도 기도를 요구하시며, 앞으로 위기를 만날 베드로를 위해 믿음이 떨어지지 않기를 기도해 주셨다고 말씀하신다.

"예수께서 힘쓰고 애써 더욱 간절히 기도하시니 땀이 땅에 떨어지는 핏방울같이 되더라"(눅 22:44).

"제자들에게 오사 그 자는 것을 보시고 베드로에게 말씀하시되 너희가 나와 함께 한 시간도 이렇게 깨어 있을 수 없더냐"(마 26:40).

"시몬아, 시몬아, 보라 사탄이 너희를 밀 까부르듯 하려고 요구하였으나 그러나 내가 너를 위하여 네 믿음이 떨어지지 않기를 기도하였노니 너는 돌이킨 후에 네 형제를 굳게 하라"(눅 22:31~32).

두 번째는, 예수님이 17장에서는 마지막 때를 말씀하시고 18장에서 바로 기도의 중요성을 말씀하심으로 마지막 시대를 사는 그리스도인에게는 무엇보다도 기도가 중요함을 강조하신다.

예수님이 항상 기도하고 낙심하지 말라고 하신 이유는 무엇인가?

많은 그리스도인들이 점점 기도하지도 않고, 기도해도 가끔 하거나 기도하다 포기하거나 하는 것은, 믿음의 인내가 부족하거나 기도해도 바뀌지 않는 현실을 바라보거나 육신적인 생각과 감정에 치우쳐 낙심하기 때문이다.

예수님은 기도의 비유에 왜 과부라는 인물을 등장시키는가?

첫 번째는, 모든 그리스도인은 다 이 과부와 같은 존재이기 때문이다. 과부는 있어야 할 남편이 없는 사람을 말하고, 가난의 상징과 힘이 없는 존재로 인식되어, 있어야 할 돈이 없고, 있어야 할 힘이 없고, 또 누군가의 도움이 절실히 필요한 존재로 인식되어 왔다. 그런 의미에서 모든 그리스도인은 살아가는 데 있어 영적, 육적으로 없는 것이 많아 필요한 것이 많은 사람인 것이다. 그런 의미에서 예수님은 과부를 등장시키신 것이다.

두 번째는, 기도하는 사람은 과부와 같은 모습의 내적인 마음이 필요함을 강조하시기 위해 과부를 등장시킨 것이다. 과부는 보호해 줄 사람이 없고 경제적으로 힘들기에 살아남기 위한 절박함, 채우기 위한 간절함이 있었다. 이와 같이 모든 그리스도인은 하나님에게 간절하고 절박한 마음으로 찾는 자가 되어야 하기에 과부를 등장시킨 것이다.

과부면 그냥 남편 없는 과부이지 왜 주님은 원수에 대한 원한을 가진 과부로 등장시키시는가?

기도하는 자는, 남편 없는 부족함을 넘어 무엇인지는 모르지만 원수에 대한 억울한 마음을 가진 과부같이 부족함을 느끼고, 더 나아가서 손해 보고 정당하지 못한 것에 대한 억울함을 가진 자처럼 기도하라는 것이다. 영적인 시각으로 마귀에게 당하여 손해 보고 빼앗긴 것에 대한 억울함을 가지고 남편 되신 예수님 앞으로 나아오라는 것이다.

더 나아가서 영적으로 남편 되신 예수님을 놓치게 하거나 잃게 만든 사탄의 역사에 대해 울분을 가지고, 그것을 되찾고자 하는 영적 행위가 기도라고 말씀하시는 것이다. 예수님이 희생과 고통으로 십자가에서 대속해 주신 축복을 받아 누리지 못하는 것에 대한 억울함을 가지는 것이 과부가 억울함을 가진 것처럼 기도하라는 것이다.

예수님은 원한을 가진 과부와 같은 태도로 기도하라고 하신다. 과부와 같이 기도하는 태도는 무엇을 말하는가?

첫 번째는, 원수라는 존재가 있다. 어쩌면 자신을 과부로 만든 사람일 수 있다. 그런 자신을 괴롭고 불쌍하고 억울하게 만든 대상, 자신을 괴롭히거나, 손해를 보게 만들거나, 부당하게 만든 존재가 분명히 있다. 이것은 분명하고도 간절한 영육의 목표를 의미한다.

두 번째는, 원수에 대한 원한이 있다. 이것은 강한 복수심, 하나로 집중된 마음, 원수를 이기고자 하는 강한 마음을 의미하는 것으로, 기도 속에서 목표를 향한 집중력과 승리에 대한 믿음을 가지라는 말씀이다.

세 번째는, 불의한 재판관의 마음을 바꾸어놓을 수 있는 간절함, 절박함, 다부짐, 끈질김, 불의한 재판관을 압도하는 태도처럼 기도 속에서도 절대로 바뀌지 않는 현실 앞에 기죽지 않고 오히려 담대한 태도를 가지는 것이다.

네 번째는, 불의한 재판관이 자신의 문제를 해결해 줄 수 있다는 확신을 가지는 것처럼, 기도에서도 결과를 보아야 믿는다는 태도가 아니라 처음부터 기도대로 될 것을 확고하게 믿는 믿음, 의심 없는 믿음을 말한다 .

다섯 번째는, 실망하지 않고 지치지 않는 반복된 태도를 말한다. 3절의 "자주"라는 단어를 통하여 알려주신다.

예수님이 소개하시는 하나님은 어떤 모습인가?

첫 번째로, 불의한 재판관보다 좋은 하나님이다. 두 번째는, 원한을 풀어 주신다. 해결되어야 할 것은 반드시 해결하신다. 묶인 것을 푸시는 하나님이시다. 세 번째는, 빠른 시간에 풀어 주신다. "속히"라고 말씀하셨다. 네 번째는, 하나님은 절대로 기도하는 자를 실망시키지 않으신다.

예수님이 이렇게 말씀하신 이유는?

예수님은 마지막 시대에는 기도가 중요하다는 것을 강조하신 것이다. 예수님이 마지막 때 보시기 원하시는 것은 믿음이다. 예수님은 믿음의 표현을 기도로 여기신다. 또한 예수님은 믿음이 없는 것을 안타깝게 여기신다. 그 말씀은 기도가 없고, 기도해도 믿음이 없는 기도가 많을 것이라는 것이다.

나·눔·질문

1. 예수님께서 기도에 대한 비유를 말씀하신 이유는 무엇인가?(1절)

2. 예수님이 항상 기도하고 낙심하지 말라고 하신 이유는 무엇인가?(1절)

3. 예수님은 기도의 비유에 왜 과부라는 인물을 등장시키는가?(2절)

4. 과부면 그냥 남편 없는 과부이지 왜 주님은 기도에 대한 비유에 원수에 대한 원한을 가진 과부로 등장시키시는가?(3절)

5. 예수님은 원한을 가진 과부와 같은 태도로 기도하라고 하신다. 과부와 같이 기도하는 태도는 무엇을 말하는가?(3절)

6. 예수님이 소개하시는 하나님은 어떤 모습인가?(7~8절)

7. 예수님이 이렇게 말씀하신 이유는?(8절)

예수님과 가룟 유다
눅 22:47~53

"⁴⁷말씀하실 때에 한 무리가 오는데 열둘 중의 하나인 유다라 하는 자가 그들을 앞장서 와서 ⁴⁸예수께 입을 맞추려고 가까이 하는지라 예수께서 이르시되 유다야 네가 입맞춤으로 인자를 파느냐 하시니 ⁴⁹그의 주위 사람들이 그 된 일을 보고 여짜오되 주여 우리가 칼로 치리이까 하고 ⁵⁰그중의 한 사람이 대제사장의 종을 쳐 그 오른쪽 귀를 떨어뜨린지라 ⁵¹예수께서 일러 이르시되 이것까지 참으라 하시고 그 귀를 만져 낫게 하시더라 ⁵²예수께서 그 잡으러 온 대제사장들과 성전의 경비대장들과 장로들에게 이르시되 너희가 강도를 잡는 것 같이 검과 몽치를 가지고 나왔느냐 ⁵³내가 날마다 너희와 함께 성전에 있을 때에 내게 손을 대지 아니하였도다 그러나 이제는 너희 때요 어둠의 권세로다 하시더라."

예수님은 왜 잡히셨는가?

첫 번째는, 억울하신 상황이고 가룟 유다로 인하여 어려움을 당하시는 것이지만 하나님의 때를 알고 계셨기 때문이다. 두 번째는, 하나님의 때에 순종하시기 위해서이다. 세 번째는, 하나님의 약속이 이루어지기 위해서이다.

"그러나 이렇게 된 것은 다 선지자들의 글을 이루려 함이니라"(마 26:56).

이 선지자의 글은 스가랴 12장, 13장, 이사야서 53장을 말씀한다. 사람이 나쁜 것은 피하고 싶고 좋은 것은 만나고 싶은 본능이 있지만 예수님은 그것과 상관없이 하나님의 때를 만났는가, 하나님 말씀을 이루는가에 집중하시는 것이다. 그리스도인은 좋고 나쁨을 따라 사는 것이 아니라 예수님같이 하나님의 말씀과 하나님의 때를 살펴 살아야 하는 것이다.

예수님이 가롯 유다와 입맞춤한 것은 무엇을 의미하시는가?
첫 번째로, 주님이 배신한 가롯 유다를 인간적 감정으로 대하지 않고 있다는 증거다. 두 번째는, 배신한 가롯 유다보다 하나님의 뜻과 때를 더 중요하게 여기시고 그것을 마음에 담고 계셨기 때문이다. 세 번째는, 하나님의 말씀과 하나님의 때를 이루어가는 상황에 따라 흘러가시기 위해서이다. 네 번째는, 예수님은 가롯 유다에게 육적인 감정보다 영적인 감정이 앞섰기 때문이다.

"유월절 전에 예수께서 자기가 세상을 떠나 아버지께로 돌아가실 때가 이른 줄 아시고 세상에 있는 자기 사람들을 사랑하시되 끝까지 사랑하시니라"(요 13:1).

이것까지 참으라는 예수님의 말씀의 뜻은 무엇인가?
첫 번째는, 억울함, 부당함 속에서도 정당하게 대항하고 복수하는 것을 참으라고 말씀하시는 것이다.
왜 그러실까? 그렇게 한다 해도 나아지거나 달라지는 것이 없기 때문이고 헛된 일이기 때문이다. 그리스도인이 부당한 일에 대해 억울함을 가질 수 있으나 억울함 때문에 복수하려는 것은 잘못된 것이다.

"내 사랑하는 자들아 너희가 친히 원수를 갚지 말고 하나님의 진노하심에 맡기라 기록되었으되 원수 갚는 것이 내게 있으니 내가 갚으리라고 주께서 말씀하시니라"(롬 12:19).

두 번째는, 심은 대로 거두기 때문이다.

"이에 예수께서 이르시되 네 칼을 도로 칼집에 꽂으라 칼을 가지는 자는 다 칼로 망하느니라"(마 26:52).
"비판을 받지 아니하려거든 비판하지 말라 너희가 비판하는 그 비판으로 너희가 비판을 받을 것이요 너희가 헤아리는 그 헤아림으로 너희가 헤아림을 받을 것이니라"(마 7:1~2).

세 번째는, 하나님의 뜻을 이루기 위해서는 당연한 권리도 포기할 줄 알아야 하기 때문이다.
예수님은 한 군단에 6천 명이나 되는 천사를 열두 군단을 부르실 수도 있으셨으나 이런 권세도 쓰지 않으셨다.

"너는 내가 내 아버지께 구하여 지금 열두 군단 더 되는 천사를 보내시게 할 수 없는 줄로 아느냐 내가 만일 그렇게 하면 이런 일이 있으리라 한 성경이 어떻게 이루어지겠느냐 하시더라"(마 26:53~54).

예수님은 하나님의 뜻과 말씀을 이루기 위해 당신의 권리, 유익, 권세, 당연한 것도 포기하신 것이다. 예수님의 이러한 모습은 히니라도 손해 보지 않으려고 하고, 오히려 없는 권세도 만들고 빌려서 자신의 욕망을 채우려는 일부 그리스도인과 얼마나 대조적인가!
바울은 사도행전 16장에서 빌립보에서 귀신 들린 여종을 고쳐준 대가로 매 맞고 감옥에 들어갈 수밖에 없었다. 그때 바울이 로마시민권을 사용하면 감옥에 가지 않아도 되었는데 그는 그러지 않고 매 맞고 감옥에 들어갔다. 그렇게 자신의 권리를 포기함으로 빌립보 감옥의 간수 가족의 구원과 나중에 빌립보교회가 세워지는 하나님의 계획이 이루어지게 되었다. 바로 예수님처럼, 예수님 닮은 바울처럼 하나님의 뜻과 말씀을 이루기 위해서라면 자신의 당연한 권리와 유익과 권세도 내려놓을 줄 아는 예수님 닮는 그리스도인이 되어야 한다.

네 번째는, 참는 것이 하고 싶은 대로 하는 것보다 지혜이기 때문이다.

"시험을 참는 자는 복이 있나니 이는 시련을 견디어 낸 자가 주께서 자기를 사랑하는 자들에게 약속하신 생명의 면류관을 얻을 것이기 때문이라" (약 1:12).

대제사장의 종의 귀를 낫게 하시는 예수님의 행위는 무엇을 의미하는가?

이것은 십자가상에서 강도를 구원하시고 어머니 마리아를 제자 요한에게 부탁하신 것과 같이, 가장 위기일 때도 주님은 당신의 사역의 목적인 온전케 하는 일(영, 혼, 육)을 쉬지 않으신다는 것을 보여주시는 것이다. 두 번째는, 큰일을 앞두고도 당신 앞에 벌어진 작은 일에도 최선을 다하시는 예수님의 모습을 보여주시는 것이다. 세 번째는, 자신을 해하려는 자들도 사랑하시는 예수님의 모습이다.

53절에서 이렇게 말씀하신 예수님의 뜻은?

예수님은 당신의 좋은 때와 안 좋은 때 모두가 하나님의 뜻 안에 있음을 알고 순종하셨다. 예수님은 아버지가 이끌어 가시는 때를 인정하고 순종하고 계시는 것이다. 이것은 상황에 따라 판단하고 행동하는 것이 아니라 아버지가 주시는 때에 맞게 생각하고 행동하셨다는 것이다.

많은 그리스도인이 상황이 좋아지거나 나빠지면 모든 판단의 기준이 자기 자신이 되어 버리지만, 예수님은 하나님의 뜻과 때에 있음을 말씀하신다.

나눔 질문

1. 예수님은 왜 잡히셨는가?(48절)

2. 예수님이 가룟 유다와 입맞춤한 것은 무엇을 의미하는가?(48절)

3. 이것까지 참으라는 예수님의 말씀의 뜻은 무엇인가?(51절)

4. 대제사장의 종의 귀를 낫게 하시는 예수님의 행위는 무엇을 의미하는가?(51절)

5. 53절에서 이렇게 말씀하신 예수님의 뜻은?

예수님과 부인하는 베드로
눅 22:54~62

"⁵⁴예수를 잡아 끌고 대제사장의 집으로 들어갈새 베드로가 멀찍이 따라가니라 ⁵⁵사람들이 뜰 가운데 불을 피우고 함께 앉았는지라 베드로도 그 가운데 앉았더니 ⁵⁶한 여종이 베드로의 불빛을 향하여 앉은 것을 보고 주목하여 이르되 이 사람도 그와 함께 있었느니라 하니 ⁵⁷베드로가 부인하여 이르되 이 여자여 내가 그를 알지 못하노라 하더라 ⁵⁸조금 후에 다른 사람이 보고 이르되 너도 그 도당이라 하거늘 베드로가 이르되 이 사람아 나는 아니로라 하더라 ⁵⁹한 시간쯤 있다가 또 한 사람이 장담하여 이르되 이는 갈릴리 사람이니 참으로 그와 함께 있었느니라 ⁶⁰베드로가 이르되 이 사람아 나는 네가 하는 말을 알지 못하노라고 아직 말하고 있을 때에 닭이 곧 울더라 ⁶¹주께서 돌이켜 베드로를 보시니 베드로가 주의 말씀 곧 오늘 닭 울기 전에 네가 세 번 나를 부인하리라 하심이 생각나서 ⁶²밖에 나가서 심히 통곡하니라."

예수님은 61절에서 베드로를 안 보실 수도 있는데 왜 보셨는가?

"주께서 돌이켜 베드로를 보시니."

첫 번째는, 예수님께서 베드로를 '**보셨다**'라는 동사는 원어로 '**에네블렙센**'인데, 뜻은 단순하게 보셨다는 것이 아니라 '뚫어지게 바라보았다'라는 뜻이다. 예수님이 이렇게 베드로를 보신 것은 분명하게 책망하시기 위해 쳐다보는 것이 아니라 진한 안타까움으로 바라보신 것을 의미한다.

두 번째는, 베드로에게 예수님의 말씀을 기억나게 하시기 위해 보신 것이다. 닭이 곧 울 때 주님이 베드로를 보셨다. 예수님은 다른 때도 아니고 닭이 울 때 베드로를 쳐다보셨다. 이것은 닭과 주님의 시선이 중복되면서, 베드로가 스스로 잘못되었음을 확실하게 깨우치기 위해서이다.

세 번째는, 예수님이 베드로에게 주님과 제자 관계가 끝나지 않았음을 알려 주시기 위해서였다.

네 번째는, 예수님이 베드로에게 말씀을 하지 않고 돌이켜 보셨다는 것은 베드로에게 말씀으로 하는 것보다 더 큰 자극을 주시기 위해서였다.

다섯 번째는, 예수님은 베드로에게 '나는 나를 버려 정직하게 아버지의 뜻을 이루고 있는데, 왜 너는 거짓말을 하면서 자신을 지키려고 하지?'라는 메시지를 눈빛으로 전달하시고 있는 것이다.

나눔 질문

1. 예수님은 61절에서 베드로를 안 보실 수도 있는데 왜 보셨는가?

2. 오늘날 예수님이 자신을 보고 계심을 아는가? 느끼는가? 어느 때에 느껴지는가? 느껴진다면 자신의 반응은 어떠한가?

예수님과 가나 혼인잔치
요 2:1~11

"¹사흘째 되던 날 갈릴리 가나에 혼례가 있어 예수의 어머니도 거기 계시고 ²예수와 그 제자들도 혼례에 청함을 받았더니 ³포도주가 떨어진지라 예수의 어머니가 예수에게 이르되 저들에게 포도주가 없다 하니 ⁴예수께서 이르시되 여자여 나와 무슨 상관이 있나이까 내 때가 아직 이르지 아니하였나이다 ⁵그의 어머니가 하인들에게 이르되 너희에게 무슨 말씀을 하시든지 그대로 하라 하니라 ⁶거기에 유대인의 정결 예식을 따라 두세 통 드는 돌항아리 여섯이 놓였는지라 ⁷예수께서 그들에게 이르시되 항아리에 물을 채우라 하신즉 아귀까지 채우니 ⁸이제는 떠서 연회장에게 갖다 주라 하시매 갖다 주었더니 ⁹연회장은 물로 된 포도주를 맛보고도 어디서 났는지 알지 못하되 물 떠온 하인들은 알더라 연회장이 신랑을 불러 ¹⁰말하되 사람마다 먼저 좋은 포도주를 내고 취한 후에 낮은 것을 내거늘 그대는 지금까지 좋은 포도주를 두었도다 하니라 ¹¹예수께서 이 첫 표적을 갈릴리 가나에서 행하여 그의 영광을 나타내시매 제자들이 그를 믿으니라."

예수님이 어머니에게 4절의 말씀을 하신 이유는 무엇인가?
예수님의 어머니가 예수님께 포도주가 없다고 말씀하신 것은 예수님이 기적을 나타내시기를 원하셨기 때문이다. 이에 예수님은 마리아가 비록 육신적으로는 어머니이지만 영적으로는 좀 더 냉정한 태도를 보이셨다. 왜냐하면 기적을 일으키는 것은 인간적인 관계와 배려에서 오는 것이 아니라 하나님 아버지의 뜻과 성령의 역사하심이 있어야 하는 것이기 때문이다.

두 번째는, 어머니의 요청을 거절하신 것은 포도주가 없다고 요청해야 할 주체가 어머니가 아니기 때문이다. 예수님께 부탁할 주체는 결혼식을 주도하는 주인이다. 예수님께 부탁도 하지 않은 결혼식장 주인에게 일부러 포도주 기적을 베푸시는 예수님은 아니시다.

세 번째는, 예수님은 예수님의 때와 예수님과 관계가 없는 것은 단호히 거절하신다. 예수님이 "내 때"라고 말씀하신 것은 예수님만이 하실 수 있고 하셔야만 하는 역할과, 아버지가 지정하신 하나님의 때를 말씀하신 것이다.

4절과 비교해 볼 때 7절, 8절의 예수님의 행동은 무엇을 의미하는가?

4절과 7절 사이는 길지 않은 시간이 흘렀을 것이다. 예수님이 7절, 8절에서 기적을 베푸시는 행동을 하셨다는 것은 그전에 기도하며 하나님의 때와 방법을 묻고 계셨음을 알 수 있다. 이것은 예수님이 쉬지 않고 기도하시고, 일상 속에서 습관적으로 기도하셨다는 것을 의미한다. 그래서 아버지의 허락하심이 떨어졌기에 성령을 의지하여 기적을 베푸실 행동을 하신 것이다.

예수님은 지극히 상식적인 방법으로 기적을 시작하셨다. 먼저 돌항아리 여섯에 물을 채우라고 말씀하신다. 이것은 기적이 아니라 지극히 누구나 할 수 있는 일이다. 그러나 그다음인 "이제는 떠서 연회장에게 갖다 주라" 하는 말씀은 아무나 할 수 있는 말이 아니다. 이것을 결혼식장 일을 돕는 사람들은 물을 연회장에 갖다 주라는 뜻으로 알고 이해할 수도 있을 것이다.

예수님은 8절에서 왜 이렇게 말씀하셨을까? 예수님은 물이 포도주가 되라고 말씀을 하셔도 될 텐데 왜 안 하셨을까?

예수님은 먼저 하나님의 역사를 사람과 동역하기를 원하신 것이다. 만약 물을 포도주로 만드신 다음 연회장에게 갖다 주라 하셨다면 일을 돕는 사람은 단지 포도주를 전달하는 데 그쳤을 것이다. 그러나 물을 바로 포도주로 만들지 아니하시고 그냥 연회장에게 갖다 주라고 하심으로 일을 돕는 사람들의 믿음과 함께 역사를 만드신 것이다.

그렇다면 물이 포도주로 바뀐 시점이 언제일까? 여섯 돌항아리 중 마지막 돌항아리에 물을 아구까지 채울 때인가? 아니면 하인이 물을 떠서 연회장에게 전달할 때인가? 그것은 9절에 "물 떠온 하인들은 알더라" 하는 구절로 알 수 있듯이, 하인들이 연회장에게 가기 전까지도 물이었다는 것을 의미한다. 그러므로 하인은 예수님의 믿음의 말씀대로 포도주가 아닌 물을 연회장에게 주러 간 것이다. 이것은 열 명의 문둥병자를 고치실 때, 열 명의 문둥병자가 예수님 앞에 온 그 자리에서 고치신 것이 아니라 제사장에게 가서 몸을 보이라는 말씀을 하시어, 아직 문둥병이 낫지 않았지만 나은 것으로 믿고 제사장에게 가는 믿음의 행동을 함으로, 예수님이 열 명의 문둥병자와 함께 기적을 만드신 것과 같다. 이것은 예수님이 기적을 만들기에 부족하여 사람의 도움을 필요로 하신 것이 아니라 예수님의 기적에 인간을 동참케 하여 인간에게 영광을 주시기 위한 사랑, 곧 인간을 향한 사랑의 표현인 것이다.

요한복음 6장에서 보리떡 다섯 개와 물고기 두 마리로 오천 명이 넘는 사람을 먹이는 놀라운 기적을 베푸실 때도 예수님은 먼저 빌립에게 "우리가 어디서 떡을 사서 이 사람들을 먹이겠느냐"라고 하면서 '우리'라는 단어를 쓰심으로 제자들과 함께 기적을 베푸시기를 원하셨다. 그러나 결국 예수님은 제자들과 이 기적을 나타내셨다. 예수님을 보리떡 다섯 개와 물고기 두 마리로 오천 명이 넘게 먹이실 것을 믿음으로 감사하시고, 제자들은 믿음으로 그 음식을 나눌 때 기적이 일어난 것이다.

"이제는 떠서 연회장에게 갖다 주라"는 예수님의 말씀은, 연회장에게 물을 전달할 때 포도주가 될 것을 믿었기에 믿음의 말씀을 하신 것이다. 예수님의 믿음의 말씀이 물이 포도주가 되는 역사의 시작이다.

나·눔· 질문

1. 예수님이 어머니에게 4절의 말씀을 하신 이유는 무엇인가?

2. 4절과 비교해 볼 때 7절, 8절의 예수님의 행동은 무엇을 의미하는가?

3. 예수님은 8절에서 왜 이렇게 말씀하셨을까? 예수님은 물이 포도주가 되라고 말씀을 하셔도 될 텐데 왜 안 하셨을까?

예수님과 왕의 신하

요 4:46~54

"⁴⁶예수께서 다시 갈릴리 가나에 이르시니 전에 물로 포도주를 만드신 곳이라 왕의 신하가 있어 그의 아들이 가버나움에서 병들었더니 ⁴⁷그가 예수께서 유대로부터 갈릴리로 오셨다는 것을 듣고 가서 청하되 내려오셔서 내 아들의 병을 고쳐 주소서 하니 그가 거의 죽게 되었음이라 ⁴⁸예수께서 이르시되 너희는 표적과 기사를 보지 못하면 도무지 믿지 아니하리라 ⁴⁹신하가 이르되 주여 내 아이가 죽기 전에 내려오소서 ⁵⁰예수께서 이르시되 가라 네 아들이 살아 있다 하시니 그 사람이 예수께서 하신 말씀을 믿고 가더니 ⁵¹내려가는 길에서 그 종들이 오다가 만나서 아이가 살아 있다 하거늘 ⁵²그 낫기 시작한 때를 물은즉 어제 일곱 시에 열기가 떨어졌나이다 하는지라 ⁵³그의 아버지가 예수께서 네 아들이 살아 있다 말씀하신 그때인 줄 알고 자기와 그 온 집안이 다 믿으니라 ⁵⁴이것은 예수께서 유대에서 갈릴리로 오신 후에 행하신 두 번째 표적이니라."

예수님은 왕의 신하가 두 번(47, 49절) 내려와 아들을 고쳐 달라는 요구대로 하지 않으셨다. 그 이유는 무엇인가?

첫 번째로, 예수님은 인간적인 동정심에 동요되지 않으신다. 인간적인 부탁에 따라 움직이시는 분이 아니다. 예수님은 오직 아버지의 마음과 성령의 인도하심으로 모든 것을 결정하셨다.

두 번째는, 예수님이 내려가 아들을 고쳐 주는 것이 중요한 것이 아니라 예수님의 존재에 대한 믿음을 갖는 것과 문제 만난 자의 믿음이 중요한 것임을 알려 주고 계신다.

세 번째는, 예수님은 예수님의 방법으로 문제 만난 자를 축복하시는 것이다. 문제 만난 자의 방식, 방법으로 역사해 달라는 것은 월권이다. 그래서 왕의 신하는 예수님이 내려오기를 바랐지만 오히려 신하가 내려감으로 역사를 경험한다. 이것은 예수님이 문제를 만난 자의 믿음이 얼마나 중요한 역할을 하는지를 가르치신 것이다.

왕의 신하는 말씀을 믿은 순간에 시간과 공간을 초월하여 역사를 경험한다.

48절에서 예수님은 불쾌감 내지는 실망감을 가지고 계셨다. 왜 그러셨을까?

48절을 긍정적으로 바꾸면 '너희는 기적을 보아야 믿는구나'라는 뜻이다. 이것은 눈앞에 기적이 안 일어나도 신뢰하는 존재에서 나오는 말씀을 믿지 않음을 말씀하시는 것이다. 예수님이 48절의 말씀을 하실 수밖에 없는 것은, 예수님이라는 존재에 대한 신뢰감이 아니라 단지 기적을 보기 위한 것과 아들이 낫는 자신의 유익을 그 신하가 더 중요하게 여겼기 때문이다. 이에 예수님은 기적을 보아야 믿고 기적이 안 나타나면 자동적으로 안 믿는 태도에 책망을 하셨다. 이것이 얼마나 예수님을 실망시키는 것인지 모른다.

예수님은 현장으로 가시지 않고 말씀으로만 약속을 주신다(50절). 왜 이런 방법으로 하실까?

말씀을 믿는다는 것은 말한 자를 믿는다는 뜻이다. 이것은 예수님이 신하의 믿음을 시험하시는 것이다. 누가복음 17장에서 고쳐 달라고 온 열 명의 문둥병자를 그 자리에서 고쳐 주시지 않고 제사장에게 가서 문둥병이 나은 것을 믿고 검사 받으라고 말씀하심으로 열 명의 문둥병자에게 그 믿음을 시험하시는 것과 같다. 예수님은 직접 현장에서 고쳐 주기도 하시지만 말씀을 주시고 믿음의 행위를 요구하기도 하신다. 이것은 예수님께서 문제를 만난 자의 믿음의 분량에 따라 축복하는 방법이 다르심을 보여준다.

따라서 예수님이 한 가지 방법으로만 역사하신다는 고정관념을 버려야 한다. 자칫 잘못 생각하여 예수님이 자신의 방법대로 역사하지 않으면 잘못되었다고 생각하거나 믿지 않으려는 태도는 위험하다. 주님이 바라시는 믿음은 보지 않고 기적이 일어나지 않는 상황에서 말씀(주님의 약속)만을 믿는 믿음이다. 말씀을 믿는다는 것은 말씀하신 예수님의 존재를 믿는다는 것과 같다.

왕의 신하는 결국 예수님의 말씀을 믿음으로써 예수님의 존재를 믿었기에 집으로 가다가 자기 종을 만나 예수님이 말씀하신 그 시간에 아들이 나았음을 듣게 된다. 여기에서 신하는 처음에는 고침 받는 것이 초점이었다면 예수님은 믿음을 초점으로 여기셨다.

마가복음 4장에서 갈릴리 호수를 건너가다 풍랑을 만난 제자들은 자신의 안일에 초점을 두었지만, 예수님은 제자들의 믿음에 초점을 두셨기에 작아진 믿음을 책망하셨다. 신하는 예수님을 수단으로 여기고 자기 아들이 낫는 것이 목적이라면, 주님은 주님의 존재를 어디까지 믿는가와 믿음이 율법의 행위보다 얼마나 중요한가를 알려 주시는 것이 목적이다. 예수님이 신하의 아들을 치유하신 것은 결국 주님의 존재를 믿게 하기 위한 수단일 뿐이었다. 예수님은 '네 아들 낫는 것보다 나를 믿는 것이 우선이고 나의 말을 믿는 것이 중요하다'고 알려 주신 것이다.

나는 그리스도인으로서 예수님의 존재를 더욱 믿는 자가 되어 가는가? 주님의 말씀을 더욱 믿어 가는가? 스스로 질문해야 한다.

1. 예수님은 왕의 신하가 두 번(47, 49절) 내려와 아들을 고쳐 달라는 요구대로 하지 않으셨다. 그 이유는 무엇인가?

2. 48절에서 예수님은 불쾌감 내지는 실망감을 가지고 계셨다. 왜 그러셨을까?

3. 예수님은 현장으로 가시지 않고 말씀으로만 약속을 주신다(50절). 왜 이런 방법으로 하실까?

예수님과 38년 된 병자
요 5:1~14

"¹그 후에 유대인의 명절이 되어 예수께서 예루살렘에 올라가시니라 ²예루살렘에 있는 양문 곁에 히브리 말로 베데스다라 하는 못이 있는데 거기 행각 다섯이 있고 ³그 안에 많은 병자, 맹인, 다리 저는 사람, 혈기 마른 사람들이 누워 [물의 움직임을 기다리니 ⁴이는 천사가 가끔 못에 내려와 물을 움직이게 하는데 움직인 후에 먼저 들어가는 자는 어떤 병에 걸렸든지 낫게 됨이러라] ⁵거기 서른여덟 해 된 병자가 있더라 ⁶예수께서 그 누운 것을 보시고 병이 벌써 오래된 줄 아시고 이르시되 네가 낫고자 하느냐 ⁷병자가 대답하되 주여 물이 움직일 때에 나를 못에 넣어 주는 사람이 없어 내가 가는 동안에 다른 사람이 먼저 내려가나이다 ⁸예수께서 이르시되 일어나 네 자리를 들고 걸어가라 하시니 ⁹그 사람이 곧 나아서 자리를 들고 걸어가니라 이 날은 안식일이니 ¹⁰유대인들이 병 나은 사람에게 이르되 안식일인데 네가 자리를 들고 가는 것이 옳지 아니하니라 ¹¹대답하되 나를 낫게 한 그가 자리를 들고 걸어가라 하더라 하니 ¹²그들이 묻되 너에게 자리를 들고 걸어가라 한 사람이 누구냐 하되 ¹³고침을 받은 사람은 그가 누구인지 알지 못하니 이는 거기 사람이 많으므로 예수께서 이미 피하셨음이라 ¹⁴그 후에 예수께서 성전에서 그 사람을 만나 이르시되 보라 네가 나았으니 더 심한 것이 생기지 않게 다시는 죄를 범하지 말라 하시니라."

예수님은 이곳에 왜 오셨을까?

첫 번째는, 기분이나 인간적 감정이 아닌 영혼 사랑 때문에 오신 것이다. 누구도 아픈 사람, 기분이 좋지 않은 현장에 오고 싶은 사람은 없다. 그런데 이 장소에 오셨다는 것은 기분으로 움직이지 않으심을 알 수 있다. 영혼을 사랑하는 마음, 이 마음 없이 한낱 기분으로 오실 수는 없는 것이다. 병자를 고치시는 것을 보면 결코 기분이 아니라 진정으로 영혼을 사랑하는 마음으로 오신 것임을 알 수 있다.

두 번째는, 예수님 마음대로가 아닌 성령의 인도하심으로 오신 것이다. 사람의 기분으로 움직이지 않으셨다면 무엇이 주님을 여기에 오시게 했는가? 바로 성령이시다. 성령의 이끄심에 순종하여 이 병자를 찾으시고 축복하신 것이다. 그리스도인은 매사에 자신의 기분과 생각으로 움직이는지, 아니면 성령의 감동과 이끄심으로 움직이는지를 분별해야 한다.

세 번째는, 예수님은 병자의 상태를 구경하시기 위해서가 아니라 축복의 통로자가 되시기 위해 오신 것이다. 38년 된 병자를 고치시는 것을 보면 주님의 오심은 단순히 그들의 상태를 보기 위함이 아니라 누군가를 고쳐 주시기 위한 것임을 알 수 있다. 고쳐 주시려 작정하셨다는 것이다. 그리스도인은 어디에 있든 무엇을 하든 주님이 허락하신 영혼들에게 축복의 통로자가 되는 것이 주님의 뜻이다.

네 번째는, 예수님이 이 현장에 오신 것은 병자들이 근거가 희박한 이야기를 믿는 것이 아니라 실제로 축복하시는 실존하는 주님에 대한 믿음을 주시기 위해 오신 것이다. 오늘날 세상이 알려 주는 허황된 이야기를 믿는 현대인을 향해서도 실존하는 좋으신 주님에 대한 믿음을 갖게 하시기 위해 지금도 성령께서 역사하신다.

예수님은 왜 당연한 것 같은 "네가 낫고자 하느냐" 하는 말씀을 하신 것일까?

예수님은 마태복음 9장 28절에서도 소경에게 "내가 능히 이 일 할 줄을 믿느냐"라며 당연한 질문을 하신다. 6절에서 예수님은 병자가 병이 벌써 오래된 줄을 어떻게 아신 것일까? 몸에 표시라도 있는 것일까? 아니다. 이것은 예수님이 병자를 깊이 세밀하게 보고 계셨음을 의미하는 말이다. 그리고 예수님이 병자의 병이 오래되었기에 물어 보신 것이다. 이것은 예수님이 병자를 불쌍하게 여기심을 의미한다.

그래서 예수님이 "낫고자 하느냐" 하신 말씀은 첫 번째는, 불쌍한 마음으로 따뜻하게 물으신 것이고 두 번째는, 낫게 하시려고 작정하고 물으신 것이다. 세 번째는, 병자의 입술의 고백과 마음을 알아보기 위해서 물어 보신 것이고 네 번째는, 병자의 고백을 통하여 예수님의 태도를 결정하시려고 하신 것이다.

병이 오래 되면 누구라도 자포자기할 것이기 때문에 예수님은 병자의 마음에서 나오는 고백을 듣고 싶으셨다. 예수님은 마음에 있는 것이 입으로 나온다고 하셨다. 입술의 고백이 모든 것을 결정짓게 하는 것이다.

"독사의 자식들아 너희는 악하니 어떻게 선한 말을 할 수 있느냐 이는 마음에 가득한 것을 입으로 말함이라"(마 12:34).
"죽고 사는 것이 혀의 힘에 달렸나니 혀를 쓰기 좋아하는 자는 혀의 열매를 먹으리라"(잠 18:21).
"네 입의 말로 네가 얽혔으며 네 입의 말로 인하여 잡히게 되었느니라"(잠 6:2).

이것은 예수님께서 그 상황보다 상황에 대한 마음과 언어, 태도를 얼마나 더 중요하게 여기시는지를 보여주신 것이다. 그리스도인은 주님이 듣기 원하시는 마음에서 나오는 말을 하여 주님이 기뻐하시는 말로 주님으로부터 축복 받는 자가 되어야 한다.

예수님이 그냥 고쳐 주시면 되지 굳이 질문하시고 그 후 고치시는 것은 무슨 뜻인가?

예수님은 분명 병자의 누워 있는 불쌍한 모습을 보고 병이 오래되신 것도 아셨다. 그러나 더 이상 주님의 손길은 없었다. 예수님이 병자의 고통을 아시는 것과 고치시는 역사는 분명히 다름을 알려 준다.

예수님은 6절의 '보시고, 아시고'에서 역사하신 것이 아니라 7절의 고백을 통해 낫게 하셨다. 그리스도인의 불쌍한 상황이나 병이 든 연수를 보거나 아신 것으로 역사하지 않으신다는 뜻이다. 일부 그리스도인은 주님이 알아주시는 것으로 다했다고 생각한다. 그렇지 않다. 주님께서 역사를 가져오게 하는 그것이 그리스도인 자신에게 있어야 한다.

주님께서 역사를 일으키실 때는 그만한 이유를 가지고 하신다. 문제가 있는 것으로 주님이 역사하는 이유가 되지 못한다. 사람이 문제를 대하는 태도가 주님으로 하여금 역사하거나 역사하시지 않게 하는 이유가 된다. 주님이 역사할 이유를 우리가 나타내지 못하면 역사하지 않으신다. 주님이 역사하실 촉매 역할은 내가 해야 한다는 것을 주님이 알려 주시는 것이다.

그리스도인이 불쌍한 모습으로 가만히 있으면 주님이 와서 알아서 역사하실 것이라는 잘못된 태도를 버려야 한다. 그리스도인은 문제 앞에서 주님께서 역사할 이유를 드렸는가, 주님이 역사하실 촉매 역할을 했는가를 스스로 질문해야 한다.

7절에서 병자의 무엇이 예수님께서 역사할 마음을 갖게 하신 것일까?

분명한 것은 병자 자신의 고백이 결정적 역할을 했다는 것이다. 첫 번째는, 그는 남의 도움이 필요한 상태였지만 도움을 받지 못했다고 해서 포기하거나 멈추거나 구경한 것이 아니다.

"나를 못에 넣어 주는 사람이 없어."

자신의 힘으로 연못에 내려가려는 낫고자 하는 움직임의 의지를 표현하였다.

"내가 내려가는 동안."

두 번째는, 병자는 수도 없이 못에 먼저 들어가는 것에 실패하였음을 고백하면서, 그래도 여전히 또 물이 동하면 내려갈 것을 말하고 있다. 이것은 실패를 의식하지 않는 마음을 의미한다. 그만큼 낫고자 하는 소망이 간절했다는 것이다. 안 좋은 상황이 계속되어도 또다시 실패를 해도 끝없이 소망을 가지는 것이다. 그리고 소망을 간절히 표현하는 것이다. 그리스도인은 안 좋은 상황에서 실패를 해도 여전히 소망을 가지고 있었는가, 그 상황에서도 소망을 간절히 표현해 보았는가를 스스로 질문해 봐야 한다.

14절에서 예수님은 왜 병자의 질병이 죄로 인하여 생긴 것이라고 밝히시는가?

14절을 통해 그의 병이 죄로 말미암아 온 것을 말씀하신다. 그럼에도 불구하고 주님은 죄를 묻지 않고 낫기를 물으신다. 이것은 예수님의 은혜이다. 예수님은 인격적인 분임을 알 수 있다. 예수님은 새로운 사실을 알려 주신다. 죄가 병을 만들었다고 말씀하신 것이다. 육신의 문제는 영적인 것이 원인이 됨을 알려 주셨다. 이것은 반드시 알아야 할 영적 지식이 병 고침을 받는 것보다 중요함을 알려 주시는 것이다.

예수님이 죄를 짓지 말라 하신 이유는 무엇인가? 다시금 같은 병에 걸리지 않게 하려고 말씀하신 것이다. 결국 영혼의 정결함을 요구하신 것이다. 또한 죄의 무서움을 말씀하신다. 병자의 질병은 죄로 생긴 병이기 때문이다.

예수님은 이 사실을 밝히면서 무엇을 강조하고 계시는가? 영혼의 정결함으로 온전한 삶, 건강한 삶을 가지라고 말씀하시는 것이다.

예수님은 그냥 '네 병이 나았다'라고 말씀하지 않고, 왜 8절에서 "일어나 네 자리를 들고 걸어가라"고 말씀하시는가?

예수님은 병자가 예수님의 말씀을 믿는지를 테스트하고 계신 것이다.

예수님은 왜 병자를 안식일 날 고쳐 주셨나?

예수님이 안식일의 주인이시며, 안식일은 사람을 온전케 하는 날인 것을 알려주시기 위함이다.

"내가 안식일에 사람의 전신을 건전하게 한 것으로 너희가 내게 노여워하느냐"(요 7:23).

"인자는 안식일의 주인이니라 하시니라"(마 12:8).

나눔 질문

1. 예수님은 이곳에 왜 오셨을까?(6절)

2. 예수님은 왜 당연한 것 같은 "네가 낫고자 하느냐"라는 말씀을 하신 것일까?(6절)

3. 예수님이 그냥 고쳐 주시면 되지 굳이 질문하시고 그 후 고치시는 것은 무슨 의미인가?(6절)

4. 7절에서 병자의 무엇이 예수님께서 역사할 마음을 갖게 하신 것일까?

5. 14절에서 예수님은 왜 병자의 질병이 죄로 인하여 생긴 병이라고 밝히시는가?

6. 예수님은 그냥 '네 병이 나았다'라고 말씀하시지 않고, 왜 8절에서 "일어나 네 자리를 들고 걸어가라"고 말씀하시는가?

7. 예수님은 왜 병자를 안식일 날 고쳐 주셨나?(9절)

예수님과 오병이어
요 6:5~13

"⁵예수께서 눈을 들어 큰 무리가 자기에게로 오는 것을 보시고 빌립에게 이르시되 우리가 어디서 떡을 사서 이 사람들을 먹이겠느냐 하시니 ⁶이렇게 말씀하심은 친히 어떻게 하실지를 아시고 빌립을 시험하고자 하심이라 ⁷빌립이 대답하되 각 사람으로 조금씩 받게 할지라도 이백 데나리온의 떡이 부족하리이다 ⁸제자 중 하나 곧 시몬 베드로의 형제 안드레가 예수께 여짜오되 ⁹여기 한 아이가 있어 보리떡 다섯 개와 물고기 두 마리를 가지고 있나이다 그러나 그것이 이 많은 사람에게 얼마나 되겠사옵나이까 ¹⁰예수께서 이르시되 이 사람들로 앉게 하라 하시니 그곳에 잔디가 많은지라 사람들이 앉으니 수가 오천 명쯤 되더라 ¹¹예수께서 떡을 가져 축사하신 후에 앉아 있는 자들에게 나눠 주시고 물고기도 그렇게 그들의 원대로 주시니라 ¹²그들이 배부른 후에 예수께서 제자들에게 이르시되 남은 조각을 거두고 버리는 것이 없게 하라 하시므로 ¹³이에 거두니 보리떡 다섯 개로 먹고 남은 조각이 열두 바구니에 찼더라."

예수님은 왜 빌립에게 '우리'라는 단어를 쓰셨을까? 그 의미는 무엇인가?

비록 빌립에게 해결책을 묻고 계시지만 그것은 결코 빌립 자신의 문제가 아니다. 예수님 자신의 문제로 인식하신 것으로 빌립에게 힌트를 주신 것이다. 빌립은 자신의 능력 밖에서 일어나는 것은 주님이 하시는 것임을 믿었어야 했다. 예수님은 '우리'라는 단어를 사용하심으로 제자들과 오천 명이 넘는 사람을 먹이시는 기적을 함께하시기를 원하셨다. 예수님만이 하실 수 있는 역사를 제자들과 함께 나누어 주심으로 제자들에게 영광을 주시려는 배려이다.

창세기 2장에서 하나님이 하시는 피조물의 이름 짓는 것을 아담에게 짓게 하심으로 하나님이 하실 일을 아담에게 주시고 그에게 영광을 주시고 권세를 주신 것과 같다.

예수님은 왜 군중이 원하지도 않으신 양식을 주시려고 하셨는가?

이것은 첫 번째로, 말하지 않아도 사람들의 필요와 필요의 때를 아시고 채워 주시려는 예수님의 모습을 보여주시는 것이다. 마태복음 14장 15절에는 "저녁이 되매"라고 했는데, 이는 곧 저녁밥을 먹어야 할 시점임을 알려 주는 것이다. 물론 저녁밥을 가져온 사람도 있겠지만 가져오지 않은 수많은 사람들을 예수님은 아시고 그들을 돕기 원하시는 것이다. 먹는 것은 사람이 살아가는 데 있어 기본적인 욕구인데 예수님은 그 기본적인 필요를 알고 채우시는 분이다. 그리스도인은 어떤 상황에서든 자신보다 먼저 자신의 필요를 알고 채우시는 주님을 얼마나 믿고 있는가?

두 번째는, 영적인 것을 사모하는 자에게 육적인 것을 채워 주기를 원하시는 주님이신 것을 보여주는 것이다. 오천 명이 넘는 군중이 예수님을 따라온 것은 떡과 물고기를 먹자고 온 것은 아니었다. 예수님이 하시는 말씀을 듣기 원하고 예수님이 베푸시는 기적을 보기 위함이었다. 육적 요구를 채우기 위해 온 사람들이 아니기에 예수님은 그들에게 육적 필요를 채워 주시는 것이다.

세 번째는, 예수님이 영원한 생명의 떡임을 계시하기 위해 역사하신 것이다.

"나는 생명의 떡이니 내게 오는 자는 결코 주리지 아니할 터이요"(요 6:35).

"내가 곧 생명의 떡이니라"(요 6:48).

6절에서 예수님은 질문의 답을 가지고 질문을 하신다. 예수님의 질문은 오늘날 그리스도인에게 무엇을 의미하는가?

그리스도인이 만나는 문제는 곧 질문하시는 주님의 메시지를 의미한다. 그러면 그리스도인은 어떻게 대답할 것인가를 생각해야 한다. 그래서 예수님이 원하시는 답을 내놓아야 한다. 그것이 예수님이 기뻐하시는 태도이다. 또한 그리스도인이 만나는 문제는 예수님이 그리스도인을 시험하시는 시험지다. 예수님과 동일한 답을 행위로, 믿음으로 내놓을 수 있어야 한다. 예수님이 먼저 문제 제기를 하신다. 문제를 만드신 것이다. 문제를 주신 분은 동시에 문제를 해결하시는 분임을 알려 주시는 것이다. 예수님은 필요를 채우시는 방법을 알고 계셨다. 또한 예수님은 당신의 문제로 인식하고 해결책도 가지고 계셨다.

예수님은 무엇을 시험하시는 것일까?

예수님이 문제를 던지시는 이유는 그리스도인의 믿음을 시험하시기 위함이다. 그리스도인의 삶에 벌어지는 큰 문제는 그리스도인의 계산 능력, 의지, 용기를 테스트하는 것이 아니라 그리스도인의 믿음을 테스트하시는 것이다. 그리스도인은 예수님이 자신의 믿음을 시험하고 계시는지, 어느 부분에서 믿음을 시험하시는지, 믿음을 통해 시험하시는 예수님의 테스트에 합격하였는가를 스스로 물어 보아야 한다.

예수님은 7~8절에서 빌립의 답에 왜 말씀이 없으신 것일까?

빌립은 문제 해결의 초점을 사람들이 모은 이백 데나리온 돈과 떡으로 보고 말하였다. 빌립은 6절을 알고 있어야 했다. 그는 정작 문제 해결의 초점은 주님이라는 것을 모른 것이다. 예수님은 예수님과 초점이 맞지 않는 말이나 행동은 무관심하고 관계가 없음을 침묵으로 알리신다.

9절에서 예수님이 안드레의 말에도 대답하시지 않은 이유는 무엇인가?

안드레는 행동과 말이 다른 태도를 보인다. 주님은 10절을 통해 안드레의 말에 대꾸를 하지 않으셨다. 이것은 안드레의 행동 역시 주님과 초점이 맞지 않음을 알려 주신 것이다. 그리스도인의 행동과 말이 주님과 초점이 맞지 않는다면 그것이 무엇인지를 알아야 한다.

10절에서 왜 예수님은 앉게 하라고 하셨는가?

그것은 질서를 중요하게 여기시고 질서가 효과적이기 때문이다. 편안하고 질서가 있는 가운데 예수님의 역사가 이루어진다. 예수님은 기적을 일으키시기 전에 기본적인 정리부터 시작하신다. 예수님이 제자들에게 질서를 명령하시는 것으로 보아 기적을 위한 기본적인 정리는 우리 스스로가 해야 하는 것임을 알리시는 것이다.

11절에서 예수님은 축복기도로 기적을 시작하신다. 축복하시는 예수님은 그리스도인에게 무엇을 의미하는 것일까?

그리스도인의 모든 것은 주님의 축복과 기도 속에서 온 것임을 알려 주신다.

12절에서 예수님은 왜 남은 조각을 거두고 버리지 않게 하셨는가?

첫 번째, 예수님은 낭비를 원하지 않으심을 의미한다. 두 번째는, 예수님은 다음을 생각하신 것이다. 어차피 다음 식사 시간에도 먹어야 하기 때문이다. 이것은 낭비되는 것을 막으면 다음을 위한 것이 있게 된다는 교훈을 주시는 것이다.

나•눔 질문

1. 예수님은 왜 빌립에게 '우리'라는 단어를 쓰셨을까? 그 의미는 무엇인가?(5절)

2. 예수님은 왜 군중이 원하지도 않으신 양식을 주시려고 하셨는가?

3. 6절에서 예수님은 질문의 답을 가지고 질문을 하신다. 예수님의 질문은 오늘날 그리스도인에게 무엇을 의미하는가?

4. 예수님은 무엇을 시험하시는 것일까?

5. 예수님은 7~8절에서 빌립의 답에 왜 말씀이 없으신 것일까?

6. 9절에서 예수님이 안드레의 말에도 대답하시지 않은 이유는 무엇인가?

7. 10절에서 왜 예수님은 앉게 하라고 하셨는가?

8. 11절에서 예수님은 축복기도로 기적을 시작하신다. 축복하시는 예수님은 그리스도인에게 무엇을 의미하는 것일까?

9. 12절에서 예수님은 왜 남은 조각을 거두고 버리지 않게 하셨는가?

예수님과 소경
요 9:1~7

"¹예수께서 길을 가실 때에 날 때부터 맹인 된 사람을 보신지라 ²제자들이 물어 이르되 랍비여 이 사람이 맹인으로 난 것이 누구의 죄로 인함이니이까 자기니이까 그의 부모니이까 ³예수께서 대답하시되 이 사람이나 그 부모의 죄로 인한 것이 아니라 그에게서 하나님이 하시는 일을 나타내고자 하심이라 ⁴때가 아직 낮이매 나를 보내신 이의 일을 우리가 하여야 하리라 밤이 오리니 그때는 아무도 일할 수 없느니라 ⁵내가 세상에 있는 동안에는 세상의 빛이로라 ⁶이 말씀을 하시고 땅에 침을 뱉어 진흙을 이겨 그의 눈에 바르시고 ⁷이르시되 실로암 못에 가서 씻으라 하시니 (실로암은 번역하면 보냄을 받았다는 뜻이라) 이에 가서 씻고 밝은 눈으로 왔더라."

3절에서 예수님이 제자들에게 하신 말씀의 의미는 무엇인가?

첫째로, 그 당시 전통적으로 생각하던 모든 불치병은 하나님 앞에 죄를 지어 생긴 것이라 여김으로 제자들의 질문이 당연할 수 있는데, 예수님은 결코 죄로 인하여 불행을 겪는 것이 아니라 하나님의 일하심을 나타내기 위한 병이라고 말씀하신다. 이것을 예수님이 말씀하심으로 기존에 가지고 있던 잘못된 고정관념을 깨뜨리시는 것이다. 그리스도인에게도 하나님이 인정하지 않으시는, 자신이 만들거나 세상이 만들어 자신에게 전달되어 만들어진 잘못된 고정관념으로 스스로 불행해지거나 하나님과 반대로 가는 경우가 많다.

또한 잘못된 고정관념이 예수님이 그리스도인에게 베푸시는 축복을 제한시키는 어리석음을 갖게 한다. 예수님의 시각에서 그리스도인의 문제는, 특히 인간 스스로 할 수 없는 문제는 하나님이 하시는 일임을 나타낸다고 말씀하신 것이다. 그러므로 그리스도인이 자신의 힘으로 할 수 없는 것은 결국 하나님이 하시고자 하는 메시지인 것이다.

4절의 예수님의 말씀의 의미는 무엇인가?
예수님이 계시는 동안에는 낮이기에 예수님의 축복을 받을 기회가 있다. 그러나 언젠가는 기회가 없게 된다는 것을 말씀하시는 것이다. 그러므로 하나님이 기회를 주실 때 기회를 붙잡는 분별력과 순발력이 있어야 한다고 말씀하시는 것이다.

예수님이 5절에서 말씀하신 의미는 무엇인가?
예수님이 세상의 빛이라 말씀하신 것은 맹인에게 있어 가장 절실히 필요한 것임을 말씀하신다. 이것은 맹인에게 빛이 필요하듯이 예수님은 믿는 그리스도인에게 모든 필요를 채우시는 분이라는 말씀이다.

6~7절에서 예수님은 그냥 말씀만 하셔도 되는데, 왜 굳이 땅에 침을 뱉어 진흙을 이겨 그의 눈에 바르는 행동을 하시는가?
안식일에 침을 바르는 것과 반죽을 하는 것은 안식일을 어기는 장로의 유전이다. 그러므로 예수님이 이렇게 하신 것은 예수님이 안식일의 주인 됨을 선포하시는 행위이다. 흙으로 눈을 낫게 하는 것은 흙으로 인간을 창조한 사건과 대비된다. 정확히 말하면 흙으로 눈을 낫게 한 것이 아니고 눈을 창조하신 것을 의미한다.

예수님이 그 자리에서 나으라고 말씀하시지 않고 "실로암 못에 가서 씻으라"고 하신 것은 진흙과 같이 제거해야 할 맹인의 문제를 해결해 주심을 상징하는 것이다. 실로암(보냄을 받았다는 뜻)에서 씻게 하신 것은, 맹인이 실로암으로 가는 것과 진흙을 씻는 것을 통해 행동하는 믿음의 끝에서 역사를 보시기 위함이다. 예수님은 끝까지 순종하는 맹인의 행동하는 믿음을 통하여 역사를 일으키기로 작정하신 것이다.

예수님이 간단하게 치유하지 않고 이해할 수 없는 과정을 통해 치유하시는 것은 사람의 상식으로 역사를 이루어 가지 않고, 주님의 방법으로 역사를 이루는 것을 받아들이고 순종하는지를 보시기 위함이다.

1. 3절에서 예수님이 제자들에게 하신 말씀의 의미는 무엇인가?

2. 4절의 예수님 말씀의 의미는 무엇인가?

3. 예수님이 5절에서 말씀하신 의미는 무엇인가?

4. 6~7절에서 예수님은 그냥 말씀만 하셔도 되는데, 왜 굳이 땅에 침을 뱉어 진흙을 이겨 그의 눈에 바르는 행동을 하시는가?

예수님과 포도나무
요 15:1~8

"¹나는 참포도나무요 내 아버지는 농부라 ²무릇 내게 붙어 있어 열매를 맺지 아니하는 가지는 아버지께서 그것을 제거해 버리시고 무릇 열매를 맺는 가지는 더 열매를 맺게 하려 하여 그것을 깨끗하게 하시느니라 ³너희는 내가 일러준 말로 이미 깨끗하여졌으니 ⁴내 안에 거하라 나도 너희 안에 거하리라 가지가 포도나무에 붙어 있지 아니하면 스스로 열매를 맺을 수 없음같이 너희도 내 안에 있지 아니하면 그러하리라 ⁵나는 포도나무요 너희는 가지라 그가 내 안에, 내가 그 안에 거하면 사람이 열매를 많이 맺나니 나를 떠나서는 너희가 아무것도 할 수 없음이라 ⁶사람이 내 안에 거하지 아니하면 가지처럼 밖에 버려져 마르나니 사람들이 그것을 모아다가 불에 던져 사르느니라 ⁷너희가 내 안에 거하고 내 말이 너희 안에 거하면 무엇이든지 원하는 대로 구하라 그리하면 이루리라 ⁸너희가 열매를 많이 맺으면 내 아버지께서 영광을 받으실 것이요 너희는 내 제자가 되리라."

예수님은 왜 많은 과실수 중에서 포도나무로 자신을 비유하시는 것일까?

먼저, 포도나무가 유대인에게 무화과나무와 같이 익숙한 과실수이기 때문이다. 두 번째는, 포도나무가 가장 많이 열매 맺는 과실수이고 여러 가지로 의미를 주기 때문이다.

예수님은 하나님 아버지를 어떻게 표현하고 계신가?

먼저, 농부로 비유하신다. 농부는 열매를 맺도록 수고하는 사람을 말하고, 열매를 맺을 것이라고 믿고 수고하는 인내하고 기다리는 존재이기에 하나님 아버지도 그런 분임을 알려 주시는 것이다.

그리고 농부는 다른 가지가 열매를 맺도록 열매를 맺지 못하는 가지를 과감하게 제거하는 일을 한다. 이처럼 하나님 아버지는 그리스도인의 마음과 삶에 예수님의 열매를 맺지 못하는 모든 것을 단호하게 소멸시키시는 결단력 있으신 하나님을 보여주시고 있다. 그리고 동시에 열매 맺을 수 있는 가지는 더욱 열매를 맺게 보살피시고 도우시는 하나님을 보여주시고 있다. 이렇듯 하나님은 그리스도인이 하나님이 기뻐하시는 열매를 맺을 때 더 많은 열매를 맺을 수 있도록 이끄시고 도우시고 격려하시는 분임을 말씀하시고 있다.

예수님이 말씀하시는 열매는 무엇을 의미하나?

예수님이 포도나무이시니 포도나무 열매를 말한다. 곧 예수님의 가지인 그리스도인의 마음과 삶에 나타나는 것이 열매인 것이다. 그리스도인의 열매는 자신의 선함과 능력과 열심으로 만들어진 것이 아니라 100% 예수님의 것이 마음과 삶에 흘러나오는 것을 의미한다. 그렇게 할 수 있는 것은 우리 안에 예수님의 것을 드러내도록 도우시는 성령님이 계시기 때문이다.

"너희 안에서 착한 일을 시작하신 이가 그리스도 예수의 날까지 이루실 줄을 우리는 확신하노라"(빌 1:6).

"그가 내 영광을 나타내리니 내 것을 가지고 너희에게 알리시겠음이라" (요 16:14).

열매는 예수님이 성령을 통하여 그리스도인에게 맺게 하는 것이므로 어떤 그리스도인이라도 결코 열매를 자랑할 수 없다. 왜냐하면 열매는 그리스도인의 것이 아니고 예수님의 것이며, 그 열매가 나타나기까지는 성령께서 도우시는 것이니 그 무엇도 자랑할 수 없는 것이다.

예수님은 무엇으로 열매 맺지 못하는 가지를 깨끗하게 할 수 있다고 말씀하시는가?

먼저, 하나님 아버지의 주권적인 역사로 말미암아 이루어진다. 그것은 성령과 삶을 가지고 역사하시는 것이다. 두 번째는, 예수님의 말씀으로 깨끗하게 된다고 말씀하신다. 그것은 예수님의 능력 있는 말씀이 마음에 역사할 때 자연히 말씀대로의 마음과 삶을 가지게 하기 때문이다.

예수님은 열매를 맺기 위해 어떻게 해야 한다고 말씀하시는가?

첫 번째는, 열매 맺지 못하는 것들을 스스로 발견하고 가지치기를 하거나 하나님이 강권적으로 가지치기를 하시는 것이다. 가지치기는 일종의 죽음을 의미한다. 줄기 입장에서는 가지를 자르는 것이 작은 죽음이다. 반면에 가지 입장에서 보면 완전한 죽음이다. 그리스도인은 매일 죽음을 경험하며 사는 것이 축복인 것이다.

> "내가 그리스도와 함께 십자가에 못 박혔나니 그런즉 이제는 내가 사는 것이 아니요 오직 내 안에 그리스도께서 사시는 것이라"(갈 2:20).
> "그리스도 예수의 사람들은 육체와 함께 그 정욕과 탐심을 십자가에 못 박았느니라"(갈 5:24).
> "그리스도로 말미암아 세상이 나를 대하여 십자가에 못 박히고 내가 또한 세상을 대하여 그러하니라"(갈 6:14).

예수님이 그리스도인에게 따라오라고 말씀하신 것은 내면의 죽음을 의미한다. 이것이 순교자적인 삶이다. 내면의 죽음에는 세 가지 종류가 있다. 먼저는 죄의 죽음이고, 둘째는 자아로부터 나오는 논리, 철학, 이론, 야망, 욕심, 자존심 이런 것들로부터의 죽음이며, 셋째는 세상으로부터의 죽음이다. 그렇다면 하나님은 무엇으로 그리스도인의 내면을 죽이시는가? 그것은 3차원적인 환경, 물질, 질병, 일, 사람으로 자아를 죽이기시거나 4차원적인 말씀과 성령으로 말미암아 죽이신다.

두 번째는, 예수님 안에 있는 것이다. 이것도 세 가지 의미로 나타날 수 있는데 먼저 '**구원 안에**' 있는 것이다. 이것은 예수님이 나의 구원자이심을 마음으로 믿고 입으로 시인하여 구원받는 영혼이 되는 것이다. '**말씀 안에**' 있는 것이다. 좀 더 정확하게 표현하면 '**말씀 순종 안에**' 있는 것이 예수님 안에 있는 것이다. 이것은 예수님의 말씀이 마음 안에서 살아 역사하는 것을 의미한다. 이럴 때 말씀 순종은 저절로 이루어지는 것이다. 또 하나의 의미는 '**예수님 마음과 임재 안에**' 있는 것이다.

세 번째는, 가지가 줄기에 붙어 있듯 예수님의 것을 늘 공급받는 것이 열매를 맺는 것이다. 이것은 '예수님과의 친밀한 교통'을 의미한다.

열매를 맺는 '예수님 안에' 있지 않으면 어떤 결과가 나타난다고 예수님은 말씀하시는가?

첫 번째는, 열매를 맺어야 할 가지로서의 역할을 하지 못해 줄기에서 분리되어 밖에 버려진다. 이것은 하나님이 주시는 축복에서 멀어진다는 것을 의미한다. 두 번째는, 곧이어 마른다고 말씀하신다. 이것은 마음과 삶의 빈곤함을 의미한다. 세 번째는, 사람들이 불에 던져 사르는 것이다. 이것은 사람들에게 밟히고 이용당하는 존재가 된다는 것을 의미한다. 곧 그리스도인이 열매 맺는 가지로서 예수님 안에 있지 않으면 축복에서 멀어지고 마음과 삶에 빈곤함이 오며, 세상 사람들에게 인정받지 못하고 오히려 밟힘을 받아 수치심과 낮아짐을 경험하고, 사람들에게 이용당하는 존재가 되는 것이다. 이것은 예수님이 바라시는 그리스도인의 삶이 결코 아니다.

예수님은 열매를 맺을 때 어떤 일이 나타난다고 하시는가?

첫 번째는, 하나님 아버지께서 영광을 받으신다. 두 번째는, 예수님의 제자로서 영광과 권세를 얻게 된다. 이것이 중요한 이유는, 하나님이 인간을 창조하신 목적은 인간으로부터 영광을 받으시기 위함이며, 그리스도인을 구원하려는 목적도 하나님께 영광을 돌리기 위함이기 때문이다. 이것은 자신의 창조와 구원의 목적을 이루는 것이기에 중요하다.

> "내 이름으로 불려지는 모든 자 곧 내가 내 영광을 위하여 창조한 자를 오게 하라 그를 내가 지었고 그를 내가 만들었느니라"(사 43:7).
> "그 기쁘신 뜻대로 우리를 예정하사 예수 그리스도로 말미암아 자기의 아들들이 되게 하셨으니 이는 그가 사랑하시는 자 안에서 우리에게 거저 주시는 바 그의 은혜의 영광을 찬송하게 하려는 것이라"(엡 1:5~6).

예수님의 제자가 되는 것이 모든 그리스도인들의 영광이다. 예수님도 모든 그리스도인에게 "너는 나를 따르라"고 하시며 예수님의 제자로서 살기를 명령하신다. 예수님의 제자로서의 삶은 그 이전과는 다른 영광과 축복이 있는 삶이다.

1. 예수님은 왜 많은 과실수 중에서 자신을 포도나무로 비유하시는 것일까?(1절)

2. 예수님은 하나님 아버지를 어떻게 표현하고 계신가?(1절)

3. 예수님이 말씀하시는 열매는 무엇을 의미하나?(2절)

4. 예수님은 무엇으로 열매 맺지 못하는 가지를 깨끗하게 할 수 있다고 말씀하시는가?(2~3절)

5. 예수님은 열매를 맺기 위해 어떻게 해야 한다고 말씀하시는가?(2~3절)

6. 열매를 맺는 '예수님 안에' 있지 않으면 어떤 결과가 나타난다고 예수님은 말씀하시는가?(5절)

7. 예수님은 열매를 맺을 때 어떤 일이 나타난다고 하시는가?(8절)

나·눔·질문

이장환 목사 사역 안내

각종 온누리 부흥학교 안내
사역자 영성 클리닉 훈련학교 안내

각종 온누리 부흥학교 안내

1. 성령부흥학교 1단계

- 제목: 성령께 잡히는 행복한 인생
- 내용: 구원 다음에 온 큰 축복 / 임재의 의미 / 성령님과 언어와 믿음 관계 / 성령님과 인격적인 동의 / 영적 감성 계발 / 성령의 사람 특징 / 넘어짐의 축복 / 생각 관리의 중요성 / 하나님의 음성 확인법 / 성령의 불 / 성령의 흐름 / 영적 상상력의 능력 / 영적 집중력의 원리 / 영적 전이 현상/ 영적 진동의 축복 / 영적 가속도의 능력 / 영적 장소와 공간의 중요성 / 안수의 능력 / 성령님의 여러 모양의 역사 / 성령님의 사역적인 이름들 / 영서의 비밀

2. 성령부흥학교 2단계

- 제목: 성령과 동행하는 행복한 사역
- 내용: 하나님 역사의 매개체 / 성령님과의 동역 / 성령께 잡힘 / 영감과 감동의 개념 / 기름 부음의 개념 / 영적 연결 끈 / 영적 시간대 / 영적 포지션 / 영적 큰소리 / 고유적인 영적 언어 / 계시적인 언어와 행동 / 엉석 동시성 / 영적 반복의 능력 / 영의 충만에 대한 이해 / 성령님의 타깃 / 영적 통로 / 영적 교통 / 지혜와 계시의 영 / 예수님의 피의 능력 / 지역 영해/ 영 분별 / 지식의 말씀 은사 / 예언의 은사 / 영감과 영력을 더하는 매일 훈련법

3. 실습부흥학교 1단계 (성령부흥학교 3단계)

• 제목: 주님의 마음에 맞는 사역자
• 내용: 임재 사역을 위한 20가지 실습 / 손의 사역을 위한 15가지 실습 / 영서와 그 해석 사역을 위한 15가지 실습 / 영 분별 사역을 위한 10가지 실습 / 지식의 말씀 은사 사역을 위한 7가지 실습 / 방언 통역 사역을 위한 3가지 실습 / 예언 사역을 위한 5가지 실습 / 개인 사역을 위한 12가지 실습 / 성령이 말하게 하심 사역을 위한 3가지 실습 / 성령께 잡히는 훈련 실습

4. 실습부흥학교 2단계 (성령부흥학교 4단계)

• 제목: 이 시대를 향한 주님의 사역자
• 내용: 사람 신체 부위로 하는 사역 6가지 실습 / 진동 해석 사역을 위한 4가지 실습 / 영을 새롭게 하는 사역을 위한 3가지 실습 / 전이 사역을 위한 5가지 실습 / 이름 가지고 하는 사역을 위한 3가지 실습 / 영적 연결 끈 사역을 위한 7가지 실습 / 현장 경력 사역을 위한 4가지 실습 / 공간 분별 사역을 위한 3가지 실습 / 성령 임재 형태 사역을 위한 7가지 실습 / 느낌 사역을 위한 6가지 실습 / 영음 사역을 위한 7가지 실습 / 영언 사역을 위한 5가지 실습 / 영안 사역을 위한 10가지 실습

5. 믿음부흥학교

• 제목: 원하는 것을 얻게 하는 믿음의 원리
• 내용: 믿음 중심으로의 사고 전환 / 믿음의 기초적 이해 / 믿음이 커지기 위한 2가지 요소 / 믿음이 실제화되기 위한 2가지 요소 / 믿음에 관련된 중요한 영적 주제 9가지 / 믿음을 실제화시키는 훈련 과정 / 여러 가지 믿음 고백 모음

6. 형통부흥학교

• 제목: 실제적인 형통을 가져오는 법칙
• 내용: 형통치 못한 자의 실상 / 형통치 못하는 명백한 45가지 원인 / 형통으로의 사고 전환 / 형통을 가져오는 기본적인 17가지 요소 / 형통할 때 오는 현상 / 형통을 이루기 위한 중요한 13가지 법칙

7. 언어부흥학교

• 제목: 말한 대로 되는 능력 언어의 비밀
• 내용: 언어의 개념과 그 영향력 / 언어에 관한 성경의 사건들 / 언어에 대해 묵상할 성경구절들 / 능력 언어를 위한 중요한 24가지 법칙 / 능력 언어를 위해 반드시 기억할 것 7가지 / 능력 언어의 관리

8. 설교부흥학교

• 제목: 선지자적인 능력 설교의 원리
• 내용: 하나님 말씀을 대하는 태도 / 설교자의 존재 의미 / 설교 영감을 받는 법 / 설교 작성법 / 설교 전달법 / 설교와 여러 가지 관계들 / 성령이 말하게 하심의 원리와 능력 / 능력 설교의 실습 / 설교 클리닉

9. 기도부흥학교

• 제목: 더 깊은 능력 기도의 원리
• 내용: 기도에 관한 기본적 이해 / 기도의 영직 구조 / 말씀 구절을 통한 기도 이해 / 예수님의 기도 / 기도의 중요한 포인트 / 방언의 비밀 / 기도 속 실제적 도움 / 기도 실습과 훈련

10. 목회부흥학교

• 제목: 성령님이 운행하시는 목회 원리
• 내용: 영성 교회론 / 교회와 목회자의 영적 관계 / 근본적인 3가지 질문 / 영성 목회의 기본 원리들 / 실제적인 목회 영성의 원리들

11. 부흥사 부흥학교

• 제목: 하나님이 신뢰하는 부흥사
• 내용: 부흥 사역자론 / 부흥 사역의 기초 영적 기술 / 집회에 관한 실제적인 문제와 해결(집회 초청, 집회 현장, 사역자 자신 관리, 집회 시작, 사역 시 주의사항) / 사역을 위한 영적 진행 법칙 / 성령이 말하게 하심의 실습 / 사역 전 사역자 자신이 처리해야 할 명령 기도

12. 방언부흥학교 1단계

• 제목: 방언 속의 놀라운 영적 비밀들
• 내용: 방언을 다시 알고자 하는 이유 / 방언의 오해들 / 방언에 대한 잘못된 고정관념 / 방언이란 / 방언의 유익 / 방언의 구조 / 방언에 관한 성경구절의 영적 이해 / 방언과 한국말 기도의 영적 차이 / 방언으로 말하는 것과 방언으로 기도하는 것의 차이에 대한 성경적 고찰 / 방언의 구분 / 방언의 3가지 자체 사역 / 방언 속의 영적 법칙 / 방언과 여러 가지 관계들 / 방언에 관해 알아두어야 할 중요한 영적 지식 / 방언에 관한 질문과 답변 / 방언에 대한 다양한 실습들

13. 방언부흥학교 2단계

• 제목: 방언으로 하는 더 깊은 영적 사역 활용 방법들

• 내용: 방언으로 하는 사역의 영적 법칙(실습들) / 사역 현장에서의 방언 사용 필요성(실습들) / 방언의 효과적인 적용법(실습들) / 방언 통역의 3가지 방법과 2가지 레벨(실습들) / 방언으로 각종 은사를 여는 원리와 훈련(실습들) / 방언과 눈의 관계(실습들) / 방언으로 인하여 계시를 받는 훈련(실습들) / 영으로 방언하는 것과 말하는 방언의 차이(실습들)/ 방언으로 영의 소리(느낌)를 듣는 훈련(실습들)

14. 내 영 부흥학교

• 제목: 자신도 몰랐던 내 영에 대한 깊은 비밀과 실제적 현상들
• 내용: 영에 대한 문제 제기 / 영의 영적 정의와 원초적 기능 / 성경에서 나타난 영이 가진 다양한 감각들 / 성경에서 나타난 다양한 영의 긍정적 상태들 / 영에 나타난 실제적인 문제들 / 건강한 영을 측정할 수 있는 요소들 / 영의 다양한 속성들(30가지) / 영과 관련된 여러 가지 영적 주제들 / 영에 관해 임상적으로 궁금한 것들 / 내 영을 건강하고 강하게 하는 비결 / 영에 관련된 실제적인 깊은 사역(실습)들

15. 새능력부흥학교

• 제목: 마지막 시대에 필요한 더 높은 차원의 기름 부음 3가지
• 내용: **열린 하늘의 기름 부음** – 하늘에 대한 기본적 이해 / 구약의 열리는 하늘과 신약의 하나님 나라의 개념이해 / 하늘이 열리는 성경적 사건 / 열린 하늘을 경험한 성경 속의 사람들 / 예수님과 열린 하늘 / 열린 하늘의 축복 / 열린 하늘이 닫히는 경우 / 열린 하늘의 2종류 영역 / 오늘날 열린 하늘이 필요한 이유 / 하늘을 열기 위한 매개체 / 하늘을 여는 방법 / 오늘날 하늘을 여는 사람들

파쇄의 기름 부음 – 파쇄의 기름 부음이란 / 파쇄의 기름 부음이 필요한 이유 / 파쇄가 안 일어나는 이유 / 파쇄를 방해하는 요소 / 파쇄의 특징 / 파쇄의 기름 부음이라는 현상 / 파쇄가 필요한 사람 / 성경 속에 파쇄자 / 예수님의 파쇄 / 성경 속에 파쇄의 사건 / 파쇄되어야 할 것들

그리스도의 죽음과 부활의 기름 부음 – 그리스도의 죽음과 부활의 중요성 / 그리스도의 죽음과 부활의 영적 진리 / 그리스도와 연합된 그리스도인의 죽음과 부활의 의미 / 그리스도인의 죽음과 부활을 경험하는 방법 / 그리스도의 죽음과 부활의 능력을 나타내는 원리와 방법

16. 마음신앙부흥학교

- 제목: 마지막 때를 위한 마지막 신앙
- 내용: 오늘날 신앙의 문제 / 마음이라는 영역에 대한 정의와 이해 / 성경에서 나타난 마음의 종류 / 구약의 마음 신앙 / 신약의 마음 신앙 / 마음에 관한 성경 구절의 영적 이해 / 마음에 관련된 주제들 / 마음에 관한 영적 현상 / 궁극적인 마음의 축복 / 마음 신앙의 실천 방법 / 마음에 관한 12가지 영적 실습들

17. 지공(地空)부흥학교

- 제목: 땅과 공간을 축복으로 채우기
- 내용: 오늘날 땅과 공간에 대한 현상들 / 영과 공간에 대한 중요성 / 성경 속에 땅과 공간에 대한 영적 이해(1) / 성경 속에 땅과 공간에 대한 이해(2) / 땅과 공간과 여러 관계들 / 땅과 공간에 대한 실제적 영적 분별 / 땅과 공간에 대한 실제적 사역과 실습들

부흥학교 특징

#1. 각종 부흥학교는 저자가 오랜 시간 성령님께 받은 계시와 영적 경험을 바탕으로 수많은 분들을 통해 검증된 내용입니다.
#2. 각종 부흥학교마다 30~40시간 분량의 내용과 저자의 사역과 실습을 통해 영적 체험을 갖게 합니다.
#3. 각종 부흥학교는 일정한 등록비가 있습니다.
#4. 각종 부흥학교 개강은 일정하지 않으며, 카페에서 공지합니다.
#5. 관심 있는 누구나 참석할 수 있습니다.

변화와 형통의 집회

#1. 서울 주오심센터교회에서 격월로 변화와 형통 집회 있습니다.
#2. 여름, 겨울 학생/청년 변화와 형통 집회 있습니다.

사역 알림 카페주소

cafe.daum.net/9191jesuspower(예수 기적의 믿음)

cafe.naver.com/(다시 흐르는 축복)

사역자 영성 클리닉 훈련학교 안내

사역현장에서 영혼을 상대하여 사역할 때 일어날 수 있는 사역자 자신의 영적 문제와 사역 속에서 문제점을 일대일로 점검하고 영적으로 분석하고 교정하여 다시금 영혼사역과 교회사역을 강력한 성령의 임재 속에서 풍성한 영적 열매를 가져올 수 있도록 하는 전문적 훈련학교입니다.

내 용

1단계

#1. 업그레이드 된 실습부흥학교 1, 2단계 실습
#2. 방언부흥학교 2단계 실습
#3. 내영부흥학교 실습

2단계

#1. 교회 현장 영적 분석
#2. 성령이 임하시는 예배의 흐름 분별
#3. 성령에 이끌림 받는 기도 방법
#4. 영에서 나오는 설교 방법
#5. 깊은 영적 소통을 가져오는 찬양 사역
#6. 성령께 잡혀서 하는 성령 사역
#7. 성령의 흐름 속에서 하는 집회 인도법

말씀 속에서 주님 마음 찾기
Finding Lord's Mind in the Words

1판 1쇄 인쇄 _ 2016년 7월 15일
1판 1쇄 발행 _ 2016년 7월 20일

지은이 _ 이장환
펴낸이 _ 이형규
펴낸곳 _ 쿰란출판사

주소 _ 서울특별시 종로구 이화장길6
편집부 _ 745-1007, 745-1301~2, 747-1212, 743-1300
영업부 _ 747-1004, FAX 745 8490
본사평생전화번호 _ 0502-756-1004
홈페이지 _ http://www.qumran.co.kr
E-mail _ qrbooks@gmail.com / qrbooks@daum.net
한글인터넷주소 _ 쿰란, 쿰란출판사
등록 _ 제1-670호(1988.2.27)
책임교열 _ 이화정·박신영

© 이장환 2016 ISBN 978-89-6562-905-4 93230

책값은 뒤표지에 있습니다.
이 출판물은 저작권법에 의해 보호를 받는 저작물이므로 무단 복제할 수 없습니다.
파본(破本)은 구입처에서 교환해 드립니다.